高职高专营销类专业能力本位系列教材
编写指导委员会

总 主 编：陈周钦

执行主编：曾艳英　高南林

编 委 会：曾艳英　覃常员　蒋　令　赵柳村

黄本新　卢　岩　张　波　陈俊宁

陆凯红　汤　俊　高南林

高职高专营销类专业能力本位系列教材

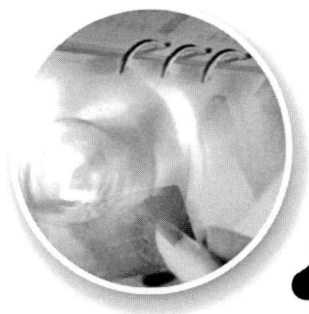

客户管理

KEHU GUANLI

主 编：陈俊宁

副主编：白 琳 李金秋 王东山

暨南大学出版社
JINAN UNIVERSITY PRESS
中国·广州

图书在版编目（CIP）数据

客户管理/陈俊宁主编 . —广州：暨南大学出版社，2009.10（2022.1 重印）
ISBN 978 - 7 - 81135 - 317 - 4

Ⅰ. 客…　　Ⅱ. 陈…　　Ⅲ. 企业管理：销售管理—高等学校：技术学校—教材
Ⅳ. TP274

中国版本图书馆 CIP 数据核字（2009）第 082773 号

客户管理
KEHU GUANLI
主　编：陈俊宁
- -

出 版 人：张晋升
责任编辑：常进海
责任校对：曾　茜
责任印制：周一丹　郑玉婷

出版发行：暨南大学出版社（510630）
电　　话：总编室（8620）85221601
　　　　　营销部（8620）85225284　85228291　85228292　85226712
传　　真：（8620）85221583（办公室）　85223774（营销部）
网　　址：http：//www. jnupress. com
排　　版：广州市天河星辰文化发展部照排中心
印　　刷：广东虎彩云印刷有限公司
开　　本：787mm×1092mm　1/16
印　　张：12. 375
字　　数：310 千
版　　次：2009 年 10 月第 1 版
印　　次：2022 年 1 月第 6 次
印　　数：10001—10500 册
定　　价：33. 00 元

总　序

　　"十一五"期间，教育部、财政部决定实施国家示范性高等职业院校建设计划，通过重点建设 100 所国家示范性高职院校，带动全国高职院校深化改革，提升高等职业教育的整体建设水平。这标志着我国高等职业教育进入了一个追求内涵发展的新历史阶段。这是科学发展观在我国高等教育领域的具体体现，对促进我国高等职业教育更好更快发展具有重大的战略意义。

　　在人数与规模上，高职教育已占有我国高等教育的半壁江山。经过多年的发展，高职教育已从当初规模化建设转向突出内涵发展，转向深入课程改革与提升学生的核心专业能力培养上来。在当前全国各类学校争创示范院校的形势下，我国高等职业教育正在进行一场颠覆性变革。如何进行内涵建设，提高课程教学质量，是当前所有高职院校面临的一项重要课题。

　　随着我国生产力水平的不断提高，市场竞争日益激烈，传统的营销方式越来越不能满足经济发展的需要，市场向营销工作提出了更高要求，也向营销人才培养提出了更高要求。2006年以来，广东交通职业技术学院开始在全院各专业中大力推行基于工作过程和岗位能力的课程教学改革。我们通过工学结合基地建设、专家讲座、说课比赛、教学示范、教学观摩、教学评价、教师培训、教案评比等一系列工作，将教学改革逐步推进，并在各专业与各一线教师中深入开展。根据我院"航标灯精神"和"铺路石品格"的人才培养理念，各专业对原有的专业课程体系进行了根本性的改造，并取得了初步的成效。

　　为了满足实际教学的需要和进一步巩固改革成果，在充分调研与分析的基础上，我们组织近二十所高职学校的百余位专业老师及多名知名企业的专业人士共同编写了这套营销类专业能力本位系列教材。我们力求将知名企业实践与理论有机结合起来，以就业岗位为导向，强调分析企业实际工作过程与岗位关键能力训练。重点结合近年来国内尤其是广东的知名企业营销工作来进行内容提炼与编排。充分听取和吸收企业人员的意见，每一本教材都有企业顾问参与编写或是进行审核。合理补充新知识与新内容，充分体现高职教育特点。每一个案例、技能训练活动、习题等都精益求精，强调实践性与可操作性。真正把教师备课、授课、辅导答疑、学生考证、企业实际工作内容、岗位能力训练等教学、实训环节有机地结合起来。其编写特色主要体现在以下几个方面：

1. 突出能力本位。力求面向专业培养方向和岗位工作要求，不断强调学生岗位业务操作能力和自我学习、思维能力以及创造性解决问题的能力，促进学生就业以及后续发展。

2. 内容新颖。借鉴国内外最新教材与成果，案例取材主要为近几年国内尤其是广东省内的知名企业实践经验，内容突出岗位实际操作，融会最新理论与实践成果。

3. 合作交流。本系列教材由全国近二十所高职院校近百名专业教师与企业专业人士共同合作编著而成，相互交流学习，集思广益，具有较强的实战性与适用性。

4. 配套产品丰富。本系列教材除有电子课件外，还有教学用视频、习题、考卷、知名企业一手岗位训练内容等，为一线教师提升教学质量提供方便。

衷心希望这套系列教材能有助于进一步深化高职院校营销类专业教学改革，为新形势下高职营销人才培养作出一份贡献。同时，也希望广大教师与读者多提宝贵意见。

广东交通职业技术学院院长　陈周钦
2009 年 2 月

前　言

　　客户管理，是企业为提高核心竞争力，达到竞争制胜、快速成长的目的，树立以客户为中心的发展战略，并在此基础上开展的包括判断、选择、争取、发展和保持客户所需实施的全部商业管理过程。一粒麦子有三种命运：一是磨成面粉被人们消费掉，实现自身的价值；二是作为种子播种，结出丰硕的果实，创造出新的价值；三是由于保管不善，麦子霉烂变质，失去自身的价值。这就是说，如果管理得当，麦子就会实现自身的价值或是为人类创造出新的价值；如果管理不善，就会失去自身的价值。同样的道理，企业对客户管理有方，客户就会给企业带来更多的价值；如果管理不善，就会使企业受损。所以，学会管理客户，建立良好的客户关系具有非常重要的意义。随着市场竞争日趋激烈，企业所处的市场环境从卖方市场过渡到买方市场，赢得客户长久的信任和支持对于企业的重要性更是空前提高。

　　以上这些现实正是我们编写这本教材的动力所在，我们努力使该书成为一本可操作的、以突出学生能力为本位的实用教材。本书的特色主要有以下几个方面：

　　（1）本书突出实践教学在人才培养工作中的作用，将客户管理实践教学贯穿学生学习的全过程。体现基于客户服务管理职业岗位分析和具体工作过程的教学领域设计理念，设计融学习过程于工作过程中的职业情境，以真实工作任务为载体设计和更新教学项目，体现了教学过程的实践性、开放性和职业性。

　　（2）依据高职高专教育以职业能力为本位的教学思想，明确了每章应达到的学习目标。本书设置了精选案例、复习思考题、工作任务训练和补充阅读等众多具有特色的栏目设计，既体现了高职教育的特色，也有利于高职的教学和学习。

　　（3）在内容上强调可操作性，提高学生发现问题、分析问题和解决问题的能力。

　　（4）本书和传统客户关系管理教材的区别是本书不是从技术层面来论述CRM，而是更多地从管理和营销的角度来阐释作为一个管理和营销人员应该如何做好客户管理，所以它更适合作为高职院校管理类、经济类学生的学习用书。

　　（5）强调考核的多元性。本教材对考核方式强调灵活、适用的原则，课后配备了复习思考题、工作任务训练，平时成绩以工作任务完成情况的量化考核作为成绩，实现"培养学生综合素质"的目标。

　　本书在编写过程中，编者们查阅了大量资料，尽量使理论联系实际，做到易懂实用。本书由顺德职业技术学院、三门峡职业技术学院合作编写。陈俊宁任主编，拟定大纲并负责全书的总纂，白琳、李金秋和王东山（按姓氏拼音音序排列）任副主编。具体分工如下：陈俊宁任务一、二；王东山任务三、六；李金秋任务四、五；白琳任务七。在本书编写过程中得到了相关老师和暨南大学出版社的大力支持和帮助，在此，对所有关心和支持本书写作和出版的各位同仁表示深深的谢意！由于编者水平有限，书中难免有不当之处，望专家和读者朋友批评指正。

编　者

2009 年 5 月

目 录

任务一 认知客户管理

●能力目标

1. 了解经济发展对企业客户管理的影响
2. 认知客户管理内容，能够区别客户与消费者的不同
3. 理解关系营销的内涵
4. 认知企业客户管理岗位和职责要求

●理论引导

1. 客户管理观念产生原因
2. 客户管理理论基础——关系营销
3. 客户管理工作岗位和职责要求

●引入案例

美国 Hertz 公司的客户服务

在从注重数量向注重质量转变的消费时代，客户越来越需要企业提供细致、周到、充满人情味的服务，要求得到购买与消费的高度满足。于是，如何深切地体验客户的要求，改进对客户的服务方式，针对客户消费的每一环节进行细致而深入的服务，就成了企业赢得客户的必备条件。

Hertz 公司是世界上最大的汽车租赁公司。该公司在 1989 年开发了 Hertz #1 Club Gold 程序，建立了一个强大的客户数据库系统，存储客户的各种资料和消费记录。从客户租赁汽车的每一个步骤出发，从电子剪贴板到 in-car 浏览系统，再到电子签名板，争取为客户租赁汽车提供最大便利，从而使客户租赁汽车成为一个令人愉快的过程。自从 Hertz #1 Club Gold 程序投入使用以来，Hertz #1 Club Gold 成员已达到两百多万，占 Hertz 公司在美国的汽车租赁商务对象总数的 40% 以上，而且到目前为止他们都是公司最忠实的客户。

以下简要介绍 Hertz 公司获得成功的关键性因素和从中获得的经验教训。

商业目标

Hertz 公司的商业目标是最大程度地便利客户，从客户的角度出发，设计客户满意的服务过程，从而获得较大的市场份额。主要包括：向客户提供始终如一的、品牌化的消费体验；节省客户的时间，避免客户对公司的工作产生不满；缓解电话中心的压力，降低公司运营成本；扩大公司市场占有率，拓宽海外市场；为客户提供自我管理的机会。Hertz 公司通过使用和不断改进 Hertz #1 Club Gold 程序逐步达到公司的目标，以下将研究 Hertz 公司获得成功的商业秘诀。

成功因素

（1）建立统一的客户背景数据库。

客户不愿意每次租赁汽车时都填写详细的申请表格，告诉汽车租赁公司相同的个人情况而浪费自己的时间。为了解决客户的这个问题，Hertz 公司提出了建立一个 Hertz #1 Club Gold 客户背景数据库程序，通过这个数据库，给它的#1 Club Gold 客户提供一年一次的租赁协议。这样，客户就不用在每次租借汽车时都签名，也不用在租借柜台前苦苦等待了。

Hertz 公司是第一个认识到保留客户背景数据库的战略重要性的汽车租赁公司。通过在数据库中保留每一个客户的姓名、汽车等级偏好、信用卡号码、地址、公司信息和历史租赁记录，Hertz 公司在全世界范围内提供汽车租赁服务。以前客户的信息散落在不同地区的数据库中，公司难以得到一个客户的完整信息，现在通过使用一个专一的全球化客户数据库，其可以在全球范围内收集客户的信息，确保为客户提供一个统一的、稳定的服务体系。

（2）节约客户的时间，最大限度地方便客户。

Hertz 公司监控飞机的到达和延误，以确保在客户到达前就为他准备好汽车。客户一下飞机，就可以看到该公司的电子信号，指引客户到汽车停放点，客户所租的汽车敞着车门停在事先选择好的停车位置，客户的姓名显示在所租车辆的位置上。当客户进去后，可以到一个临时指定的#1 Club Gold 程序计数器那儿，不用任何签名，只需向 Hertz 公司代表出示他们的驾驶执照，拿到车钥匙和租借记录，然后就可直接去取他们的车。

（3）帮助客户到达目的地。

Hertz 公司认为仅仅为客户提供一个地图并不能帮助客户到达他们的最终目的地，所以公司在租赁的汽车上安装全球化的定位系统（GPS），该 GPS 系统输入了全美和世界一些地区的详细地图。Hertz 公司与加利福尼亚州的 GPS 厂商 Magellan 系统公司合作，对 Rockwell 的 GPS 进行了改进。特征是：在汽车上设有一个便于阅读的显示屏地图；用大箭头清晰地指示客户在何时和何处转弯；当司机错过了出口或转错弯时能迅速给出新路线。改进后的 GPS 系统同时还可以查询离客户最近的旅馆、快餐店、加油站、医院等客户需要的场所的确切地址。Hertz 公司通过地图的更新、辅助的信息和实时的交通路线来优化和改善 GPS 系统。

（4）合理化汽车回收程序。

Hertz 公司也在汽车回收程序上做了一些创新。1997 年，公司引进了 Hertz 及时回收程序。当客户还车时，Hertz公司的代理人在车旁向还车的客户致以问候，输入行车里程和油量信息，处理回收手续，并用便携式打印机给客户打印一份收据。Hertz公司同时建立了许多Hertz回收中心，回收中心的停车场上有遮雨的帐篷，当客户从车里出来、从车厢里取回行李和上车时，可以避免遭受风吹雨淋。Hertz公司计划在1999年末建成40个回收中心。今天，及时回收程序已在美国和加拿大的110多个地区使用，澳大利亚和7个欧洲国家也在使用这个程序。

（5）自助式销售和旅行代理网络。

Hertz公司建立了一个自动化销售网站，以满足客户和旅行代理人的查询和预订需求。网站提供客户服务和事务处理功能。客户可以输入他们要预订车的日期和地点，选择他们感兴趣的车型，并可以得知预订是否已得到确认。

Hertz公司网站同时为旅行代理人提供网络预订系统。例如，旅行代理人不仅可以预订车辆，还可以获得公司折扣信息和所提供的不同车辆的照片。后者是标准的CRS系统做不到的。这样，客户不仅可以在网络上获得信息和预订车辆，也可以通过旅行代理人获得他们所预订的车辆。这是一种Hertz公司所期望的自由竞争的交互方式。

（资料来源：http://blog.sina.com.cn/s/blog_4c3a438d010007w9.html）

进入21世纪，随着全球经济一体化进程的加快和竞争的加剧，企业已逐步由传统的以产品和规模为中心的粗放式经营管理模式向以客户为中心、服务至上、实现客户价值和达到企业利润最大化的集约化经营管理模式转变，良好的客户关系是企业求得生存与发展的重要资源。企业想要获得满意的客户关系，重要的思路是通过实施客户关系管理项目来实现。现在，客户有了比以往任何时候都多的对产品和服务进行选择和比较的机会与权利，客户成了真正的上帝。这种变化了的市场环境，对企业而言既是挑战也是机遇。

1.1 客户管理观念的产生原因

客户关系管理在我国兴起和发展，体现了企业素质的提高。一方面，企业开始实现从"以产品为中心"的营销管理模式向"以顾客为中心"的营销管理模式的转变；另一方面，企业的视角开始从过于关注内部资源向通过整合外部资源以提高企业核心竞争力转变。这两个转变不仅仅是观念的转变，更是企业管理模式的提升，大大扩展了企业的发展空间，为企业发展注入源源不断的动力。

客户管理是一种旨在改善企业与客户之间关系的新型管理机制，它实施于企业的市场营销、销售、服务与技术支持等与客户相关的领域，一方面通过对业务流程的全面管理来优化资源配置、降低成本；另一方面通过提供优质的服务吸引和保持更多的客户，增加市场份额。它的产生有以下三方面原因：

一、管理理念的更新

面对广泛的全球经济、技术和文化变革，全世界的企业都试图增强其现有的客户关系的价值和赢利能力。企业的经营理念已经从"以产品为中心"转变为"以客户为中心"。在当前市场中，客户的数量和稳定性对企业的生存和赢利是非常重要的，因此，企业之间会为了争夺客户而展开激烈的竞争。为了留住已有的客户，就必须了解他们的需求，提供相应的产品和服务来满足他们的需求。维持与客户的良好关系，是及时发现和满足客户需求的重要手段。

CRM 的出现，顺应了这种理念的更新，改变了企业管理的重心：把企业内部的运营管理转移到通过良好的客户关系及时发现并满足客户需求、提高客户满意度和忠诚度方面。企业通过构筑稳固的客户关系增强竞争实力，这一思想比让客户满意又进了一步。它不但注重客户的满意程度，更注重让客户与企业建立一种长期的互利关系，实现双赢目标。可以说，CRM 是企业的必然选择，是管理理念的升华。

二、需求的拉动

在很多企业，销售、营销和服务部门的信息化程度越来越不能适应业务发展的需要，越来越多的企业要求提高销售、营销和服务的日常业务的自动化和科学化。这是客户关系管理应运而生的需求基础。

仔细地倾听一下，我们会从销售、营销、服务人员、顾客和企业经理那里听到各种抱怨。

1. 来自销售人员的声音

从市场部提供的客户线索中很难找到真正的顾客，我常在这些线索上花费大量的时间，我是不是该自己来找线索？出差在外，要是能看到公司电脑里的客户、产品信息就好了。我这次面对的是一个老客户，应该怎样给他报价才能留住他呢？

2. 来自营销人员的声音

去年在营销业务上开销了 2 000 万，我怎样才能知道这 2 000 万的回报率？在展览会上，我们一共收集了 4 700 张名片，怎么利用它们才好？展览会上，我向 1 000 多人发放了公司资料，这些人对我们的产品看法怎样？其中有多少人已经与销售人员接触了？我应该和那些真正的潜在购买者多多接触，但我怎么知道谁是真正的潜在购买者？我怎样才能知道其他部门的同事和客户的联系情况，以防止重复地给客户发放相同的资料？有越来越多的人访问过我们的网站了，但我怎样才能知道这些人是谁？我们的产品有很多系列，他们究竟想买什么？

3. 来自服务人员的声音

其实很多客户提出的电脑故障都是由于自己的错误操作引起的，很多情况下都可以自己解决，但回答这种类型的客户电话占去了工程师很多的时间，这样工作枯燥而无聊。怎么其他部门的同事都认为我们的售后服务部门只是花钱而挣不到钱？

4. 来自顾客的声音

我从企业的两个销售人员那里得到了对同一产品的不同报价，哪个才是可靠的？我以前买的东西现在出了问题，这些问题还没有解决，怎么又来上门推销？一个月前，我通过企业的网站发了一封 E-mail，要求销售人员和我联系一下，怎么到现在还是没人理我？我已经提出不希望再给我发放大量的宣传邮件了，怎么情况并没有改变？我报名参加企业网站上登出的一场研讨会，但一直没有收到确认信息，研讨会这几天就要开了，我是去还是不去？为什么我的维修请求提出一个月了，还是没有等到上门服务？

5. 来自经理人员的声音

有个客户半小时以后就要来谈最后的签单事宜，但一直跟单的人最近辞职了，而我作为销售经理，对这个客户的来龙去脉还一无所知，真急人。有三个销售员都和这家客户联系过，我怎么知道他们都给客户承诺过什么？现在手上有个大单子，我该派哪个销售员才放心呢？这次的产品维修技术要求很高，我是一个新经理，该派哪一个维修人员呢？

对于这些抱怨，我们都不陌生，并已经习惯对这些问题采取无动于衷的态度。上面的问题可归纳为两个方面：其一，企业的销售、营销和客户服务部门难以获得所需的客户互动信息；其二，来自销售、客户服务、市场、制造、库存等部门的信息分散在企业内，这些零散的信息使得公司管理无法对客户有全面的了解，各部门难以在统一的信息基础上面对客户。要解决这些问题就需要各部门对面向客户的各项活动信息进行搜集，组建一个以客户为中心的企业，实现对面向客户的活动的全面管理。实施 CRM 则可以得到圆满的解决。

三、信息技术的促进

20 世纪 90 年代以来，计算机的普及提高了工作效率，为企业 CRM 提供了设备基础。大型关系数据库技术、数据挖掘技术的出现，提高了企业收集、整理、加工和利用客户信息的能力，为企业分析、发现客户需求提供了必要的技术保障。特别是互联网技术的应用和普及，使得企业可以不受时空限制，每天 24 小时与客户进行更及时、更广泛的双向沟通，并且其成本又是如此低廉，从而为 CRM 的大规模实施提供了有效场所。同样起作用的还有成熟的电子商务平台，它能让每一个 CRM 解决方案的采纳者通过附加的客户联系点，如客户面对的 Web 站点、在线客户自助服务和基于销售自动化的电子邮件等，进一步扩展服务能力。

1.2 客户管理的概念

一、客户的概念

客户是对企业产品和服务有特定需求的群体，是企业生产经营活动得以维持的根本保证。客户和消费者对企业来讲是不同的概念，他们的差别主要表现在以下几个方面：

（1）客户是针对某一特定细分市场而言的，他们的需求具有一定的共性。比如，某电脑公司把客户分成金融客户、工商企业客户、教育客户、政府客户等。而消费者则是针对个体而言的，他们处于比较分散的状态。

（2）客户的需求相对较为复杂，要求较高，购买数额较大，而且交易过程延续的时间比较长。比如，客户购买了电脑以后，会牵涉到维修、耗材的供应、重复购买等问题。而消费者与企业的关系一般是短期的，也不需要长期、复杂的服务。

（3）客户注重与企业的感情沟通，需要企业安排专职人员负责和处理他们的事务，而且需要企业对客户的基本情况有深入的了解，而消费者与企业的关系相对而言比较简单，即使企业知道消费者是谁，也不一定与其发生进一步的联系。

（4）客户是分层次的，不同层次的客户需要企业采取不同的客户策略，而消费者则可看成是一个整体，并不需要进行严格区分。

二、客户管理的概念

最早提出客户关系管理概念的是全球比较权威的组织，他们对客户关系管理做了如下定义：客户关系管理是为增进赢利、收入和客户满意度而设计的企业范围的商业战略。

在客户管理的构成中，很重要的一个核心理念就是以客户需求为中心，整合现有资源，重新设计销售流程，根据客户需求调整销售策略，达到提升客户品牌忠诚度的目的。早在我国春秋战国时期，庄子就讲过："子非鱼，安知鱼之乐。"同样，要想做好客户关系管理，我们一定要围绕客户的真实需求，才可以做到事半功倍。

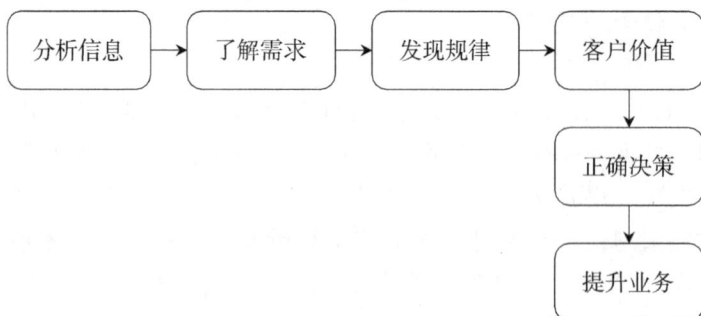

图 1-1　客户管理的相关过程

在客户管理的过程中，首先要掌握客户的相关信息，并对信息进行分析，从而了解、判断客户的真实需求是什么。然后在与客户不断的交往过程中发现客户需求的规律，以此来评定客户对于企业的价值。清楚了客户的价值，企业就可以有针对性地采取不同的销售策略，达到提升业务、提升客户品牌忠诚度的目的。如图 1-1 所示。

实施客户管理的最终目的，是要为企业涉及客户的各个领域提供完美的集成，使得企业可以更低成本、更高效率地满足客户的需求，并与客户建立起基于客户需求的一对一销售模式，从而让企业最大程度地提高客户满意度及忠诚度，挽回失去的客户，保留现有的客户，不断发展新的客户，发掘并牢牢地把握住能给企业带来最大价值的客户群。

三、客户管理的组成

通常情况下，企业会认为客户管理就是把客户的相关资料进行记录，并保持和客户的联系。这样做本身虽是在做客户管理，但从企业的事业方面来看还是远远不够的。这里给大家描述的客户管理包括销售行为、营销行为、服务行为中所有的客户管理的行为，而且这三者互为支撑、缺一不可，故而把它们称作"客户关系管理的金三角"。

比如，在做化妆品销售中，当你了解到客户是一个家庭主妇，做家务是她每天必做的事情，在销售过程中你就会根据她的情况推荐个人和家居护理产品，以此来帮助她更好地呵护自己和家人的健康。如果客户是一位时尚的公司白领，那么代表身份与品位的雅姿系列化妆品无疑是推荐的首选。其实这些看似简单的策略是源于对客户的了解，也就是客户管理是以客户为中心进行的。

著名的营销大师科特勒曾说过，"公司唯一的资产就是'顾客'和'顾客终身价值'"。这充分说明在商业竞争中，谁拥有顾客，谁就将拥有财富。营销人员的日常运作，从识别顾客开始，到跟进并与每个客户保持良性接触，建立起良好的个人关系，最终提供让客户满意的服务，这是一对一服务的完整的业务流程，也是客户管理的重要组成部分。

在进行客户管理时所说的客户服务，不只是单纯的售后服务。现实中很多营销人员把它仅仅定义为售后服务，但其实应该包括售前、售中和售后三个部分。通过与客户联系、收集客户信息，了解客户需求；提供解决方案，解决客户存在的问题，满足客户需求；进而提升客户满意度，保证和客户的持续交易。因此客户服务成了业务结构中的一个重要战略要点。

1.3 客户管理的理论基础——关系营销

关系营销（relationship marketing）是 20 世纪 80 年代末 90 年代初在西方企业界兴起的一种新型营销观念。它是由西方的营销学者对大量企业的营销思想、营销策略、营销行动进行分析总结之后提出的一种新的营销理论。它契合了现代企业的营销实践活动，一经提出就获得了企业界的广泛响应，并得到了迅猛发展。

一、关系营销的含义

现代市场营销的发展，大致可作如下阶段划分：20 世纪 50 年代，是消费者营销；60 年代，市场营销的核心思想是产业市场营销；到了 70 年代，重点是社会营销；而 80 年代，服务营销则成了营销思想发展的核心；在 90 年代，关系营销得到了越来越多的关注。关系营销包括两个基本点：在宏观上，认识到市场营销会对范围很广的一系列领域产生影响，包括客户市场、劳动力市场、供应市场、内部市场、相关市场及"影响者"市场（也就是政府和金融市场）；在微观上，认识到了企业与客户相互关系的性质在不断改变。市场营销的核心从交易转到了关系。传统营销与关系营销的区别如表 1 - 1 所示。

表 1 – 1　传统营销与关系营销的区别

传统营销	关系营销
关注单次销售	关注保持客户
产品特征导向	产品利益导向
短期的	长期的
不太强调客户服务	高度强调客户服务
有限的客户参与	高度的客户参与
适度的客户联系	高度的客户联系
质量是产品的首要问题	质量是所有方面都要考虑的问题

市场营销的核心是企业和客户间的交换关系，而客户服务和产品质量是这种关系的关键连接因素。企业应利用商场营销、客户服务和产品质量来使客户得到满足并发展一种长期的关系，因此，企业应努力把这三个方面结合成一个整体。在传统的市场营销中，这三个方面总被视为相互分离和没有联系的。关系营销在市场导向的前提下，对这三个因素进行了很好的结合。如果说传统营销的核心是获得客户的话，那么关系营销的核心则是企业获得和保持客户。保持客户的重要性至今仍未被大多数企业所认识。事实上，企业通过客户服务等手段为留住老客户所支出的费用远远小于争取新客户的费用。

所谓关系营销，就是把营销活动看成一个企业与消费者、供应商、分销商、竞争者、政府机构及其他公众发生互动作用的过程，其核心是建立和发展与这些公众的良好关系。关系营销与传统的交易营销相比，它们在对待顾客上的不同之处主要在于：

（1）交易营销关注的是一次性交易，关系营销关注的是如何保持顾客。

（2）交易营销较少强调顾客服务，而关系营销则高度重视顾客服务，并借顾客服务提高顾客满意度，培育顾客忠诚度。

（3）交易营销往往只有少量的承诺，关系营销则有充分的顾客承诺。

（4）交易营销认为产品质量应是生产部门所关心的方面，关系营销则认为所有部门都应关心质量问题。

（5）交易营销不注重与顾客的长期联系，关系营销的核心就在于发展与顾客的长期、稳定的关系。关系营销不仅将注意力集中于发展和维持与顾客的关系，而且扩大了营销的视野，它涉及的关系包含了企业与其所有利益相关者间所发生的所有关系。

马狮关系营销的完美体现

马狮百货集团（Marks & Spencer）是英国最大且赢利能力最强的跨国零售集团，以每平方英尺销售额计算，伦敦的马狮公司商店每年都比世界上任何零售商赚取更多的利润。马狮百货在世界各地有 2 400 多家连锁店，"圣米高"牌子的货品在 30 多个国家出售，出口货品数量在英国零售商中居首位。《今日管理》（Management Today）的总编罗伯特·海勒（Robert Hellen）曾评论说："从没有企业能像马狮百货那样，令顾客、供应商及竞争对手都心悦诚服。在英国和美国都难找到一种商品牌子像'圣米高'如此家喻户晓、备受推崇。"这正是对马狮在关系营销上取得成功的一个生动写照。

早在 20 世纪 30 年代，马狮的顾客以劳动阶层为主。马狮认为顾客真正需要的并不是"零售服务"，而是一些他们有能力购买且品质优越的货品，于是马狮把其宗旨定为"为目标顾客提供他们有能力购买的高品质商品"。马狮认为顾客真正需要的是质量高而价格不贵的日用生活品，而当时这样的货品在市场上并不存在。于是马狮建立起自己的设计队伍，与供应商密切配合，一起设计或重新设计各种产品。为了保证提供给顾客的是高品质货品，马狮实行按规格采购方法，即先把要求的标准详细定下来，然后让制造商一一按标准制造。由于马狮能够严格坚持这种规格采购法，所以其货品具备优良的品质并能一直保持下去。

马狮要给顾客提供的不仅是高品质的货品，而且是人人力所能及去购买的货品，从而让顾客因购买了物有所值的货品而感到满意。因而马狮实行的是以顾客能接受的价格来确定生产成本的方法。为此，马狮把大量的资金投入货品的技术设计和研发，而不是广告宣传，通过实现某种形式的规模经济来降低生产成本，同时不断推行行政改革、提高行政效率以降低整个企业的经营成本。

此外，马狮采用"不问因由"的退款政策，只要顾客对货品感到不满意，不管什么原因都可以退换或退款。这样做的目的是要让顾客觉得从马狮购买的货品都是可以信赖的，而且对其物有所值不抱有丝毫的怀疑。

在与供应商的关系上，马狮尽可能地为其提供帮助。如果马狮从某个供应商处采购的货品比批发商处更便宜，其节约的资金部分，马狮将转让给供应商，作为改善货品品质的投入。这样一来，在货品价格不变的情况下，零售商提高产品标准的要求与供应商实际提高产品品质的能力取得了一致，最终使顾客获得"物超所值"的货品，增加了顾客满意度和企业货品对顾客的吸引力。同时，货品品质的提高增加了销售量，马狮与其供应商共同获益，进一步密切了合作关系。从马狮与其供应商的合作时间上来看便可知这是一种何等重要和稳定的关系。与马狮最早建立合作关系的供应商与之合作时间超过 100 年，供应马狮货品超过 50 年的供应商也有 60 家以上，超过 30 年的则不少于 100 家。

在与内部员工的关系上，马狮向来把员工作为最重要的资产，同时也深信，这些资产是成功压倒竞争对手的关键因素。因此，马狮把建立与员工的相互信赖关系、激发员工的工作热情和潜力作为管理的重要任务。在人事管理上，马狮不仅为不同阶层的员工提供周详和组织严谨的训练，而且为每个员工提供平等优厚的福利待遇，并且做到真心关怀每一个员工。

马狮的一位高级负责人曾说："我们关心我们的员工，不只是提供福利而已。"这句话概括了马狮为员工提供福利所持的信念的精髓：关心员工是目标，福利和其他措施都只是其中一些手段，最终目的是与员工建立良好的人际关系，而不是以物质打动他们。这种关心通过各级经理、人事经理和高级管理人员真心实意的关怀而得到体现。例如，一位员工的父亲突然在美国去世，第二天公司已代他安排好赴美的机票，并送给他足够的费用；一个未婚的营业员生了孩子，同时又要照顾母亲，为此，她两年未能上班，公司却依然一直发薪给她。

马狮把这种细致关心员工的做法转化成公司的哲学思想，不因管理层的更替而有所变化，由全体管理层人员专心致志地持久奉行。这种对员工真实细致的关心必然带来员工对工作的关心和热情，使得马狮得以实现全面而彻底的品质保证制度，而这正是马狮与顾客建立长期稳固信任关系的基石。

（资料来源：http://www.docin.com/p-320163.html）

●案例思考

1. 试联系关系营销的相关内容分析马狮公司的具体表现。
2. 马狮公司的关系营销对我国零售企业在应对跨国竞争对手的竞争时，能给予哪些启示？

二、扩大的营销组合

从关系营销的观点看，企业的营销组合可不限于传统的4P，而增加了三个因素：客户服务、人员和进程。

1. 客户服务

关系营销理论认为，企业的客户服务应放在供应和分销渠道的背景下考察。客户服务不仅包括企业与客户的关系，而且应包括企业与最终消费者和各种供应商的关系。把客户服务作为一个营销组合要素是因为如下原因：

（1）客户期望的变动。

现在客户的需要和复杂程度都与30年前大不相同。

（2）客户服务重要性的增长。

随着客户期望的变动，竞争者正在把客户服务作为竞争手段，从而使他们的营销与竞争对手相比具有差别。

（3）关系战略的需要。

为了确保制定一个给客户带来附加价值的客户服务战略，并使之能够得到执行和控制，有必要把客户服务作为一个单独的营销组合因素。

2. 人员

把人作为营销组合要素的最根本理由是企业中的人员所扮演的角色对企业的营销任务和客户联系会产生重要影响。根据各种人员与客户接触的程度及其在企业营销活动中所参与的工作内容，可以把企业的人员分为四种：

（1）接触者。

经常或定期与客户接触，高度卷入日常的营销活动中。接触者包括销售人员和客户服务人员，企业应当给他们以良好的培训，激励他们在对客户服务时树立责任心。

（2）更正者。

卷入日常营销活动的程度不高，也不经常与客户接触。更正者应该对企业的营销战略有充分的了解，并应有很强的客户服务技能。

（3）影响者。

在日常营销活动中与客户缺乏联系或基本不联系，但他们在企业关系营销战略的执行中也发挥着重要作用。影响者包括产品开发部门、市场研究部门和运输部门的人员。

（4）隔离者。

基本不与客户接触，在日常营销活动中也不常露面。隔离者包括采购部、人事部等支持性部门的人员，他们在很大程度上影响着企业营销活动的实施。他们应当了解企业的整体营销战略，了解自己在把价值向客户转移过程中的作用。

3. 进程

进程也应被看作是营销组合中的一个单独要素。进程管理是指把产品和服务交付到客户手中的过程，包括任务计划、技巧、活动和途径。把进程管理明确为独立的行动，有助于改进产品和服务的质量。进程的要素对于服务业来说更为重要，因为服务是不可储存的。

上述的营销组合要素处在一种相互影响、相互联系的关系之中。因此，对企业来说重要的是将它们结合在一个统一的整体之中。

三、扩大的市场营销范围

传统营销把其视野局限在目标市场，也就是各种客户群上。而关系营销中的市场范围则大得多。

1. 客户市场

关系营销所关注的焦点仍然是客户。但是它已经把重点从每一次单独的销售转到了与客户发展长期的关系方面上来。关系营销的目的是使新客户成为定期购买的客户，甚至是企业及其产品的支持者，最终成为与企业有伙伴关系的忠诚客户。

2. 供应商市场

供应商与其客户已从对手关系转变成长期紧密合作和互惠互利的伙伴关系。企业和供应商在产品开发、产品质量、制造和后勤方面进行全面的沟通与合作。企业与供应商共同工作，可使生产者的产品既与生产能力相适应，又与客户的需要相适应，可避免过度多样化，提高标准化程度，减少退货，减少供应商和客户的工作量，降低成本，从而为双方带来更大的利益。双方对产品质量共同监督、控制，有助于提高产品质量，减少因质量问题带来的损失。

3. 劳动力市场

优秀的企业离不开优秀的人才。企业应密切关注劳动力市场上各种人力资源的变动，为企业的经营和发展准备良好的人才基础。

4. 影响者市场

对企业来说，各种各样的金融机构，如证券部门、银行、投资公司等，对于企业的经营和发展会产生重要的影响，企业有必要把这些部门作为一个市场来考虑，并制定以公共关系为主要手段的营销策略。

5. 内部市场

在过去的 10 年里，内部营销的概念被越来越多的企业采纳。内部营销在把企业发展成以客户为中心的组织方面相当重要。内部营销通过各种各样的沟通活动，使企业员工树立责任心，其基本目标是建立企业内部和外部的客户对企业的认同感，清除经营活动中的功能性障碍。

当然，在企业实际的营销行动中，并不需要对上述的每一个市场都制订一套营销计划，而是根据每个市场的不同状况，在关系营销战略中制定相应的策略。

四、关系营销的层次

菲利普·科特勒在一篇文章中，以汽车营销为例对关系营销作出了如下的层次划分：

表 1-2　客户关系的类型

类型	特征描述
基本型	销售人员在产品销售出去后不再与客户接触
被动型	销售人员把产品销售出去，还鼓励客户在遇到问题或有意见时联系企业
负责型	产品销售完成后，企业及时联系客户，询问产品是否符合客户的要求，有何缺陷和不足，有何意见和建议，以帮助企业不断改进产品，使之更加符合客户需求
主动型	销售完成后，企业不断联系客户，提供有关改进产品的建议和新产品的信息
伙伴型	企业不断地协同客户努力，帮助客户解决问题，支持客户的成功，实现共同发展

最低层次的关系营销可以称作反应营销。具体表现为，推销员把产品交给客户，进行结算后，一去不复返，再也不与客户联系。当客户打电话询问售后服务的事宜时，他简单地把客户推给客户服务部门。

其次是主动营销。推销员在事后主动与客户联系，定期给客户打电话，协助客户解决各种问题。

积极营销则是较高层次的关系营销。推销员事前就积极询问客户对产品的要求，并会同企业的各有关部门共同合作，以最大限度地满足客户的需要。客户把产品拿回家并不等于销售的结束，推销员还要及时发现和解决客户的新需要和出现的问题。

关系营销的最高层次是伙伴营销。伙伴营销一般应用于企业间的营销，是指两个企业结成紧密合作的伙伴关系，在开发、研究、供应、人员等方面互相协作，以促进双方的共同发展。

1.4 客户管理岗位和职责描述

一、客户管理岗位和职责

(一) 客户服务经理的岗位工作职责

岗位名称：客户服务部经理；

直接上级：总经理；

下属岗位：客户代表；

岗位性质：全面主持售后服务的工作；

管理权限：对本部职责范围内的工作有指导、指挥、协调、监督管理的权力；

管理责任：对所承担的工作全面负责。

主要职责：

(1) 对客户代表进行培训、激励、评价和考核。

(2) 对公司产品的售后服务和维修管理负责。

(3) 客户接待管理工作。

(4) 安排人员上门维修服务并做好工作记录。

(5) 努力提高上门服务的工作质量。

(6) 抓好客户档案资料的管理工作。

(7) 填报材料进销存报表。

(8) 协助做好对客户代表人员的职业道德和形象教育。

(9) 做好维修工具的领用保管与登记管理。

(10) 有对下属的人事推荐权和考核、评价权。

岗位要求：

(1) 具有大专以上文化程度。

(2) 有较强的工作责任感和事业心，工作认真仔细。

(3) 有较强的协调能力和沟通能力。

参加会议：

(1) 参加公司部级以上有关会议。

(2) 参加公司每月和每季度的工作协调会。

(3) 参加公司年度工作评比会。

(二) 客户关系管理专员的岗位工作职责

(1) 负责维护客户关系，包括拜访客户、对客户关系评价和提案管理等。

(2) 负责与客户日常交往管理，包括客户拜访工作、客户接待工作等。其目的是巩固企业与客户的关系。

(3) 负责按客户服务部的有关要求对所服务的客户进行客户关系维护。

(4) 负责对客户有关产品或服务质量投诉与意见处理结果的反馈。

（三）客户服务质量管理专员的岗位工作职责

（1）负责客户服务部每日不定时地对服务项目进行检查监督。

（2）负责服务质量异常反应的调查处理工作。

（3）负责依据每日服务质量记录结果，定期编制"质量异常分析日报表"。

（4）负责将服务质量异常项目汇总编制送客户服务经理。

（5）负责组织相关人员针对主要发生异常的服务项目、发生原因及措施检查进行讨论。

（6）负责在客户服务经理的指示下，拟定改善措施。

（四）客户信息管理专员的岗位工作职责

1. 负责客户信息调查工作

（1）制订调查计划，明确调查时间、调查目的、调查对象以及调查对象的数量。

（2）同意调查方法，事前充分模拟，有效完成收集资料的工作。

2. 负责客户信息分析工作

对各种客户调查资料的内容、可信度、使用价值等作出分析判断，得出结果，并提交上级有关部门，作为决策的依据。

3. 负责客户方案管理工作

对客户资料进行立档，并对客户档案保管使用及档案保密工作突出要求。

4. 负责信用管理

负责客户信用调查、客户信用度评估，并对客户信用进行分级管理。

（五）大客户服务专员的岗位工作职责

（1）负责安排客户服务经理对大客户的定期回访工作。

（2）负责保证企业与大客户之间信息传递的及时、准确，把握市场脉搏。

（3）负责经常性地征求大客户对客户服务人员的意见，及时调整客户服务人员，保证沟通渠道畅通。

（4）负责关注大客户的一切公关与服务活动以及商业动态，并及时给予技术支援或协助。

（5）负责根据大客户的不同情况，与每个大客户一起设计服务方案以满足其在不同发展阶段的特定需求。

（6）负责对大客户制定适当的服务优惠政策和激励策略。

（六）售后服务专员的岗位工作职责

（1）负责制订、修改和实施相关售后服务标准、计划与政策。

（2）负责对售后服务人员的素质和规范用语、岗位职责以及维修技术等的培训。

（3）负责对售后技术人员的技术培训以及售后服务流程的培训，不断提高售后服务人员的服务水平和工作效率。

（4）负责售后服务资源的统一规划和配置，对售后服务工作进行指导和监督。

（5）负责指导售后服务具体工作，针对服务网点的规划、建设、维护和各环节进行定期检查，以保证售后服务质量。

（6）负责收集用户和客户意见，整理和分析产品售后服务过程中反馈的数据和信息，分别转送企业相关部门。

（7）负责审批和制订不良品和产品配件的计划、发放及处理，有效控制售后服务费用。

（8）负责对企业售后服务政策的最终解释，加强与用户的沟通，调节售后服务中的纠纷事宜。

（七）客户投诉管理专员的岗位工作职责

（1）负责制定统一的客户投诉案件处理程序和方法。

（2）负责对客户投诉案件进行登记，如客户投诉产品的订单编号、料号、数量、交运日期等。

（3）负责检查审核"投诉处理通知"，确定具体的处理部门。

（4）负责协助各部门对客户投诉的原因进行调查。

（5）协助各部门开展对客户投诉案件的分析和处理工作，填制由客户服务部统一印制的"投诉统计报表"。

（6）负责提交客户投诉调查报告，分发给企业有关部门。

（7）负责客户退、换货手续的办理。

（8）负责将客户投诉处理中客户所反映的意见和跟踪处理结果提交企业有关部门。

（9）负责定期向客户服务经理汇报客户投诉管理工作情况。

（10）负责受理客户投诉，跟踪商品售后信息，做好客户回访工作。

（八）客户经理的岗位工作职责

1. 基本工作

（1）了解负责客户的产业及相关市场状况，并能协助其思考策略发展。

（2）主动、热情与客户沟通，及时就客户的工作提出建设性意见。

（3）协助客户专员合理安排工作，为客户专员的作业提供指导和建议。

（4）管理与作业相关的人员，为创意提供清楚的策略，有评估创意的标准与能力。

（5）有成本观念，帮助协调与客户之间的财务问题。

（6）时间观念强，能严格控制工作进度。

（7）协助与有关部门协调，协调创意发展，并严格控制品质。

（8）能独立面对客户，并独立处理作业中的问题，及时与主管沟通。

2. 专业技巧及行业发言权

（1）引导客户，能将眼光放远而不只是注意日常工作所需。

（2）对公司策略有所贡献，并表现出概念化的思考能力。

（3）经常贡献创意，使客户业务成长。

（4）对发展杰出的广告作品有所贡献。

（5）强而有力的提案能力与书面化作业能力。

（6）展现宽广的人员管理技巧，有效地训练客户专员及建立团队精神。

（7）与客户建立良好的人际关系。

（8）在公司内部建立良好的领导声誉，同时有效地运用并激励工作小组。

（9）有效管理财务运作的流程，并使公司获得利润。

（10）建立关联业务，包括所有部门的客户开发。

（11）专业生活井然有序，组织力强，懂得设定优先次序，分清轻重缓急。

（12）不断学习广告与行销方面的知识。

（13）可以处理挫折，有弹性。

3. 人际要求

（1）展现领导能力。

（2）有创意能力。

（3）自动自发。

（4）仪容大方。

（5）成熟且具判断力。

（6）热心助人并能自我激励。

（7）具有与人沟通的技巧。

（8）对公司具正面与忠诚的态度。

（9）具有完成工作的能力。

（10）在知识上有深度且有追根究底的精神。

二、客户经理工作流程

岗位描述：

（1）负责制定不同阶段网站客户的服务流程。

（2）负责制定不同类型客户的客户关系管理策略。

（3）有效实施网上客户服务。

（4）能够撰写客户需求分析报告。

（5）能够根据企业目标类型，选择适合的网站客户服务系统。

（6）有效实施客户关系管理。

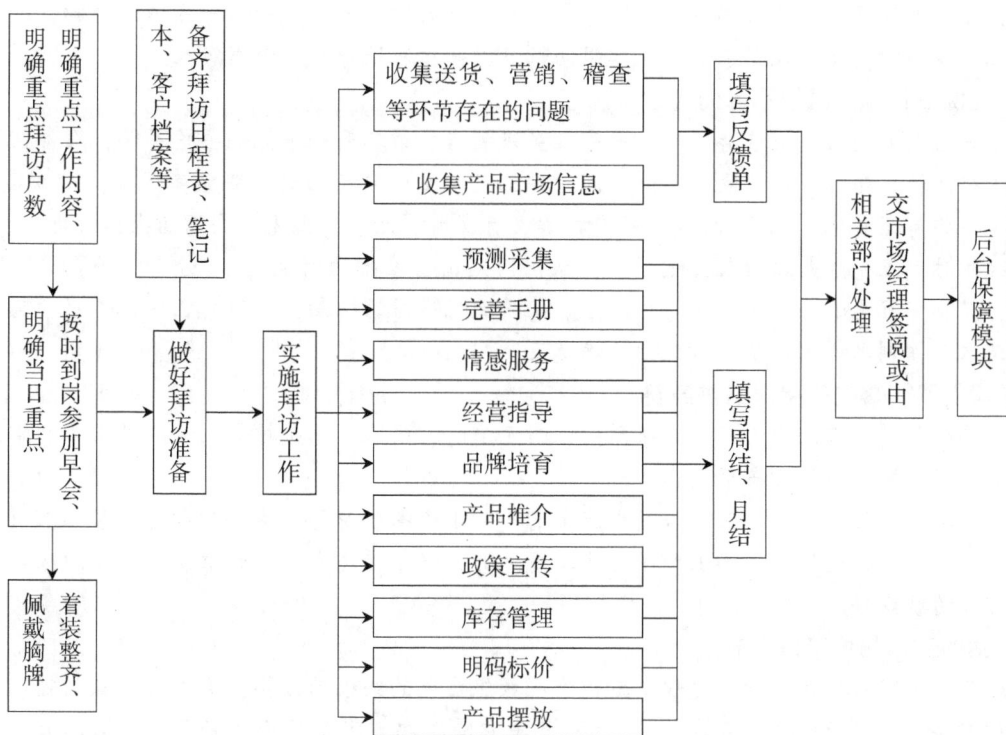

图 1-2　客户经理的工作流程

●精选案例

饭店无小事，事事须小心

[案例一]　一副假牙引起的风波

一位香港客人下榻四川省某涉外宾馆。一天中午，他气冲冲地找到大堂副理投诉说，客房服务员打扫房间时，将他的一副价值 8 000 港元的假牙弄丢了，要求宾馆赔偿。

宾馆接到投诉后立即进行了调查：这位香港客人的假牙是头天晚上从嘴里取下放在卫生间水杯中的。但第二天客房服务员在打扫卫生间时，粗心大意地将水杯中的水和泡在水中的假牙一起倒进了抽水马桶。客人投诉成立，宾馆应负有赔偿责任。怎么办呢？宾馆只好花钱请来工人，把下水道挖了个底朝天，花了整整一天时间，好不容易才从污物中掏出了客人的假牙。看来事情似乎解决了，但客人说，经过化验，这副假牙已经被严重污染，根本不能用了，坚持要宾馆赔偿。宾馆最后只得照价赔偿。

[案例二]　丢了一包黄土

一位台湾客人住进一家大酒店，在即将离店时找到客房部经理投诉，说他在客房丢了一包黄土。这包土对他很重要，是他专程到大陆自家的祖坟上取来要带回台湾的。客人即将登机返台，黄土丢了，怎么办？客房部经理接到投诉后，立即找来当班服务员进行调查。服务员回想起在打扫那位客人的房间时，看到过一包黄土，以为是没用的东西，就随手扔掉了。客房部经理了解了情况后，再次向客人致歉，并请客人留下通信地址，然后马上带领多名员工，到垃圾堆里去寻找那包黄土。客房部经理和服务员在臭气熏天的垃圾堆里一点一点扒开污物，细心查找了三个多小时，终于找到了那个不起眼的纸包，并按地址寄给了台湾客人。

[案例三] 隐形眼镜不翼而飞

王先生夫妻俩来广州旅游，住进一家五星级酒店。第二天一早他们去吃早餐，准备回来后去越秀公园转一转。可是当他们回到房间时，王夫人发现自己的隐形眼镜不见了。她说："刚才去吃早餐前还看见了呢。"两人四处查找都没有发现。无奈，王先生向酒店提出投诉。

经核对，王先生夫妇两人去吃早餐，从出门到回房准确的时间是50分钟，而在这一段时间内，只有实习生小平进入房间打扫卫生。小平回忆当时的情景，发现自己把杯子里的隐形眼镜和药水当作剩水给倒掉了。对此他追悔莫及。

[案例四] 裹在床单里的护身符

客房服务员小王每次为客人换床单时，为了省时、省事，总是把床上的两层床单非常迅速地揉成一团，撤下来扔进布草袋内。

有一次，一位客人问小王是否发现床上有一件小小的护身符。这件护身符对客人来说十分珍贵，客人要求必须找到。小王费了九牛二虎之力，终于在洗衣房一大堆尚未清洗的床单中发现了客人的护身符。

[案例五] 扔掉了白金戒指

服务员小张打扫客房时，发现桌腿边有一枚银白色的细小的戒指，看上去有点粗糙。他认为是该客房小朋友的玩具（假戒指），因而就把它随手扔到了工作台的抽屉里。第二天，该房客人打来电话询问丢失的戒指，说此戒指是白金的。可当班的同事小赵在《遗拾物品登记单》中并未发现有关戒指的记录，经调查，终于在小王处找到了这枚白金戒指的下落。

[案例六] 重要的便笺

在北京某四星级酒店的客房部，实习生服务员小任正在清扫一间客房。小任看到客人的行李已经全部收拾好，并整齐地摆放在行李架上，便开始去收垃圾。她看到床头柜上有一张皱巴巴的便笺纸，就认为是客人不要的废纸，顺手丢进了垃圾袋中。房间整理就绪后，她就去整理其他房间了。一会儿，那个房间尚未离店的客人急匆匆地找到小任说："小姐，你有没有看到一张记有电话号码的小纸条？那个电话号码对我很有用。"

小任一听就傻眼了，问道："您的电话号码是不是写在床头的便笺纸上的？"客人说："我记得好像是在床头柜那儿。"

"对不起，我马上去找。"小任边说边来到工作车的垃圾袋旁，翻了半天，终于找回了客人记有电话号码的小便笺。客人不住地向小任道谢，而此时作为实习生的小任，心里真不是滋味。

案例评析：

在客房服务中，清洁整理房间和清理垃圾是每天例行的工作。服务员要明确一点，所有服务工作都有其严格的服务操作程序和规范，所有程序和规范都是在总结了多年经验和进行了科学测算基础上制定出来的。服务程序和规范是保证服务质量和消除各种隐患的规则，必须严格遵守。在客房清扫过程中，服务员对属于客人的一切东西，只能是略加整理，不能随意挪动位置，更不能将客人的东西或客人用过的东西自作主张地进行处理，哪怕是空瓶、空纸盒，只要客人没有扔进垃圾袋中，就要谨慎对待，更不能随意扔掉或倒掉。前述诸例中一副假牙、一包黄土、一副隐形眼镜、一张皱巴巴的便笺、一枚细小的粗糙戒指、一件小小的护身符都是由于服务员服务工作中粗心大意，不按操作程序去做，而差点或者最终酿成大错。这些不愉快的事情不仅会使酒店遭受经济损失，更严重的是给客人的生活带来不便或痛苦，使酒店的声誉蒙受损害。这些深刻的教训是应该认真吸取的。

"细微之处见功夫"，只有养成细心负责的工作作风，认真按服务程序与规范去操作，才能保持酒店较高的服务水准，避免此类事情再次发生。作为酒店的服务人员，必须在思想上树立一种意识：客人一旦填好入住登记单，交了房租，住进酒店的房间，就形成了酒店与客人的契约关系。顾客是房间租用期间的唯一占有人，房间的使用权属于这位客人，客人即是房间的主人。酒店方面有义务尊重客人的权利，即使是例行的客房清洁整理工作，也要充分尊重客人对房间的使用权。酒店有关敲门通报、等候客人的程序，不能乱动客人东西的规定等，正是根据尊重客人权利的原则而制定的。有的酒店服务人员缺少这种服务意识，总认为自己才是酒店客房的主人，所以工作粗心大意，不经客人同意随意进出房间，不断骚扰客人，结果闹出笑话、闯出祸事、得罪客人。

酒店服务工作看起来是一些简单的事，就拿清扫客房来说，一个生手，经过七天的培训，就完全可以应付。但要懂得如何尊重客人的权利，按服务标准与程序操作，形成良好的职业习惯和服务意识，却是一件需要经过长期培训和磨炼才能称职的事。

（资料来源：www. hkc. edu. cn/jpkc/2008/kf/link/al/04. doc 27K 2008 - 5 - 10）

● 复习思考题

简述客户管理的内容。

● 工作任务训练

工作任务一：海尔的维修服务人员接到顾客的抱怨，说他们的洗衣机不耐用，刚用没多长时间就坏了。维修人员上门一看，原来北方的农民用洗衣机洗地瓜，地瓜的泥土太多，堵塞了排水口。维修人员并没有指责客户使用不当，而是维修好洗衣机后，表示会把顾客的意见反馈给公司。公司员工就想，如何才能满足北方农民洗地瓜的需求呢？于是公司马上开始作业，研发了一种既能使北方农民洗地瓜又可以洗衣服的洗衣机。请分析海尔做法的好处。

工作任务二：请你结合某一企业的现状，分析该企业是否存在客户流失的潜在因素，并提出控制客户流失的对策。

工作任务三：7-11 是世界级的 24 小时便利商店。顾客到那里去买东西时，售货员会不断地往电脑网络中输入资料。这些资料并不是关于顾客买的商品，而是关于顾客在购物时的各项情况，如顾客的年龄、性别、身份、婚姻状况等。企业会对这些资料进行分析，以了解自己的顾客到底是什么人？他们会在什么时候、什么情况下买什么东西？然后再有的放矢地满足这些顾客的需要。请分析 7-11 做法的作用。

●补充阅读：客户管理工作流程及要点

一、客户资料管理

1. 客户资料收集

在公司的日常营销工作中，收集客户资料是一项非常重要的工作，它直接关系到公司的营销计划能否实现。因此，业务员作为市场营销的前端，应随时通过各种渠道收集本地区的客户资料，认真填写"客户信息档案"，关注这些客户的发展动态。

市场营销部收集的客户资料，应根据客户经营属地分别提供给相关业务员。

在收集客户资料时，可以采用多种途径和渠道获得客户资料和信息，常用的方法有：参加行业展览会收集资料；利用行业报刊收集企业信息；通过互联网收集；通过行业协会介绍龙头企业；商场品牌摘抄；合作伙伴介绍等。

2. 客户资料整理

日常销售中，业务员根据获得的客户资料和信息，整理归纳后填写"客户信息档案"，经经理审核后，在收集到客户资料后的2个工作日内，输入公司内部客户关系管理系统，并于次日由公司指定专人发送到市场营销部。

市场营销部在收到"客户信息档案"后，由市场营销部经理指定专人整理客户资料，并对其进行归档处理。

3. 客户资料处理

业务员原则上负责自己收集的客户资料管理和业务操作。当处理客户业务发生冲突时，原则上以记录先后顺序为准确定客户负责人。业务经理对于客户业务有最终决定权。

通过公司营销活动收集到的客户信息资料，由业务经理按照负责客户数量均衡、兼顾业务能力的原则，分配给相关业务员。

业务员应在一周内与新客户进行沟通，否则经理有权将客户转给其他人员负责。无直接负责人的原有客户记录，由经理决定在现有业务员中进行分配。

二、客户联络和拜访

1. 初次联络客户方式

在收集和整理客户资料的基础上，针对目标客户开展营销工作，与客户建立初步联系。

首先可以选择传真、电子邮件、邮寄、介绍网址等方式向客户传递公司简介类宣传资料信息，明确本公司业务性质，以引起客户一定兴趣，获得面谈的机会。尽量减少通过电话方式与陌生客户直接进行推销活动，这种方式一般与公司业务定位不符。

可以通过电话联系，确认对方是否收到公司的宣传资料，并约定见面时间。电话谈话时间不宜过长。

也可以通过电话方式邀请客户参加研讨会、巡展等活动。

2. 公司宣传资料准备

"公司形象手册"、"公司产品手册"、"第一直觉现场"等资料。

3. 出访客户

在出访客户时，需要了解客户的基本情况，包括：了解接待者职务、姓名；接待者对今后的项目合作是否有决策权；了解对象客户所在企业目前的需求和存在的问题。

对于规模较大或开发难度较大的客户，预计由管理咨询顾问进行独立销售有困难的，可以通过地方协会、政府部门或合作公司等引荐，与客户重要领导人见面。

4. 出访要求

出访客户前要制订出访计划和目标，出访前填写"客户走访单"，经分公司经理批准后将"客户走访单"交考勤管理员后，方可离开办公室进行出访。

出访时衣着整齐，见客户后主动递交名片，做自我介绍，少许寒暄后即进入正题。

与客户面谈时多谈客户，少谈自己。开始交谈时一定要制造轻松的谈话氛围，以产业共性问题和行业通病切入主题，要表现出对行业专业性的理解，并以此取得客户的信任。设法引发客户介绍其企业当前的营销情况，尤其是客户当前所面临的问题，希望把问题转移到服务方有能力操作的方向，并首先提出一些有把握的方案。

与客户面谈时，指定专人认真地作会谈记录。

与客户进行当面沟通后的2个工作日内，业务员编写"会谈纪要"，经部门经理审阅后提交客户并确认是否收到。业务员将与客户沟通的详细情况记录在客户关系管理系统中，与客户电话联络的详细情况也记录在客户关系管理系统中。

（资料来源：《营销作业管理规范》）

任务二　客户开发管理

●能力目标

1. 客户管理开发流程
2. 明确客户需求和类型
3. 辨别客户需求
4. 能够按照工作任务要求开发客户

●理论引导

1. 了解客户
2. 界定客户
3. 开发客户

●引入案例

戴尔公司客户管理

戴尔计算机公司的电子商务站点 www. dell. com（戴尔在线）借鉴了戴尔已有的业务模式：将产品直接销售给最终用户；只有在获取订单之后才生产，保持最小的库存量。不仅如此，戴尔在线还扩展了这种直接业务模式，将自己的市场、销售、订货系统以及服务和支持能力连入顾客自己的互联网络。通过这种方式，戴尔公司获得了巨大的成功。

互联网的发展促进了电子商务时代的来临，戴尔公司的管理层很早就认识到网上的电子商务将为公司提供一个新的机会。通过互联网，公司可以更好地扩展自己的直销模式，可以帮助公司直接接触到更多的消费者并以低廉价格提供更多的服务。于是，1995 年，戴尔公司建立了戴尔在线网站，网站致力于规划和实施公司的互联网行动，包括电子商务和在线技术支持。这一努力的成果是显而易见的。今天，戴尔公司四分之一的收入来自于戴尔在线。同时，该网站为戴尔公司节约了大量成本，公司花费在客户服务方面的电话时间大量减少，大大节约了公司的运营费用。

戴尔在线的目的是最大限度地满足客户的需要，使公司更快捷、高效地运转，产生更大的效益。以下是公司网站的主要目标：更准确快捷地了解客户需求，有计划地组织生产；提供直销服务、网上查询和预订；降低公司库存，根据客户订货组织生产；提供客户个性化服务；网上故障诊断和技术支持；降低公司运营成本。戴尔公司不断改进自己的网站，同时也获得了巨大的成功，以下简要介绍其成功因素、网站功能，以及从中获得的经验教训。

一、创新的经营理念

戴尔公司在创始之初就坚持其"黄金三原则"：第一，摒弃库存；第二，坚持直销；第三，让产品与服务贴近顾客。这三项原则极大地降低了公司的成本，产生了一种新的经营方式，一种不同于传统企业的生产模式——直接掌握销售信息，确定销售标准，与客户直接联络，满足客户的个性化设计，接受订单之后投产的生产模式。

二、客户自定义服务

戴尔在线通过自助服务保持与客户的联系，网站创立之初就希望能够绕过在计算机工业中常见的大量中间销售环节，直接面对客户销售。因为这些环节只能增加计算机的成本而不能提高计算机的价值。戴尔公司将大部分注意力集中在针对最终用户的直接市场活动、直接销售和直接技术支持上。

戴尔公司让客户自己在网上获得信息，并进行交易，主要包括：客户自助查询产品信息；客户自助查询订货数据、支付或调整账单，以及获取服务；客户根据自身情况，自由选择获取信息的通信工具（电话、传真、邮寄或E-mail）；网上故障诊断和技术支持。

戴尔公司建立了一个全面的知识数据库，里面包含戴尔公司提供的硬件和软件中可能出现的问题和解决方法，同时还有处理回信、交易和备份零件运输等的处理程序和系统。所有这些基础结构——用户数据库、产品信息和帮助知识数据库都在戴尔公司的网站上得到很好的运行。

三、根据订货组织生产

戴尔公司的目标是实现"零库存"。通过精确迅速地获得客户需求信息，并且不断缩短生产线和客户家门口的时空距离的方式，戴尔公司在全球的平均库存天数不断下降。据调研数据表明，戴尔公司在全球的平均库存天数可以下降到8天之内。库存下降降低了公司的成本，同时能从一个高度价格竞争的行业中抢占大量的市场份额。因为在计算机行业中技术的快速变革意味着每一台库存的计算机从它被生产出来开始就可能过时了。如果只在得到订单的情况下才生产计算机，就可以避免在库存中保留过时计算机的风险。戴尔公司解释说："在我们的行业里，如果你能让人们认识到库存是多么快地运动着，你就创造了真正的价值。为什么？因为如果我有11天的库存而我的对手有80天的，这时英特尔公司推出了新的450兆赫兹处理器，那么我就能够领先其69天打入市场。"

四、个性化服务

戴尔公司允许客户自定义设计其喜欢的产品，客户可以自由选择和配置计算机的各种功能、型号和参数，戴尔公司根据客户的要求进行生产，满足客户的个性化需求。戴尔公司能够根据客户特定的需求为他们量身定做，真正做到了"以客户为中心"。在为客户提供更好的服务的同时，公司也获得了更多的利润。

（资料来源：http：//www.sdhyxy.com/LT_ new/JPKC/WLYXCH/downloads/jx-alk.doc）

2.1 了解客户

在现代市场活动中，客户的行为都是千差万别的。如今社会上各行业正面临着越来越激烈的竞争，而且这种势头将逐渐加剧。如果我们能够进一步去了解客户，那么我们将会更好地面对竞争对手。

在买方市场的今天，客户可以在成千上万的商场中选择他们自己适合、满意的厂家为他服务。随着客户识别能力的增强，一些陈旧的技能和服务水平将不再受客户青睐。客户对产品质量要求越来越高、对服务品质要求越来越严。那么，一些仍然提供一般的技能、一般的产品、一般的服务的企业将会导致客户流失，也会失去客户对其的忠诚。客户满意的程度等于企业赢利的高度。要想赢得生存、取得竞争优势，各类商场需要一种管理客户新体系。只有不断健全、完善这种管理体系，以客户为中心、为目标，提供卓越的服务价值才能赢得市场。

很多优秀的销售人员信奉的准则是："了解你的客户，了解你的目标对象，因为他们决定着你的生计。"

什么是客户呢？客户就是为企业送钱的人，这么重要的人，为什么不去了解他们呢？就像许多年轻人谈恋爱一样，一定要先了解对方。销售人员在拜访客户之前，也要先了解客户，了解客户的需求。

有一位销售人员，6 次拜访一位公司董事长，都被拒之门外。后来他调查董事长的喜好，结果发现其喜欢卷毛狗，每天傍晚都要到一条小路去遛狗。于是他就借了一条卷毛狗，也在傍晚时到这条小路去遛狗，装作一个偶然的机会与董事长相遇了。于是两个人不谈关于工作上的事，而是津津有味地谈起卷毛狗，今天谈，明天谈，谈了几天，双方关系就发生了变化，由开始的买卖关系发展成了"狗友"关系，有生意不照顾自己的"狐朋狗友"照顾谁呢？这就是销售人员了解对方的作用所在。

一次，另一位销售人员去拜访一位董事长，董事长正要下逐客令时，秘书推门进来了，对董事长说："今天没有邮票。"这个时候，销售人员站起来与董事长告别走了。

回去之后，他绞尽脑汁、苦思冥想："怎么才能说服、打动董事长呢？以什么为突破口接近他呢？"他想起秘书说的那句话：今天没有邮票。于是第二天他就去拜访

秘书，见了秘书之后问秘书：你昨天跟董事长说的"没有邮票"是什么意思？秘书说，我们董事长有个独生子，喜欢集邮，过几天就是他的生日了，董事长要求我把来往各地信件的邮票收集一下，作为礼物送给他。

销售人员一听，想到自己公司与全国各地也有信件往来，于是就收集了一大堆邮票，再次来拜访董事长。

董事长一见，又是那个卖东西的人来了，马上就说，你怎么又来了，我不需要你的产品。这个销售人员说，我今天不是来销售产品的，我是来给你送邮票的，我听说你儿子喜欢集邮，因此来给你送点邮票。董事长一听，非常高兴，这个时候，他会亏待这个销售人员吗？

（资料来源：http：//www.jzlpx.com/uplodefile/20070820l4161971403.doc）

一、了解客户的意义

1. 了解客户，可以制定一个正确的客户开发策略

在了解客户时，对客户了解得越清楚，越有利于你的销售活动，越容易找到一个更合适的客户开发方法。"推销之神"原一平说过这样一句话："如果每个月工作 30 天的话，我会用 25 天的时间了解客户，剩下的 5 天时间来和客户进行面对面的沟通。"大家想一想，优秀的销售人员用 25 天的时间了解客户，对客户的了解已经非常清楚非常透彻，与客户进行沟通时就非常容易了。

原一平准备去拜访一家企业的老板，由于各种原因，他用尽各式各样的方法都无法见到老板。有一天，原一平终于找到灵感。他看到附近杂货店的伙计从老板公馆的另一道门走了出来，便灵机一动立刻朝那个伙计走去。

"小二哥，你好！前几天，我跟你的老板聊得好开心，今天我有事请教你。请问你老板公馆的衣服都由哪一家洗衣店洗的呢？"

"从我们杂货店门前走过去，有一个上坡路段，走过上坡路，左边那一家洗衣店就是了。"

"谢谢你，另外，你知道洗衣店几天会来收一次衣服吗？"

"这个我不太清楚，大概三四天吧。"

"非常感谢你，祝你好运。"

原一平顺利地从洗衣店店主口中得到了老板西装的布料、颜色、款式等资料，而且

定做了一套一模一样的西装。

西装店的店主见到他说："原先生，你实在太有眼光了，你知道企业名人某某老板吗？他是我们的老主顾，你穿的西装，花色与式样与他的一模一样。"

原一平假装很惊讶地说："有这回事吗？真是凑巧。"

店主主动提到企业老板的名字，说到老板的西装、领带、皮鞋，还进一步谈到他的谈吐与嗜好。

有一天，机会终于来了，原一平穿上那一套西装并打好搭配的领带，从容地站在老板前面。

"老板，你好!"

如原一平所料，老板大吃一惊，一脸惊讶，接着恍然大悟地哈哈大笑起来。

后来，这位老板成了原一平的客户。

（资料来源：http://www.jzlpx.com/uplodefile/2007082014161971403.doc）

乔·吉拉德说过，销售人员要了解客户的经历、性格、爱好、旅游过的地方，了解他们喜欢什么，不喜欢什么，这样你去拜访他们的时候，就会说得让他们高兴，让他们开怀大笑，当他们开怀大笑时，他们也不会让你失望。这句话说得一针见血，非常正确。

反过来，我们的许多销售人员站在客户办公室、站在客户面前时，对客户一无所知，见了客户时还问客户说：请问您贵姓？这绝非是做生意的好方法。

2. 知道客户的情况，可以避免失误

如果销售人员了解了目标客户喜欢什么，不喜欢什么，就可以投其所好，就能打动他、掌握他、赢得他的好感。了解得越透彻，就越能找到一个打动他的好方法。

郑州有一个三九大酒店，高24层。1986年在盖这个大酒店时需要几万平方米的地毯，一平方米三四十块钱，全部下来就是一笔几十万元的生意，全国43家地毯厂都盯住了这个生意，都派人来销售地毯，最后却是一位初出茅庐的销售人员做成了这笔生意。

那么这个销售人员是怎样取得成功的呢？

他第一次来拜访客户，带上礼品，到了门口敲了几下门，开门的是一位老头。这位老头一看门口是一位青年人，双手拿着礼品，马上就明白了是什么意思，于是老头就"啪"地把门关上了，让他吃了个闭门羹。这个销售人员回去之后百思不得其解：他为什么把我拒之门外呢？世界上还真有不吃麦苗的羊吗？

第二天，销售人员到客户单位去了解才知道，原来老人是一位老革命，为人正直，一身正气，两袖清风，就看不惯社会上的不正之风。但是他有一个特点，就是"好为人师"，好教导青年人"革命的路该怎么走"。这位销售人员了解到客户这个情况后，第二次再来拜访这个客户，见面就说：您是一个老革命，您在工作中、生活中有着丰富的经历，我是一个刚刚参加工作的青年人，我有许多问题不知道该怎么处理，今天我特意来求教您这位老前辈。这位老革命听了非常高兴，于是就请销售人员坐下，给他倒上水，紧接着就痛说革命家史，讲自己当初是怎么过五关斩六将的。老革命侃侃而谈，销售人员洗耳恭听，前前后后拜访顾客 20 多次，一分钱的礼品没送，就做成了这笔几十万元的生意。

（资料来源：http://www.jzlpx.com/uplodefile/20070820141619711403.doc）

详细了解客户的有关情况，销售人员就可以避免做出一些错误的行为，这位销售人员的成功之处就在于他事先了解了对方，然后投其所好，最后打动了客户。

有一位哲人说过这样一句话：只要你投其所好，你便掌握了他。事实的确如此。销售人员和客户本来就来自五湖四海，谁也不认识谁，通过销售由陌生人变成熟人，就认识了，这是一种缘分。销售人员十分重视这种缘分，向客户套近乎，双方在长期交往过程中，把这种缘分变成了一种关系。当缘分变成关系时，客户有生意时当然照顾关系了。

二、客户的分类

按照不同的标准，可把客户分成不同的类型。

1. 按照客户重要性分类

客户是企业生存和发展的动力源泉，是企业的重要资源，应对客户进行科学有效的管理，以追求收益的最大化。按照客户价值进行分类，可把客户群分为关键客户（A 类客户）、主要客户（B 类客户）、普通客户（C 类客户）三个类别，即 ABC 客户分类法（见表 2-1）。

表 2-1　用 ABC 分类法对客户进行划分

客户类型	客户名称	客户数量比例	客户为企业创造的利润比例
A	关键客户	5%	50%
B	主要客户	15%	30%
C	普通客户	80%	20%

上表所列的数字仅为参考值，不同行业、不同企业的数值各不相同。比如，在银行业中，关键客户的数量可能只占到客户数量的 1%，但为企业创造的利润可能超过 50%；而某些企业，如宾馆的关键客户数量可能远大于 5%，为企业创造的利润也可能小于 50%。

以上划分较好地体现了营销学中的"80/20"法则，即企业 80% 的收益来自 20% 的客户。当然，80% 的普通型客户中，还可以进行进一步划分。有人认为，其中有 30% 的客户是不能为企业创造利润的，但同样消耗着企业许多资源。因此，有人建议把"80/20"法则改为"80/20/30"法则，即在 80% 的普通客户中找出其中 30% 不能为企业创造价值的客户，采取相应措施，使其要么向重要型客户转变，要么中止与企业的交易。如有的银行对交易很小的散客，会采取提高手续费的形式促使其到其他银行办理业务。

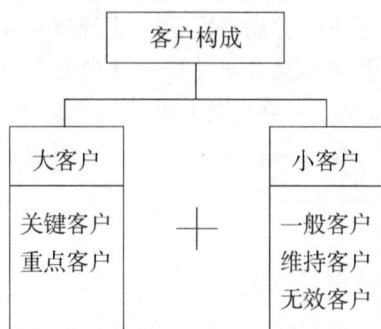

图 2 - 1　客户的构成

图 2 - 2 体现了客户类型、数量分布和创造利润能力之间的关系。

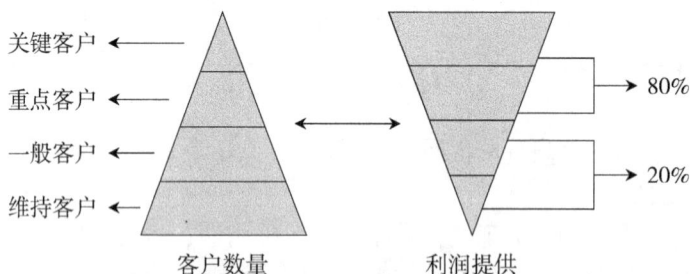

图 2 - 2　客户数量与利润

　　针对不同层级的客户，企业要进行区别对待。不能完全放弃那 80% 的客户，毕竟他们是事业的基础。应通过不同的方式，开发更多的一般客户，保证有足够多的基础客户可以供我们选择。而对于交易客户，企业更多的是要提升客户的品牌忠诚度，并加速提升客户价值，以便将成交客户培养成为关键客户。对于那 20% 的关键客户，企业要为之提供差异化的超值服务，使其创造更多的价值，并且想方设法留住这些关键客户。

　　根据以上的分析可以看出，企业要想获得最大程度的利润，就必须对不同的客户采取不同的策略。事实上，许多企业已经开始意识到通过价值区分来对客户进行分类管理，如金融服务、旅游、电信和零售等行业尤为明显，这些行业中已有很多企业正在运用复杂的数据模型技术来了解如何更有效地分配销售、市场和服务资源，以巩固企业同最重要客户的关系。比如，戴尔公司拥有基于客户重要性的在线信息政策。该公司将客户分为所有客户层、注册客户层、签约客户层和白金客户层四个层次。客户收到的信息数量因他们的客户级别而异。越重要的客户收到的信息越全面，得到的服务也越广泛，价格也更优惠。戴尔公司的所有客户层得到的信息比较广泛，以保证在线质量，其中包括产品细节、订购配置一台特殊计算机的能力、报价清单、一般的技术支持、用户论坛以及其他与公司有关的信息。从注册用户开始，公司提供附加的个性化信息。一个注册用户可以要求对有关信息的跟踪，例如，当新的特定信息出现时，就给用户自动发一个电子邮件，或根据客户定制的在线新闻稿件，提供基于 Internet 的信息。签约客户的采购历史都得以保存，他们可以查询这些历史资料，了解累计的销售额，建立习惯链接，享受定制化的服务和特殊折扣。以戴尔的大型客户之一甲骨文（Oracle）公司为例，只要甲骨文公司一有新进人员报到，戴尔很快就会把该员工所需要规格的计算机准备好，新员工很快就可以上网了。白金客户得到的服务最具个性化，戴尔翻译了 18 种语言，在 36 个国家设立了客户网站，使白金客户可以在线与产品设计者一起讨论，保证新产品能够充分满足客户的需求。通过向不同层次的客户提供不同层次的信息和不同级别的服务，戴尔公司的活动能够反映客户个人的特殊需求和希望。客户与公司之间方便、灵活的互动，帮助戴尔公司建立并不断加深与客户的关系，使公司从拥有相对固定的客户群中获得利益的最大化和关系的持久发展。

2. 按客户忠诚度划分

按照客户对企业的忠诚度来划分，可把客户分成潜在客户、新客户、常客户、老客户和忠诚客户等。潜在客户是指对企业的产品和服务有需求，但尚未开始与企业进行交易，需要企业花大力气争取的客户；新客户是指那些刚开始与企业发生交易，但对产品和服务还缺乏全面了解的客户；常客户是指经常与企业发生交易的客户，尽管这些客户还与其他企业发生交易，但与本企业的交易数量相对较高；老客户是指与企业交易有较长历史的客户，对企业的产品和服务有较深入的了解，但同时还与其他企业有交易往来；忠诚客户则指对企业有高度信任，并与企业建立起了长期、稳定关系的客户，他们基本就在本企业消费。

不同忠诚度的客户对企业利润的贡献有较大差别，可以简单用图 2 – 3 表示。

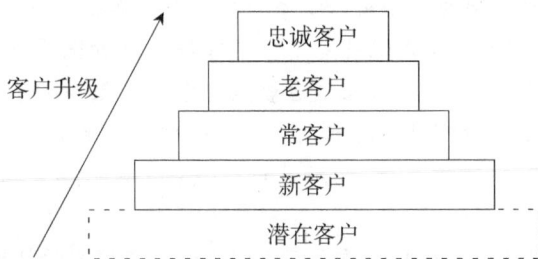

图 2 – 3　不同忠诚度的客户对企业的贡献不同

3. 动摇传统营销基础的最新的"价值分类法"

最新的客户分类是按价值将客户分为以下三种：

（1）内在价值类，重视产品本身价值。

此类客户主要以交易为主，注重因素主要是价格和方便，透明化、无特色，故此也叫交易型客户。如目前的家电和电脑销售的降价趋势，普遍说明了客户对内在价值的重视和企业微利的营销方式。

（2）外在价值类，重视销售价值。

此类客户主要以要求提供售后服务和销售帮助为主，注重因素是销售过程，这类客户往往征求销售者意见，学习产品知识，注重超值、知识型、高科技和独特性，以及品牌价值和风格化。这类客户俗称咨询型客户。如目前的电脑软件和工程类客户，就主要为咨询型客户。

（3）战略价值类，重视合作价值。

此类客户重视长期合作和战略联盟，以共同抗拒竞争压力，形成如海尔、联想的供应链和价值链的企业，俗称伙伴型客户。

三、需要了解的客户情况

优秀的销售人员应该是非常了解客户的，那么我们应该了解他们哪些方面的情况呢？

对个体户来讲，当他是个人时，要了解他的姓名、兴趣、爱好、经历、家庭情况、喜欢什么或不喜欢什么、学历等。这些对客户的了解，对生意的成功是非常重要的。

当我们的客户是团体时，我们又要了解它的多方面的情况。例如，了解都有哪些人参与购买，了解决策者的一些情况，了解公司的采购惯例，了解他们生产什么样的产品，了解他们的竞争对手是谁，了解他们的产品在市场上的情况，了解对方有什么样的新产品计划等。对这些情况的了解对销售人员而言也是一个胜利机会。

总之，只有那些对客户情况了解透彻的销售人员，才能更有效、更迅速地达到接近客户的目的。

销售人员在开发客户过程中，应该着重了解客户的以下情况：

（1）姓名：一要写对，二要读准。

有一位销售人员去拜访某公司的董事长，董事长不在办公室，他又到董事长家里，然而董事长也不在家里，于是他就写了个留言条。他听说董事长姓"cong"，于是就写了个"葱董事长"，结果董事长回来之后勃然大怒，原来董事长姓的是"丛"而不是"葱"。这个销售人员在没有见到顾客之前就已经彻底失败了。

（2）年龄：老人希望得到应有的尊重；而已居高位的年轻人希望别人承认他们的成就。

（3）文化水平：这可作为一个交谈的话题。

（4）居住地点：它有可能反映出客户的社会地位、朋友群，甚至家世。

（5）是否需要你的商品：如果需要你就该弄清楚，准客户能否正确地使用它；如果不需要，那人就不是有希望的准客户。

（6）购买能力：只有具备了购买能力的人，才是销售人员的销售对象，否则费了半天口舌，而最后却无力购买，只是浪费时间而已。

（7）有无购买决定权：要注意准客户是否需要请示配偶或合伙人，此人是否仅为真正买主的前站代表。

（8）家庭状况：许多购买决定是由于人们想取悦配偶或子女而形成的。配偶和子女在家庭购买活动中发挥着巨大影响，你会发现绝大部分父母都喜欢谈论自己的孩子。

（9）拜访的最佳时期：人人都有自己的生活习惯，不希望被别人打扰，如果能找买主空闲的时间去拜访，你受到的接待将会友善得多。

（10）个人特点：销售人员如果了解的话，应当主动迎合之。

（11）职业：准客户干哪一行？他为什么人干活？能力如何？干了多久？等等。

（12）消遣、兴趣和爱好：当准客户是企业管理人时，我们不但要看到他具有个人买主的特点，而对其作为企业准经管人的特点也必须给予充分的重视。

（13）公司管理：公司工作人员（假定此人是雇员，不是雇主）的老板是谁？如果是股份公司，哪些人是董事会成员？这些董事与企业的关系如何？你是否与其中的人有过亲身交往？谁掌握着采购的最终决定权？将要使用你的产品或服务的人所在部门的负责人是谁？还有哪些人是能够影响采购活动的因素？许多销售人员认为与下层人员谈生意是浪费时间，他们更喜欢去找上层领导，另一些人则发现与下级工作人员合作，其实大有裨益。不管采取哪一种策略，销售人员都应当准确无误地将掌握着最终决定权的人作为目标。

（14）公司的业务：它生产什么或销售什么？按逻辑推论，它应进入哪种市场？其产品属高等、中等还是廉价货？其工厂的生产能力如何？它生产哪些部件，购入哪些部件？该公司使用何种生产流程？它们在生产中使用的机器属于什么型号？是哪个厂家的产品？原材料情况如何？所需的数量和来源是什么？它实行的机器维修规程是什么？季节因素是否影响它的生产？该公司的产量在同行业中所排名次？

（15）公司的采购活动：采购部门采取的方法和遵循的程序是什么？该公司是个别来源采购还是通过多种分散渠道进货？其作用等级如何？该公司何时会购买你的产品？他们一次能购买多少产品？目前他们正在从谁的手中订货，为什么？该公司对于当前的供货来源是否感到满意？它是否遇到了当前供货者提出的难题？它是否执行互惠原则？该公司购买和使用你的产品是否能够获利？

四、建立客户资料卡

优秀的销售人员常常拥有一定数量的"潜在客户"，这种数量会给他们带来自信和安心。要保持这种数量，就必须定期开发、补充新的潜在客户。此外，还必须区分潜在客户的重要性，将客户划分为不同的等级。这是一种用来保证"潜在客户"数量与质量的有效方法。

收集到潜在客户的名单后，必须登记并管理潜在客户的资料。建立客户资料卡（包括"公司"潜在客户卡、"个人"潜在客户卡两类）后，销售人员通过它来决定何时、如何进行拜访，从而提高拜访效率和效果。客户资料卡的制作格式如下：

企业客户资料卡

页次_____

客户名称：_____

客户地址：_____　　电话：_____

负责人：_____　　年龄：_____

学　历：_____　　婚否：□已　□未　□再婚

性格特点：_____

主要经营项目：_____

_____

主要联络人：_____

_____

开业日期		其他事业	
日销金额		家庭状况	
付款方式		服务态度	
经营方式		社交活动	
营业状况		信用级度	
敬业精神		经济实力	

备注：_____

_____

建卡日期：_____

_____

消费类客户档案

客户工作信息				
企业名称				
企业地址				
电话	传真	邮编	网址	
企业性质	所属行业	主要产品	企业人数	上年产值
客户个人信息				
姓名	性别	年龄	职务	任职年限

家庭电话	移动电话	E-mail	住址	邮编
是否关键	婚否	有无子女	收入状况	有无车房
购物场所	喜好品牌	平均消费支出	如何结识	主要人脉
个人嗜好				
生日	血型	偏爱颜色	饮食习惯	沟通偏好
重要纪念日				
家人情况				
姓名	性别	关系	生日	备注
最近关注的问题				

　　将每一位潜在客户的资料填入资料卡，同时编号、分类、分级。每周至少整理资料卡两次，按照变动情况重新分级、分类。为了有效地拜访潜在客户，销售人员还必须把潜在客户按可靠程度进行分类，以便分别处理。分类项目可以划分为"应继续跟进访问的"、"拟间隔一段时间进行再次访问的"和"放弃访问的"三类。对于前两类客户，分别拟定重复拜访的频率。对 A 级客户的资料卡每天翻阅，对 B 级客户的资料卡每周翻阅，对 C 级客户的资料卡每月翻阅并依照发展情况提升为 B 级或 A 级。

五、客户价值

　　在营销领域，客户价值（customer value）已经成为一个非常时髦的术语。许多企业也将客户价值视为一种基本战略导向。企业界普遍认为，增加客户价值是实现利润增长和提高企业总体价值的关键。

　　客户价值具有如下的特性：

　　（1）个体性。价值本质上是个体的，世上没有两个人占有完全相同的价值。但企业一般为一定的群体提供基本相同的价值。随着生产系统的柔性化、社会的信息化和物流体系的创新，产品和服务正向个性的方向转化。市场的不断细分，以及"一对一"营销观念的提出，就体现了这种趋势。

（2）感知性。价值必须被人的理性或感性感知到，否则就不能以之展开生命活动。载瑟摩尔就曾指出："客户价值就是客户感知价值。"

（3）时变性。价值随着自然关系和社会关系的变化而变化，历史上许多物品的价值就是在时间的流逝中被耗散，而另一些物品的价值则因此突现出来。

（4）上升性。随着人的主体性不断地被开拓和实现，价值也将经历由低级到高级、由简陋到精致、由单调到丰富的过程，这不仅体现在历史过程中，同样体现在产品的演变中。市场本身是无序的，价值运动则是合目的性的，价值运动推动了市场活动的有序展开。

（一）客户价值的概念

客户从他们选择的商场中获取他们自认为是最高品质和最高技能的服务时，他们所消费的是"物有所值"、"物超所值"的感受。为此我们对此下了一个定义：客户价值是客户在指定产品、技能、服务中所期望得到的所有利益。

一位白领阶层的女士想烫头发，把发型改变一下，她计划到本地最有名气的发型设计室设计，或者去中型发廊烫发。她来到最有名气的发型设计室，大工把法国"欧莱雅"推荐给她，并告知她欧莱雅的用途、对头发的损坏程度及价格，并且通过电脑设备把她的头型输入电脑，然后把最流行的 200 种新烫发款式提供给她，供她选择。大工在和她沟通时还告诉她，烫后的护理、梳理过程，他们将免费为她做烫后服务。随后她来到中型发廊，大工把德国"威娜"烫发水推荐给她，但没有把最新款式介绍给她，只是问她想烫成什么样的发型，没有介绍烫后护理、梳理过程，只是介绍比欧莱雅便宜40%。经过比较她自认为名店的"欧莱雅"具有可靠性和耐久性，店内有良好的运营状况，是一种高价值的服务，而且还断定名店可能会提供较好的烫后服务，她还认为名店具有更高的专业知识水平和更强的责任感，最后她选择了名店。因为名店的企业形象被赋予了较高的价值，名店从四个要素增加其所包含的价值，即产品、服务、员工、形象，而且名店提供了整体客户价值。

客户消费的目的是为了获得商品的使用价值，消费满意度取决于厂商提供的商品使用价值的高低。这是企业在竞争中不容忽视的问题。

真正能够可持续发展的竞争战略都应当围绕满足客户需求来制定。美英媒体最近公布了2002年全球大企业排行榜，美国百货连锁集团沃尔玛再次位于排行榜前列。沃尔玛的经营要诀之一就是最大限度地让利于客户。公司总裁沃尔顿先生常常告诉员工："我们珍视每一美元的价值，我们的存在是为客户提供价值，这意味着除了提供优质服务外，我们还必须为他们省钱！每当我们为客户节约了一美元，就使自己在竞争中领先了一步。"

市场经济是以市场为导向的经济，市场导向的根本点在于客户需求。经营理念以企业为中心还是以客户为中心，是决定企业经营成败的关键因素。以满足客户的需要为导向组织生产经营，必为客户所厚爱，必为市场所青睐。为客户创造使用价值，就是为企业自己创造财富。

（二）分析客户终生价值的主要步骤

罗兰·T. 拉斯特（Roland T. Rust）提出了客户价值的计算方法：$C_V = (S/t) \times T$

式中：C_V——从核定期开始核定的客户生命周期的客户价值；

S——根据客户消费数据计算的客户平均每次消费金额；

t——根据客户消费数据计算的客户平均消费周期；

T——从核定期开始计算的客户生命周期长度。

根据上述分析可以看出，在客户生命周期内，客户价值主要取决于客户平均消费周期 t 和客户平均每次消费金额 S 两个指标，因此可以根据这两个指标对客户进行分类。企业可以采用的客户分类如表 2-2 所示。

表 2-2 客户价值分类表

S / t		客户平均每次消费金额 S		
		小	中	大
客户平均消费周期 t	长	优化客户	发展客户	白银客户 A
	中	发展客户	白银客户 B	黄金客户
	短	白银客户 C	黄金客户	铂金客户

实现客户价值的策略是将客户价值的增值划分为三个维度：宽、远、深，而客户价值管理的目的就是实现企业与客户之间的关系朝着"更宽"、"更远"、"更深"的方向发展。

（1）"更宽"意味着客户关系数量的增加，即通过获取新的客户、挽回流失的客户或者识别出新的关系细分群体等来增加企业所拥有的客户关系的数量。

位于表中对角线上的客户为白银客户，是企业维持并努力使其升级的客户。但白银客户 A 高金额、长周期消费行为与白银客户 C 低金额、短周期的消费行为显然是不同的，因此企业对其努力的方向也不相同。白银客户 A 的行为可能源于两种情况：较单一的产品品种，因而每次消费金额高、消费周期长；或在两个消费周期中客户还存在到其他企业的消费行为。因此，对白银客户 A 应加强信息的沟通，鼓励其更多地与企业接触，为其提供更广泛的产品或服务。白银客户 C 的特点是每次消费金额低、消费周期短。针对这类客户，企业可提供与该产品相关联的其他服务，以此提高该产品的消费档次。

（2）"更远"主要是针对现有客户而言，意味着客户关系生命周期的延长，即通过挽留有价值的客户关系、减少客户流失等来提高客户生命周期的平均长度，发展与客户的长期关系。

位于表中右下角的客户是铂金客户和黄金客户，他们可以为企业带来大量收益，因此是企业应努力维持关系的优先客户。该类用户对价格敏感性差但重视服务，因此企业应为他们建立营销数据库档案，开展重点客户的一对一专门服务。

（3）"更深"意味着客户关系质量的提高，即通过交叉销售和刺激客户的购买倾向等手段使客户购买数量更多、购买的范围更广。

中等金额、长周期和小金额、中等周期的客户是企业应考虑促使其转变的发展客户，该类用户对价格相对敏感，属于中等价值客户。企业应将对其努力的重点放在提高客户的满意度和忠诚度方面，以增加其购买频次，使其向白银客户转变。

左上角的小金额、长周期的优化客户则是企业必须考虑进行调整的客户，即需要根据企业的客户构成进行优化的客户，该类客户多为低价值用户，企业应在保证不低于可变成本的前提下，维持这种服务关系。

客户价值的三个成长维度并不是严格意义上的划分，而只是一种理念上的考虑，为客户关系的发展提供可能的成长方向。事实上，各个成长维度之间存在着相互影响和互动关系，如客户关系质量的提高本身就蕴涵着客户关系周期的延长，而客户关系周期的缩短可能也会导致客户数量的减少。而且，三个成长方向的实现手段也并非完全独立，为实现某个方向的成长而做出的努力很有可能促进或阻碍在其他方向上的成长。因此，企业在进行客户关系管理时，应充分考虑各种因素，实现客户价值在三个方向上的协调发展。

客户关系在三个维度上是动态的、不断延伸的，它使得客户价值朝着"更宽"、"更远"和"更深"的方向发展，实现客户价值体的不断膨胀。客户价值体的膨胀也意味着企业拥有更多、更好的良性客户关系，而这些都是企业核心竞争优势的重要组成部分。

2.2　界定客户

一、寻找客户

寻找客户往往是一个业务员销售活动的开端。业务员需要具备一种发现和识别潜在客户的能力，并通过自己的工作来提高寻找客户的成效。寻找客户的方法非常多而且具有灵活性和创造性。寻找客户的主要方法如下：

（一）市场分析法

市场分析法一般按照以下程序进行：收集信息→分析→制定→实施→反馈→调整。

1. 收集信息

市场的信息收集是进行分析的基础，它要求收集方法科学、信息准确、尽可能详细。这里介绍一种最基本的归类整理法：第一步是整理客户资料，按照客户的行业、规模、需求特点等将其分成若干个客户群体；第二步是通过营销人员填表、开会讨论等方式收集客户特征信息，如需求特点、组织特点等；第三步针对一些还不清楚的信息，选取有代表性的客户进行调查、询问。收集活动需要注意的是：所了解的情况一定是客观的，不能凭意想去猜测，须如实记录和填写。

2. 分析资料

在得到一些基本信息后，就可以将每一类客户群体进行如下六个方面的分析：

（1）客户消费动机分析。

客户为什么要买我们的商品或服务？而另一些客户为什么不买？不能简单地回答我们的产品或服务好与不好。其实客户的动机是非常复杂的，有的客户甚至自己都不清楚。一个常见的误区是，营销人员以为自己眼中的"产品利益"就等于客户的"产品利益"。例如，浙江某厂生产的瓶装果汁饮料，在市场上销售很好。但根据消费调查，大多数消费者购买该饮料是为了得到饮料用的包装瓶，而不是厂家所认为的饮料味道好。所以，了解客户消费动机的变化，清楚在客户的眼中，我方产品或服务到底好在哪里、其购买的主要动机，是十分必要的。另一方面，客户都是由人组成，其偏好是善变的，特别是对于日常消费品，客户的偏好受社会中政治、经济、文化、生活形态的影响而变化很大，我们分析时要有动态的意识。

（2）客户消费选择分析。

非垄断市场的产品竞争十分激烈，客户对产品的选择有很大的空间，任何产品都是可以替代的。所以，在分析中，就必须了解谁是你的主要竞争对手？客户可能用我方产品去替代什么产品？而客户又可能用什么产品来替代我方产品？哪些客户对我方产品有较高的产品忠诚度？哪些客户对我方产品的忠诚度低？为什么？如何改进？

（3）客户消费时机分析。

不同的产品或服务在不同的时间里，客户购买时机和频率是不同的，只有搞清其特点，才能掌握促销主动权。需要分析客户对我方产品或服务一般在什么时间购买？多长时间购买一次？哪类客户的一次消费量较大？

（4）客户消费地点分析。

客户对产品或服务的购买和使用都有一个适当的场所，一般要搞清客户习惯在何处购买我方产品？什么地方可能是最佳销售场所？客户在什么地方使用我方产品？是否还可以拓展我方产品使用的空间？由此我们就可以找出理想的销售渠道和产品应用范围。

（5）客户消费数量分析。

购买我方产品的客户多而复杂，其中必然有几类客户购买量大，而且每类客户群体消费特点也不同，所以，我们要分析每类客户群体消费量是多少。如果数量不够，就不能单独作为一个细分市场来开发。当然，那些不可衡量或不可接触的以及我们不能完全满足其需求的客户群体，也不能成为我们主要的营销对象。由此决定每类客户群体的纳入与淘汰，最终确定企业目标客户。

（6）客户内部角色分析。

客户往往是一个复杂的群体，根据其购买行为所起的作用，一般将其内部人员划分为五种角色。一是发起者，他是第一个提议购买商品或服务的人；二是影响者，他是对决策具有某种影响的人；三是决策者，他是对购买有决定权的人；四是购买者，他是从事购买行为的人；五是使用者，即使用该商品或服务的人。有时这五种角色集中于一个人身上，有时是分属于不同的人。针对目标客户企业都需要做详细的分析，才能得出针对性的营销措施。

3. 制订方案

通过以上分析，找出最佳客户群体，有的放矢地制订出营销方案：根据其需求特性，改进产品，改变宣传重点，选择最佳销售通路和销售时机；根据其组织特点，对不同角色分别采取不同说服策略。

4. 反馈调整

事物是发展变化的，社会在变，客户需求也在变，实时监控市场，根据市场反馈信息，及时调整认识，改进方案，是十分重要的。另外，市场分析的基础是信息，但若受到各种因素的干扰，信息的可靠性就存在问题，因此也需要不断地根据反馈，修正错误。所以，该分析方法是一个收集信息→分析→制定→实施→反馈→调整的循环过程。

（二）资料查询法

资料查询法是指销售员通过收集情报、查阅资料来寻找准客户的方法。销售员获得资料的途径可分为企业内部资料和企业外部资料两类。

1. 企业内部资料

企业内部资料主要包括以下三个方面：

（1）财务部门的资料。

企业财务部门往往保存有大量的资料，如应收账款、明细账等。在过去的账目中，可以找到不少现在已失去的客户，销售员可以重新将这些客户名单进行整理，分别拜访。这样可以查明客户与企业中断往来的原因，设法排除不利往来的因素。请回一个老客户，就等于发现了一个新客户。

（2）销售部门的资料。

大多数企业都保留着以往销售情况的记录，如出库报表、客户订购表、订货合同、客户意见表、退货记录等。这些宝贵的记录就是销售对象的信息。通过分析研究，可以找出问题、改进措施，请回过去的客户，不断巩固现有的客户。

（3）服务部门的资料。

服务部门常常在销售后的服务工作中和客户接触，通过他们了解的情况，销售员就会找到更多的客户。例如，家电维修人员经常登门造访客户，就可能掌握了很多有价值的信息。当产品需要更新时，客户的购买行为或多或少会受到维修人员的影响。

2. 企业外部资料

企业外部资料主要包括以下方面：企业名录；产品目录、样本；银行账户；商业广告；商标公告；专利公告；行业统计资料；年鉴；社交或商务活动中得到的名片；专业团体或协会会员名册；电话簿、地图册；报刊资料；市场简介；政府及各主管部门公布的可供查阅的资料。

利用资料查询法寻找准客户，能够减少工作的盲目性，节省寻找的时间和费用；同时还可通过资料详细了解客户，进行接近客户的准备工作。但是，由于市场瞬息万变，各种情报资料的有效期日渐缩短；另外，很多资料不易得到，并且由于企业的更名、搬迁、关闭等现象时有发生，造成资料的不全面或不准确，所以该方法也有一定的局限性。

（三）广告寻找法

这种方法的基本步骤是：首先向目标客户群发送广告；然后吸引客户上门展开业务活动或者接受反馈展开活动。例如，通过媒体发送某个减肥器具的广告，介绍其功能、购买方式、地点、代理和经销办法等，然后在目标区域展开活动。

广告寻找法的优点是：

（1）传播信息速度快、覆盖面广、重复性好。

（2）相对普遍寻找法更加省时省力。

其缺点是需要支付较高的广告费用，针对性和及时反馈性不强。

（四）连锁式介绍法

连锁式介绍法是指销售员在销售时，请求现有客户介绍未来可能的准客户的方法。这种方法要求销售员设法从自己的每一次销售面谈中了解到更多的准客户的名单，为拜访客户做准备。事实上，客户之间有着相似的购买动机，他们之间也有着一定的联系和影响，连锁式介绍法就是根据各客户购买动机的相互联系和相互影响，根据各位客户之间的社会联系，通过客户之间的连锁介绍，来寻找新客户。例如，在工业品市场上，当销售员了解到现有的一个用户是一家总厂或母公司，而其分厂或子公司如果是从别的供应商那里进货，那么在同这家用户交易时不妨问一问"你知道还有谁需要这种产品吗"，这很有可能招来很多新客户。销售员在得到现有客户的推荐时，可以直接请客户写一封正式的推荐信（将销售员的姓名、厂名、产品简介等简单写上），使被推荐的销售对象对销售员所销售的产品有一个概括性的认识。因此，了解和掌握每一客户的背景情况相当重要，这随时会给销售员带来新的销售机会。运用这种方法可以不断地向纵深发展，使自己的客户群越来越大。因此，该方法又称为"追踪推荐人法"。其具体操作办法主要如下：

（1）利用自身的各种关系，如亲戚、朋友、老师、同学的介绍。

（2）每次销售洽谈时，有计划地请对方介绍几位需要同样商品的朋友。

（3）直接请现有客户代为销售商品，可以辅之以一定的奖励或佣金。

（4）请现有客户以书信、名片、便笺、电话、传真等手段进行连锁介绍。

一般来说，人与人之间的交往和联系，是以某种共同的兴趣或者共同的需求和利益为纽带的，某一个交际圈内的所有人可能均有某种共同的需求，可能是销售员的一类大客户群。从现有客户的各种交际活动和社会联系中，销售员可以直接或间接寻找到与其有联系的新客户。

运用连锁式介绍法寻找客户，成败的关键在于销售员能否取信于现有的客户，能否培养出能够信赖自己、帮助自己的一大批基本客户队伍。正如载入吉尼斯世界纪录大典、获美国"最伟大的销售员"称号的汽车销售大王乔治·吉拉德在其自传中写到的：每一个客户的背后都有250人，称为"250定律"。他指出，销售员若得罪一个人，也就意味着得罪了250人；相反，如果销售员发挥自己的才智"利用"了一个客户，也就得到了250个关系。

1. 连锁式介绍法的优点

（1）避免了销售员主观判断的盲目性，将销售员个人单枪匹马的销售活动变成了广大客户群众性活动，使销售工作具有坚实的群众基础。

（2）利用该方法寻找客户，相对于销售员唐突式的拜访来说，更容易赢得被介绍客户的信任。

（3）利用该方法寻找客户，其销售成功率一般较高。

2. 连锁式介绍法的缺点

（1）销售员在寻找客户之前，难以制订完整的销售访问计划。

（2）由于被介绍客户已有准备，销售员常常处于相对被动的地位。

（五）资料查阅寻找法

此方法要求业务员要有较强的信息处理能力。通过资料查阅寻找客户，既能保证一定的可靠性，也能减少工作量、提高工作效率，同时也可以最大限度减少业务工作的盲目性和客户的抵触情绪。更重要的是，可以展开初期的客户研究，了解客户的特点、状况，提出适当的客户活动针对性策略等。

需要注意的是资料的时效性和可靠性，此外，注意对资料（行业的或者客户的）的收藏、累积往往更能有效地展开工作。

业务员经常利用的资料有：有关政府部门提供的资料、有关行业和协会的资料、国家和地区的统计资料、企业黄页、工商企业目录和产品目录、电视、报纸、杂志、互联网等大众媒体、客户发布的消息、产品介绍、企业内刊等。

一些有经验的业务员，在出发和客户接触之前，往往会通过大量的资料研究对客户作出非常充分的了解和判断。

（六）交易会寻找法

国际国内每年都有不少交易会，如广交会、高交会、中小企业博览会等，这是一个绝好的商机，企业要充分利用。交易会不仅能够实现交易，更重要的是能够寻找客户、联络感情、沟通了解。

二、鉴别客户的资格

小王花了整个下午的时间向林先生夫妇推销公寓。他们走遍了整个公寓的每一个房间，并且小王对每个房间的特点都加以详尽的介绍，而且一再强调其诱人的价格。尽管这样，林先生夫妇依然没有表现出丝毫的购买兴趣。小王并不知道，无论自己怎样努力，他们都不会购买这套公寓。实际上问题出现在他介绍之前。小王认为林先生夫妇想要购买一套公寓，因为他们对公寓的广告非常感兴趣。然而，实际情况是林先生夫妇已经在另外一个地方购买了一套公寓，他们之所以来看这处新公寓仅仅是出于好奇，希望通过比较来分析他们购买的新房子是否划算。虽然这对夫妇表面上看好像是潜在客户，但是实际上他们并不具备准客户的资格。要想真正拥有客户，必须处理好以下几个问题：

（1）客户是否有需求欲望？

（2）客户是否有购买能力？

（3）客户是否有购买决定权？

（4）客户是否有资格购买？

1. 客户是否有需求欲望

（1）在考虑和分析客户的购买需要时，应评估及审查客户购买的可能性。

如果一个客户对销售员所提供的产品或服务毫无兴趣，那么和他的接触就毫无意义。住在公寓房中的人不会对铝制门窗感兴趣；连驾驶执照都没有的人一般不会去购买新车；不从事焊接业务的公司一般不会购买激光焊接机。

此外，分析购买需要时还应注意客户在洽谈前的购买倾向。有的人可能已经部分甚至全部做好了购买的准备，有的则可能一点购买意图也没有。销售人员在接近潜在客户前就应当搞清楚他们的需求和倾向，以此确定需要采取的销售技巧。

（2）在评估和审查客户购买需要时，还应进行分析。

①对潜在客户是否已经意识到有必要购买某种产品的心理予以分析。根据马斯洛的观点，

未能满足的需求是人们行为的原动力。人必须在低一级的需求得到满足之后，才会产生较高一级的需求，即生理需求（饥饿、口渴、寒冷）满足以后，才会产生安全需求（安全、保障），然后是社会需求（爱与归属感）、受尊重需求（自尊、赏识、地位），最后才是自我实现需求（自我发展与实现）。

另外，潜在客户对产品的需要程度是很不同的，有的人还全然未意识到自己的需要，有的人则直截了当地表示自己不但需要，甚至想马上购买。显然，对此的合理分析，使销售人员有可能排列出一个比较理想的客户名单。

②对潜在客户如何看待你所销售的某种品牌的产品要予以分析。如果销售人员所销售的产品的品牌在客户心中有较重的分量，则客户购买的可能性就会大一些，否则，即使客户有某种需求，恐怕也难以让客户对你所销售的产品有购买动机。

在实际操作过程中，我们可以借助一定的模型来进行客户需求度的分析。这样能使销售人员比较直观地认识和预期客户的需求程度情况。

表 2-3　客户需求度评估矩阵

		需求程度				
		非常强烈	比较强烈	一般	冷淡	厌恶
客户	A			√		
	B	√				
	C					√
	D				√	
	…					

在表 2-3 客户需求度评估矩阵中，按照客户对我们所提供产品的需求态度将其分为非常强烈、比较强烈、一般、冷淡和厌恶五个层次。显然，在客户开发过程中，在仅考虑客户的需求度一个因素的情况下，销售人员无疑应先将客户 B 和 A 视为自己的重点客户来对待；而对于需求态度比较冷淡的 D 客户，销售人员在时间允许的情况下，可采取有针对性的说服以扭转潜在客户的态度，增强其购买的信心；对于 C 客户，销售人员可以忽略舍弃，从而调整客户开发的时间，提高工作效率。

2. 客户是否有购买能力

即使客户的购买欲望十分强烈，所需购买的数量也比较大，但仍不能将其视为现实的客户，还要分析其现实的购买能力。对那些缺乏足够资金的潜在客户，必须持谨慎态度。尤其是交易对象为批量大、价格高的产品时，销售人员必须在事先或业务洽谈初期对客户的资金状况有所了解。

3. 客户是否有购买决定权

当销售员向公司客户销售产品时，有时不一定清楚谁有最后的购买决定权。生产主管、工程师或采购主管通常要负责购买机器设备，一个购买决策通常要涉及很多人，如果不确定谁有购买决策权，那么就要主动询问。在很多销售活动中，弄清丈夫还是妻子在购买中起决定作用或者两人共同起作用是十分重要的。

> 有一家公司专营电脑售饭系统，该公司的一位销售经理来到一个学校找到了一位老乡。这位老乡是这个学校的副校长，主管后勤工作，他跟销售人员讲，我们现在正准备上电脑售饭系统，在校长办公会上我向校长提一下，问题不太大，你回去吧。于是这位销售人员就回去等待佳音，等了一个月还没有消息，他就又来到学校找这位副校长，但这位副校长态度不像上次那样了。原来这位副校长在校长办公会上提出来后，总务处长坚决不同意：是不是有人得到好处？他们两个是对头冤家。这位副校长确实是决策先生吗？

销售人员如果能准确地接触其中的关键人物，即找到决策者，那么就有了销售成功的60%机会。因此，分析潜在客户有无决策权，也就成为客户资格评估的一个不可缺少的环节。当然，对客户有无决策权的判定，有的时候比较简单。如便利品的潜在客户一般都拥有决策权；对于选购品和特殊品，拥有决策权的多为家长、家庭主导成员、收入较高者等。对决策权的判定比较困难的是工业用品或大宗消费品的预期客户，这类客户多为企事业单位，其组织机构的复杂性，决定了不同企事业单位购买权力的掌握常常有比较大的差别。

客户在购买决策过程中通常扮演的角色主要有：发动者、影响者、守门人、决策者、购买者和使用者。如图2－4成功的客户开发的蝴蝶模型。

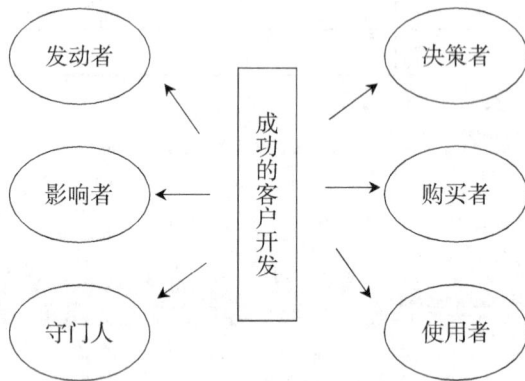

图2－4　成功的客户开发的蝴蝶模型

在这六种角色中，最为主要的是决策者。这六种角色对销售人员评估目标客户有着极大的作用。所以销售人员在开发客户过程中必须明白以下三个问题：

（1）了解谁是真正的决策者。

一项交易的完成，其决策者起着很大的作用。在销售人员销售产品时，特别是在和预期客户接触时，准确地判断决策者是销售工作的前提。否则，客户开发工作就会出现不该出现的问题。

一个销售人员到一个居民家中销售哈慈五行针，已经登门拜访了四次。第五次时，男主人满口允诺说买，可就是不行动，也不赶销售人员离开，晚上已经很晚了，销售人员很奇怪，不知到底哪个环节出了问题。就在他上卫生间的时候，他听见男主人在跟一个老太太低声商量："妈，给你买一个吧。""不买，那个人第一次来的时候，他根本不看我一眼，这么不懂礼貌，就是不买。"销售人员此时才恍然大悟，原来他忽略了老太太，真正的产品购买决策者。这位销售人员并没有放弃，他千方百计打听到老太太的生日，在老太太七十大寿的那天，亲自登门造访，当着诸多的亲朋好友的面向老太太道歉，并送给老太太一套哈慈五行针作为生日礼物，其家人十分感动，老太太也深受感动。老太太以后遇人便说这位销售人员的哈慈五行针对身体有效，而且在她们的小圈子里，极力向她的老姐妹们推荐购买，在她的帮助下，这位销售人员的销售业绩是他所在公司的第一名。

（资料来源：http：//www.jzlpx.com/uplodefile/20070820141619971403.doc）

（2）守门人不可低估。

在了解谁是真正的决策者后，销售人员往往会遇到"守门人"，就是那些控制信息流程和组织中其他流程的人，如看大门的人、秘书等。如果说守门人连门都不让你进，你能继续进行自己的业务吗？所以，销售人员首先要取得守门人的信任，他们是你顺利开展客户开发工作的第一关。比如，一个销售人员到一家公司拜访客户时，每次都给秘书送上一束鲜花，赢得了秘书的好感，从而得到秘书的支持和配合，取得成功。

大多数握有采购大权的主管，每天都会接到无数电话、E-mail、信函，不是销售服务就是兜售商品，或是求见以便当面签订单。这些人为了节省时间、避免麻烦，一般都由秘书作为挡箭牌，凡是陌生电话，秘书便千篇一律询问："请问您有什么贵干，可不可以先告诉我？"心虚的销售人员，不敢说明真正来意，电话中常说"这是私人的事"或是"这是我和他的秘密，希望和他面谈"，然后留下电话号码及姓名，希望对方回电。试想，对方会回电吗？电话号码及姓名铁定被丢到垃圾桶了。

要突破秘书挡驾的关卡，千万别以"私事"、"秘密"等借口来蒙骗秘书。要记住，秘书的工作是用来过滤不必要的电话以节省主管的时间，这是她的关键工作。主管有多少"秘密"，和什么人交往，难道秘书不知道吗？要想成功地开展业务，这里你就要注意以下几点：

①打电话之前，收集客户及当事人的详细资料。

要了解客户，预知客户最关心的话题以及该公司目前的状况。例如，该公司的扩充计划、目前项目的执行状况、销售状况、人事变动等，并且设身处地地思考你所提供的服务或产品，如何协助对方解决问题或是提高效率。当你有这些资料在手上时，你可以大大方方地告诉秘书说："我知道贵公司目前正在快速扩充产能，我所提供的服务刚好可以协助贵公司缩短时间至少30天以上，请将这个技术上的突破转告吴经理，我期望能在最近前往贵公司做一个详细的说明……"

②提供对对方有益的结果，而不推销自己。

开门见山地说："我是××公司的技术代表，希望把一种最新的技术提供给贵公司参考，请问吴经理是否有空听一听？"秘书小姐一定说："吴经理正在开会。"这时候，请记住，不要勉强她，你可以再次强调这种新技术可以提高良品率15%，每年可以减少浪费至少500万元等实质利益，而这些实益正是对方所喜欢听到的。那么，你留下电话及姓名才有可能得到回应。

③要有吃闭门羹的心理准备。

并不是所有秘书都有商业的敏感度，不要期望她们对你的说法会有善意的响应，她们常常会说"经理正在开会"、"经理出差"、"他有重要的事与总经理商谈"，碰到这类软钉子千万不要放弃，可以稍后再打电话，也可以问经理什么时候会回来，你也可以写E-mail给他，或是等秘书下班之后再打电话。

④和秘书建立友谊。

要展现你的亲和力。虽然你是销售公司产品，但是请记住，先把你自己推销给秘书，然后你才有机会销售你的产品。所以，你不妨和秘书建立起友谊，再逐步敲开公司的大门。

某销售公司的一个销售人员，连续6年都是公司的销售冠军。他每次销售产品都不忘记跟企业看大门的人建立起友好的关系，这样他就从看大门的人那里了解到许多关于客户的信息。

一次，他来到一家偏远小县城找客户要账，结果厂长说出种种理由就是不给他结款。于是，为了要回货款，这位销售人员每天一上班就到厂长办公室和财务室擦桌子、扫地、打扫卫生、打水，一有时间就跟厂长套近乎，后来他还赢得公司财务人员的好感，和财务科长成为了好朋友。在别人忙于上班的时候，他就主动去和公司看大门的人套近乎，正好看大门的人是厂长的爷爷辈的人，这位销售人员就从看大门的人那里了解到这位厂长从小就争强好胜、爱面子。

有一天，销售人员又来到厂里，看大门的人告诉他，厂长到县里参加一个品牌创新论坛，不在厂里。他很难受：厂里让他来要款，来了一个星期，账没有要着，人也找不到了。他想回家去，但忽然想起看大门的人告诉他的话，厂长从小就争强好胜、爱面子，于是销售人员眉头一皱，计上心来，他直奔品牌论坛多媒体报告厅，推开报告厅的门，看到厂长和几位经理模样的人正在有滋有味地说闲话，销售人员拿出烟递给周围的人，到了厂长面前，厂长低声告诉他，你先出去，我一会儿找你，销售人员就先出去了。过了一会儿厂长就过来了，什么话也没有说，就写了一个纸条递给他，他来到厂里，找到已经是朋友的财务科长，很快就拿到了所要的款项。

（资料来源：http://www.jzlpx.com/uplodefile/2007082014161971403.doc）

（3）了解谁是主要影响者。

一家三口去商场买玩具，尽管钱包在父母口袋里头，但优秀的营业员肯定是极力向小孩推销。原因很简单，尽管钱包装在权力先生的口袋里，但小孩是权力先生的影响者，他才是真正的购买者。

有个公司经理是位女士，她的产品都是几十万、上百万的价格。有一次她在跟客户谈生意时，客户说你来家里坐坐吧，她一听，到家里谈，那是最好不过的。大家都知道，能到家里谈那是销售人员求之不得的，但是她得到了这个机会。该坐在什么地方呢，不是客厅吗？可是她却来到厨房里和顾客的妻子一块做饭、聊天，谈得很是投机，顺便向顾客的妻子提起业务上的事，于是顾客的妻子极力向丈夫推销这位女经理的产品。

这位妻子不是决策者，但是她是很重要的影响者。在生活中影响者有很大作用，不能忽视周围的影响者。千万不要忽视客户周围的人，他们既可能成为你的朋友，也可以成为敌人。

（资料来源：http：//www.jzlpx.com/uplodefile/2007082014161971403.doc）

销售人员应该注意，在进行客户开发过程中要与客户单位的上上下下、方方面面的人建立良好的关系。因为，每一个人都会影响250个人，如果你不注意客户单位中的人际关系，那么他们很可能给你的客户开发工作带来不必要的麻烦。

2.3 开发客户

《圣经》里说，一个叫摩西的人领着在埃及为奴的以色列人逃离埃及，到了红海。后有追兵，前有大海，他们看起来真的是无路可走了。但是，摩西大胆地把脚踏进水中，海水竟然分开了，露出一条路，让他们安然过去了。

有这样一件事：一个瓢泼大雨的夜晚，一个路人来到野外的一间茅屋前，又冷又饿，可他总害怕推门进去后会受到冷遇，所以不愿意打扰人家。于是，他就满足于在茅屋下躲雨，心想总比刚才在路上舒服。后来，他昏过去了，被人抱进茅屋。等他醒来之后，茅屋的人问他："你为啥不进来呢？"他说："深更半夜的，敲门进来，害怕影响您，惹您讨厌。""哈，其实门就一直是虚掩着的。我也不是这儿的主人，我也是路过的，我会嫌弃你吗？"

企业开发客户不仅需要有目标，还需要谋略；不仅需要行动，还需要方法；企业有目标地出发，只是淘汰了路程上的其他诱惑，有谋略的行动，才能使运作中的成本变成珍珠。

一、开发客户的技巧

成功销售的能力，与销售人员的客户质量直接相关。因此，销售最关键的一步就是准确找到需要你产品或服务的人。然而，并不是每个企业都能清楚地告诉它的销售人员，如何开发客户、找到需要自己产品和服务的人。

以下10条"营销圣训"是进行成功销售和开发客户的法则。实践证明它们是行之有效的。

（1）每天安排一小时。

销售，就像任何其他事情一样，需要纪律的约束。销售总是可以被推迟，你总在等待一个环境更有利的日子。其实，销售的时机永远都不会有最为合适的时候。

（2）尽可能多地打电话。

在寻找客户之前，永远不要忘记花时间准确地定义你的目标市场。如此一来，在电话中你与之交流的，就会是市场中最有可能成为你客户的人。

如果你仅给最有可能成为客户的人打电话，那么你联系到了最有可能大量购买你产品或服务的准客户。在这一小时中尽可能多地打电话，由于每一个电话都是高质量的，多打总比少打好。

（3）电话要简短。

打电话做销售拜访的目标是获得一个约会。你不可能在电话上销售一种复杂的产品或服务，而且你当然也不希望在电话中讨价还价。

电话做销售应该持续大约3分钟，而且应该专注于介绍你自己和你的产品，大概了解一下对方的需求，以便给出一个很好的理由让对方愿意花费宝贵的时间和你交谈。最重要的是，别忘了约定与对方见面。

（4）在打电话前准备一个名单。

如果不事先准备名单的话，你的大部分销售时间将不得不用来寻找所需要的名字。你会一直忙个不停，总是感觉工作很努力，却没有打上几个电话。因此，在手头上要随时准备一份可以供一个月使用的人员名单。

（5）专注工作。

在销售时间里不要接电话或者接待客人。充分利用营销经验曲线，正像任何重复性工作一样，在相邻的时间片段里重复该项工作的次数越多，就会变得越优秀，推销也不例外。你的第二个电话会比第一个好，第三个会比第二个好，以此类推。在体育运动里，我们称其为"渐入最佳状态"。你将会发现，你的销售技巧实际会随着销售时间的增加而不断改进。

（6）如果利用传统的销售时段并不奏效的话，就要避开电话高峰时间进行销售。

通常来说，人们拨打销售电话的时间是在早上9点到下午5点之间。所以，你每天也可以在这个时段腾出一小时来做推销。如果这种传统销售时段对你不奏效，就应将销售时间改到非电话高峰时间，或在非高峰时间增加销售时间。你最好安排在上午8点到9点，或者中午12点到1点和下午5点到6点半之间销售。

（7）变换致电时间。

我们都有一种习惯性行为，你的客户也一样。很可能你们在每周一的10点钟都要参加会议，如果你不能够在这个时间接通他们，就要从中吸取教训，在当天其他的时间或改在别的日子给他电话。你会得到出乎预料的成果。

（8）客户的资料必须井井有条。

你所选择的客户管理系统应该能够很好地记录你所需要跟进的客户，不管是3年之后才跟进，还是明天就要跟进。

（9）开始之前先要预见结果。

这条建议在寻找客户和业务开拓方面非常有效。你的目标是要获得会面的机会，因此你在电话中的措辞就应该围绕这个目标而设计。

（10）不要停歇。

毅力是销售成功的重要因素之一。大多数的销售都是在第五次电话谈话之后才成交的，然而，大多数销售人员则在第一次电话后就停下来了。

二、熟知自己的产品

很难想象，一个连自己产品都不熟悉的销售人员如何向自己的准客户进行产品介绍。销售人员在准备与客户接近并向客户介绍产品之前，首先要熟知自己的产品。

1. 了解自己的产品

你是否有过这样的经验，到百货公司去买一些电器产品时，同一种类型总有三四种不同品牌的产品，价格也不一样，对一个还没有决定买哪一种产品的消费者而言，想要比较这些不同品牌的差别在哪里，应该是最基本的要求。但是你几乎不必讶异，几乎有半数店员不能明确地回答你的问题，甚至有些店员对产品的使用方法完全不知道。虽然某些类型的产品，如电子、电器类产品的更新速度非常快，但是由于太忙，以及公司教得不仔细等原因，多数销售人员无法专精于自己销售的产品。

对于一位销售人员，以上的表现都可说是不合格的。任何种类的工作都一样，想要专精，都要靠自己的毅力以及努力去学习，才能使知识成为自己的东西。你专精的商品知识不是替公司学习，而是为你自己学习，因为，你的工作是通过你的商品知识给客户利益，协助客户解决问题。因此，你必须刻意地、主动地从更广泛的角度，专精你的商品知识。

商品的价值在于它对客户提供的效用，因此，专精商品知识不是静态地熟记商品的规格与特性，而是一个动态的过程，你要不断地取得和商品相关的各种情报，从累积的各种情报中筛选出商品对客户的最大效用，最合适地满足客户的需求。

销售人员掌握产品信息的主要渠道是企业的相关部门和同事、客户。很少有销售人员自己会去分析产品，试想一下，你在产品分析上花了多少时间？恐怕你会说我对我销售的产品了如指掌，没有我不知道的地方。可是为什么许多有经验的销售人员也同样会碰到客户提出有关产品的问题却回答不出来呢？总不能每次碰到问题后告诉客户等一会儿，你先问问公司再回头跟客户讲吧。

只有详细了解产品，产品蕴涵的价值才能通过你自己的销售技巧体现出来。

2. 相信自己的产品

销售人员必须要相信自己的产品，一定要百分百地相信自己的产品，必须要百分百地相信自己的产品是一个好产品、是一个能为客户带来利益的产品、是一个值得客户掏钱购买的产品。只有我们自己相信我们的产品是一个好产品，我们才会让客户相信它是一个好产品；只有我们相信自己的产品能够为客户带来利益，我们才有充分的信心说服客户、打动客户，使客户相信我们的产品能够为他带来利益；只有我们相信自己的产品是值得客户购买的产品，我们才能说服客户相信我们的产品是值得他购买的产品。

有这样一个家庭，他们祖孙三代在一家生产医疗器械的公司销售一种医疗器械，而且都是销售高手，是因为他们家庭有遗传吗？不是的。原来这个家庭有一个老头患有一种病，久治不愈，后来试用了这种医疗器械，居然治好了病。于是这个老头逢人便说：××公司生产的医疗器械好呀，治好了我好多年也没有治好的病。这家公司在了解这种情况之后，就招聘这个老头做了销售人员。这个老头就以自己的亲身经历向人们讲述这种医疗器械的好处，是怎么治好他久治不愈的病的。后来他的儿子、他的孙子也到这个公司做销售人员，他的儿子向人们讲述这种医疗器械怎么治好了他父亲的病，他的孙子向人们讲述这种医疗器械怎么治好了他爷爷的病。他们都知道这种医疗器械的好处，结果个个都成了这种医疗器械的销售高手。

这个故事说明销售人员相信自己的产品是说服客户相信自己的产品的前提条件。

3. 销售人员要掌握产品的诉求重点

销售人员要能够有效地说服客户，除了要具备完备的产品知识外，还需要明确重点的说明方向——产品的诉求点。有效、确实的诉求重点来自于平时对各项情报的收集整理和与客户的多次接触。

从阅读情报获取：新闻杂志选摘的资料、产品目录、产品简介设计图、公司的训练资料。

从相关人员获取：上司、同事、研发部门、生产制造部门、营销广告部门、技术服务部门、竞争者、客户。

自己的体验：自己亲身销售过程的心得、客户的意见、客户的需求、客户的异议。

IBM公司专门办了一个IBM销售学校，每个销售人员都要到这个销售学校进行为期两年的产品知识学习。学习的第一项内容就是要下工厂亲自了解IBM电脑是怎样生产出来的。IBM公司就这样用两年的时间培训员工的产品知识。

三、寻找目标客户

1. 寻找目标客户

首先来了解一下什么叫做目标客户，目标客户就是企业决定要接近的客户。营销人员在对整体客户进行细分之后，再进行评估，然后根据市场潜力、竞争状况、个人优势条件等多种因素决定把哪一个或哪几个客户群体作为目标客户。一般而言，考虑接近的目标客户应符合以下标准或条件：有一定的规模和发展潜力；竞争者未完全控制；符合个人目标和能力。之所以要对整个客户群体进行划分，主要有两个作用：首先划分目标客户，可以使企业明确自己的销售方向。在企业的营销人员当中，往往有人认为所有的人都是企业的客户，所有人都是企业销售的对象，结果整天疲于奔命，但业绩一直平平。问题的关键在于没有良好的客户划分。其实每个营销人员都有着自己的背景、经历，熟悉的人群也不尽相同，所以可以根据自身的优势将客户进行划分，只做自己熟悉、了解的目标客户，这样才能做到事半功倍。

另外，每一个特定的目标客户人群，都有着他们各自鲜明的特点。比如，共同的爱好、共同的习惯、共同的话题等。如果我们长期植根于这一目标客户群体，势必对其特点了如指掌，这样再做客户关系管理就会得心应手，而不会不知所措。所以把目标客户进行划分，为企业更好地进行客户关系管理奠定了良好的基础。

2. 目标客户要素

在对目标客户进行划分之前，先来看看目标客户的要素。

走对路——既然大家的自身条件不尽相同，在选择自己的目标客户的时候，就应该充分考虑这些因素。比如，有位女士在生意失败以后在安利工作，开始的时候总是把所有人都当作自己的客户，结果事倍功半，虽然很努力，但业绩一直不理想。后来她总结了自己失败的原因，那就是接近了一些自己并不熟悉的目标客户。随后她及时调整了自己的策略，把和自己有着相似背景的人员作为突破口，结果很快打开了销售局面。

做对事——不同目标群都有着自身鲜明的特色，所以我们对不同的目标客户所采取的方式方法也是不同的。实际上就是不同目标客户的差异化策略。曾经有一位销售人员，专门做老人的生意。每次拜访的时候都随身带着血压计，帮老人们测量血压，提醒老人注意身体变化，结果这些老人不但成为他的忠实客户，还介绍了很多生意给他。

找对人——即使是在目标客户群体内，也不是所有的人都是你的客户。我们都有过类似的经历，遇到某个人虽然素未谋面，但很快就能无话不谈，这是因为销售人员和客户的风格彼此接近。所以对目标市场里客户进行选择时，尽量寻找适合自己风格的。

四、接近客户

一个成功的销售人员必须要懂得如何能高效地将产品销售给客户，怎样才能感动客户，如何才能准备使客户感兴趣的话题，促使客户进行购买活动。在向客户销售产品的过程中，必须要遵循一定的原则，只有真正把握这些原则，才能将之应用于实际的销售实践中。

1. 热情待客

销售人员在向客户介绍产品的时候一定要充满热情，只有从你的言谈到你的举止都有热情，这样去拜访客户，才能感染对方、打动对方。因为热情是具有感染力的，当我们热情的时候，就把这个热情感染给对方。在冷冰冰的拜访场面里，销售人员往往说了几句话之后就无话可说了。那种尴尬的情况是大家都很有体会的，面对尴尬，销售人员战胜这种冷漠的最好方法就是要充满热情。

一个企业写了这样一个口号，就是"没有热情，就没有销售"。为什么说没有热情就没有销售呢？我们首先来分析一下"热情"这个词。如果我们说一个人是热情的人，那么这个人是一个什么样的人呢？如果我们说一个人为人热情，那么这个人是一个什么样的人呢？会有什么样的举动和表现呢？让我们先看一个案例：

一个炎热的午后，长春汽车展示中心进来一位衣着不整、满身汗味的老农。他一推开厚重的玻璃门，迎面立刻走来一位笑容可掬的柜台小姐，很客气地询问老农："你好，先生，我能为你做什么吗？"老农有些不好意思地说："不用，不用，只是外面天气热，我刚好路过这里，想进来吹吹冷气凉快凉快，马上就走。"小姐听完后亲切地说："就是啊，今天天气实在很热，气象局说有 32 摄氏度呢，您老一定热坏了，让我帮你倒杯凉开水吧。"接着她请老农在柔软豪华的沙发上休息。老农一幅局促不安的样子："我们庄稼人衣服不干净，别弄脏了你们的沙发，还是不坐了。"小姐边倒水边笑着说："没关系的，沙发就是给客人坐的，否则公司买它干什么？"

歇了一会儿后，老农闲着没事便走向展示中心内的新货车展区东瞧瞧、西看看。这时，那位小姐又走了过来："先生，这款车很有力的，要不要我帮你介绍一下？""不要！不要！"老农连忙说："我可没钱买，我们种田人也用不着这种车。""不买没关系，以后有机会你可以帮我们宣传这种车呀。"说完后，小姐便仔细耐心地将车的性能逐一解说给老农听。

听完后，老农突然从口袋里拿出一张皱巴巴的白纸，交给小姐说："这些是我要购买的车型及数量，请你帮我处理一下。"小姐诧异地接过来一看，这位老农一次竟要买 8 台车！小姐紧张地说："先生你一次要这么多车，可我们经理不在，我必须找他回来和你谈，同时也要安排你先试试车……"

老农这时语气平稳地说："小姐，你不用找经理了，我本来是种田的，由于合伙做货运生意，需要买一批货车，但是我对车外行，最担心的是车子的售后服务和维修，因此我儿子教我用这个笨方法来试探每一家汽车公司。这几天我走了好几家，每当我穿着破旧的汗衫来到汽车销售公司，同时表明我没钱买车时，便会受到冷落，我的心里很难过。他们只认钱，没把客户的利益放在重要位置，我怎么敢买他们的车呢？尤其是数量这么大，将来麻烦事少不了，交钱后怕是连影都找不到了。只有你们公司明知我不是客户，仍能热情待我、为我服务，对不是客户的人都能如此热心，更何况成为你们客户的人，买你们的车我一百个放心。"这个服务员用真实行动表明了自己的热情，同时又获得了销售的成功。

2. 接近客户方式

（1）明确你的主题。

每次接近客户有不同的主题，例如想和未曾碰过面的潜在客户约时间见面，或想约客户参观产品演示。

（2）选择接近客户的方式。

接近客户有三种方式：电话、直接拜访、信函。

主题与选择接近客户的方式有很大的关联，如你的主题是约客户见面，电话是很好的接近客户的工具，但要留意的是最好不要将主题扩散到销售产品的特性或讨论到产品的价格。因为若是你销售的产品比较复杂，是不适合在电话中切入上述主题的。

（3）接近话语。

专业销售技巧中，对于初次面对客户时的话语，称为接近话语。接近话语的步骤如下：

步骤1：称呼对方的姓名。

叫出对方的姓名及职称——每个人都喜欢自己的名字从别人的口中说出。

步骤2：自我介绍。

清晰地说出自己的名字和企业名称。

步骤3：感谢对方的接见。

诚恳地感谢对方能抽出时间接见你。

步骤4：寒暄。

根据事前对客户的准备资料，表达对客户的赞美或能配合客户的状况，选一些对方容易谈论及感兴趣的话题。

步骤5：表达拜访的理由。

以自信的态度，清晰地表达出拜访的理由，让客户感觉你的专业及可信赖。

步骤6：讲赞美的话及询问。

每一个人都希望被赞美，可在赞美后接着以询问的方式，引起客户的注意、兴趣及需求。

销售人员王维正以稳健的步伐走向张总经理，当视线接触至张总时，轻轻地行礼致意，将视线放在张总的鼻端，走近张总前停下，向张总深深地点头行礼。王维正此时面带微笑，先向张总经理问好以及自我介绍。

王维正："张总经理，您好。我是大华公司的销售人员王维正，请多多指教。"

张总经理："请坐。"

王维正："谢谢，非常感谢张总经理在百忙中抽出时间与我会面，我一定要把握住这么好的机会。"

张总经理："不用客气，我也很高兴见到您。"

王维正非常诚恳地感谢张总经理的接见，表示要把握住这个难得的机会，让张总经理感受到自己是个重要的人物。

王维正："贵公司在张总经理的领导下，业务领先业界，真是令人钦佩。我拜读过贵公司内部的刊物，知道张总经理非常重视人性的管理，员工对您都非常爱戴。"

王维正将事前调查的资料中有关尊重人性的管理这点，特别在寒暄中提出来，以便待会儿诉求团体保险时能有一个好的前提。

张总经理："我们公司是以直接拜访客户为导向，需要员工有冲劲及创意。冲劲及创意都必须靠员工主动去做，用强迫、威胁的方式是不可能成为一流公司的。因此，我特别强调人性的管理，公司必须尊重员工、照顾员工，员工才会真正地发挥潜力。"

王维正："张总经理，您的理念确实是反映出贵公司经营的特性，真是有远见。我相信贵公司在照顾员工福利方面不遗余力，已经做得非常多。我谨代表本公司向张总经理介绍有关本公司最近推出的一个团保方案，最适合外勤工作人员多的公司采用。"

张总经理："新的团体保险？"

王维正先夸赞对方，然后表达出拜访的理由。

王维正："是的。张总平常那么照顾员工，我们相信张总对于员工保险这项福利知道得一定很多，不知道目前贵公司有哪些保险的措施呢？"

王维正采用夸奖并提出询问的手法。

进行有效的夸奖的手法有三个方式：

(1) 夸奖对方所做的事及周围的事物。如：您办公室布置得非常高雅。

(2) 夸奖后紧接着询问。如：您的皮肤这么白，您看试穿这件黑色的礼服怎么样？

(3) 代第三者表达夸奖之意。如：我们总经理要我感谢您对本公司多年的照顾。

3. 要用"心"去说服客户

销售人员应该怎么去说呢？一定要多动脑筋、用心计，这样才能把你的产品卖给客户。

怎么把梳子卖给和尚呢？这是一家外资企业在招聘销售人员时给销售人员出的一道考试题。如果你跑到五台山上看到和尚头上没头发，回来向老板汇报"老板，和尚头上都没有头发，他们都不需要梳子"，那么你会是一个合格的销售人员吗？又如果有人对你说，我们不需要你的产品，我们都有自己的供货渠道了，你会怎么办？面对这些问题的时候，没人能够教你怎么把你的产品卖给客户，在这种情况下，你一定要多动心、多动脑筋，只有多动脑筋，才能够找到把产品卖给客户的方法。

IBM 公司对销售人员提出三个原则，就是"思考、思考、思考"，销售人员一定要学会思考。在企业界，也有另外一个格言："平庸的销售人员的共同特点是缺乏思考。"也就是说，失败的销售人员都犯了一个同样的错误：不动脑筋。而优秀的销售人员就善于动脑筋，因此他们都能够创造出奇迹来。

有两个接近客户的范例，可比较一下。

范例一

销售人员 A：有人在吗？我是大林公司的销售人员陈大勇。打扰您了，想要向您请教有关贵商店目前使用收银机的事情。

商店老板：哦，我们店里的收银机有什么毛病吧？

销售人员 A：并不是有什么毛病，我是想它是否已经到了需要换新的时候。

商店老板：没有这回事，我们店里的收银机状况很好呀，使用起来还像新的一样。嗯，我不想考虑换台新的。

销售人员 A：并不是这样哟！对面李老板已更换了新的收银机呢。

商店老板：不好意思，让您专程而来，将来再说吧！

范例二

销售人员B：郑老板在吗？我是大华公司销售人员王维正，打扰您了。我是本地区的销售人员，经常经过贵店。看到贵店生意一直都是那么好，实在不简单。

商店老板：您过奖了，生意并不是那么好。

销售人员B：贵店对客户的态度非常亲切，郑老板对贵店员工的教育训练，一定非常用心，我也常常到别家店，但像贵店服务态度这么好的实在是少数；对街的张老板，对您的经营管理也相当钦佩。

商店老板：张老板是这样说的吗？张老板经营的店也是非常的好，事实上他也是我一直立为目标的学习对象。

销售人员B：郑老板果然不同凡响，张老板也是以您为模仿的对象。不瞒您说，张老板昨天换了一台新功能的收银机，非常高兴，才提及郑老板的事情，因此，今天我才来打扰您！

商店老板：喔！他换了一台新的收银机呀？

销售人员B：是的。郑老板是否也考虑更换新的收银机呢？目前您的收银机虽然也不错，但是如果能够使用一台有更多功能、速度也更快的新型收银机，您的客户就不用排队等太久，因而会更喜欢光临您的店。请郑老板一定要考虑这台新的收银机。

上面这两个范例，你看完后有什么感想呢？我们比较范例一跟范例二的销售人员A和B的接近客户的方法。很容易发现，A销售人员在初次接近客户时，单刀直入地询问对方收银机的事情，让人有突兀的感觉，而遭到商店老板反问："店里的收银机有什么毛病？"A销售人员首次接近客户时，忽略了突破客户的"心防"及销售商品前先销售自己的两个重点。

反观销售人员B，却能够把握这两个原则，和客户以共同对话的方式，在打开客户的"心防"后，才自然地进入销售商品的主题。B销售人员在接近客户前能先做好准备工作，能立刻称呼郑老板、知道郑老板店内的经营状况、清楚对面张老板以他为学习目标等，这些都是促使销售人员成功的要件。

●精选案例：客户需求引导

一天，某玻璃钢制品厂来了一位侯姓客户。刚进门，侯先生就问："你这里的玻璃钢每平方米多少钱？"

"一般不低于30元。"销售员小马回答。

侯先生一惊："呀，这么贵啊，市面上才10多元钱一个平方，你怎么高出这么多？太贵了吧！"

侯先生想看样品的兴致不怎么高了，脸上流露出不甚满意的表情。

小马谦和地笑笑，把侯先生请到办公室坐下，递烟、端茶，问道："侯先生买玻璃钢干什么用？"

侯先生说自己开了一家台球娱乐场所，由于镇区统一规划，原来旧房拆了，为节省成本，他想建一处玻璃钢屋顶的房子，大概需要 200 平方米的玻璃钢。"如果你们这里货价太高，我只好另做打算。"侯先生表现出无所谓的样子。

小马不急不躁，边给侯先生倒茶边问："你这次新建的台球娱乐场所是临时搭建还是作长期打算？"

"当然是长期啦！"

"既然这样，别说我这里没有劣质的便宜货，即使有，你也不能用啊！你上门到我这里定做玻璃钢屋顶，算是来对了。因为我能做得让你满意、省钱、持久。"小马真诚地说。

"是吗？"侯先生半信半疑。

"当然。不过在你做出决定之前，我想先跟你算一笔大篷投资的成本账。"

"我算过了，也就是两三千元。"

小马笑了，摇了摇头："你算得不深不透不实。表面上看，从我这要货要贵出好多，像是花了冤枉钱。其实错了，为啥呢？我这里的产品质量过硬，保证你最少使用 10 年，10 年内刮折、渗漏，我店承诺免费为你修理。在我这购买，还有个大的优点，就是能为你节省很多加用的辅助材料、人工耗时等费用，一次投入长期受益。相反，假如你只图眼前节省的小利，买那些勉强使用三两年统一规格的一般玻璃钢，将给你带来很多后患和麻烦，结果又增加了费用。由于一般玻璃钢加工层数、使用材料都不到位，日晒雨淋就会损坏，需要你不断维修、花钱。按 10 年使用期计算，买我的好产品比一般产品多花 2 倍的钱，却是一劳永逸。而那些低质量产品，至少要在 10 年内修理四、五次，两相比较，哪个省哪个贵？更重要的是，外面刮风下雨，娱乐场所如果透风、扬尘、滴水，必定大扫顾客雅兴，影响生意。同样是花钱娱乐，谁会喜欢这样的环境？更何况更换屋顶时还要停业，又会有很大损失！买一般产品暂时可以省几个钱，丢掉的却是长远利益。我这里的货确实贵了些，但产品投料多、加工层厚、质地复杂严密，成本也比其他产品高出很多，利润率其实还不如那些便宜货赚得多呢！我店挣的是微利，靠批量效果。若不是你这样的大客户，我还懒得伺候呢！说白了，咱们都是从长计议，赚长远，赚将来。既然如此，岂能做一锤子买卖？对吗，侯先生？到底是用哪一种玻璃钢来装屋顶更划算，想必你已清楚了吧！"

经过认真思考后，侯先生最终买了小马的玻璃钢。

●复习思考题

1. 写出客户销售流程图。
2. 准客户的类型有哪些？
3. 寻找客户的渠道和方法有哪些？
4. 如何鉴别客户？

●工作任务训练

任务一：接近客户的角色扮演

看过了接近话语的范例，请你做接近话语的练习。请将三位学员分成一组，做角色扮演，分别扮演销售人员、客户、观察者，时间限30分钟，观察者要提供观察后的感想。不同的角色，每位学员都要扮演一次。

案例一：北京全球通单向收费遇冷 用户怒斥"霸王条款"

北京移动5月23日高调推出了一项"全球通被叫全免计划"的新套餐。此项资费优惠计划推出后，消协、用户和网民都对其表达了不满，业内专家更撰文揭露其作秀、套钱的本质。

北京移动从5月23日起开始推广"全球通被叫全免计划"，用户须缴纳50元的月租费，而且还得保证在网一年，而主叫话费仍为0.4元每分钟。稍加比较资费就可以看出，北京移动今年2月8日推出的"畅听99"套餐远比"被叫全免计划"优惠得多。

此前有媒体报道称，在北京移动推出此项计划的当天，除了三元桥营业厅有一个时段排出了近40人的长队外，另几家营业厅均未见到热闹的场面，东大桥路老营业厅的顾客也寥寥无几。据了解，截至今日，前去营业厅咨询办理"被叫全免计划"的客户并不多，许多客户在了解该业务详情后纷纷向工作人员表示"那我再考虑考虑"。

在营业厅咨询现场，不断有用户发出抱怨，一位中途离开队列的用户刘先生说："这个计划跟卖身差不多，要许诺一年忠诚于它。"他在相关条款上边划边读："你看这不是霸王条款是什么，甲方不得在本协议有效期内转户、申请销号；甲方在本协议有效期内，不得参加乙方推出的其他优惠促销业务或活动。明显的不平等条约，我还跟他签哪！"刘先生说完愤然离开了三元桥营业厅。

北京诺达咨询公司的电信分析师王翠英表示，北京移动推出"全球通被叫全免计划"，可以让那些还没有使用任何套餐的全球通用户享受优惠，同时也能吸引一部分非常在乎"单向收费"概念的用户，而且还能使"单向收费"的概念广为人知，达到其宣传目的。但对于非常熟悉手机资费的用户来讲，由于其优惠程度有限，反而容易引起反感。

她同时表示，"北京市场的独特性决定了手机资费价格下降速度较慢。北京的老百姓真正需要的不是'全球通被叫全免计划'所谓的单向收费，而是实实在在的低资费。"

（资料来源：http://it.sohu.com/s2004/dxsf.shtml）

案例二：合肥洗车"玄机"重重

记者在近日调查中发现：合肥洗车的单次价格虽然高低相差几十元，但普遍的洗车价格与其他城市相差不大。即便是价位偏高的专业洗车行，我们通过调查得知，其在合肥目前普遍的价格为10元/次，办卡100元/15次。但汽车美容保养专家王先生提醒消费者注意，不排除一些投机倒把的商家，为牟取暴利，将计次卡的均价设置得格外诱人，但一旦聚敛到足够的钱，就会"人间蒸发"。因此不要贪图一点蝇头小利，一定要选择信誉有保证的商家。

由于合肥近些年汽车市场的温度一路攀升，许多汽车服务行业也快速地成长起来，正规的洗车行和路边的洗车摊如雨后春笋一样地冒了出来。正规洗车行的专业服务必定会有高价格作为支撑，这就给路边的"游商"创造了更大发展空间。他们或一手提桶、或手持水枪，另一手则挥舞着毛巾，站在路边招揽生意，所在之处无不"汪洋一片"。其所用的水源大多来自邻近的住户或非洗车业商户，因此以极低的成本分食了正规洗车业不小的份额。在此姑且不对其合法性进行评判，单就对消费者而言，有关专家指出，洗车业也遵循着"一分钱，一分货"的原则。在路边花5元"洗一次脸"与到专业洗车行里高达几十元的专业"洗脸"相比，毕竟有所区别，甚至是天壤之别，有时车辆还有被"毁容"的可能。

记者在调查中发现，正是因为很多车主对清洗车辆缺乏基本知识，才导致洗车市场的混乱，消费者的正当利益得不到保证。

究竟什么才是正确的洗车方式呢？王先生说，首先要确认汽车哪些部位需要清洗。除漆面外，还有车轮、底盘、门隙（开门后暴露出的涂漆部位）、车内、发动机舱以及行李箱。有些消费者只对漆面进行清洁，殊不知底盘、门隙等部位清洁还直接关系着车辆的使用寿命，而这些部位的清洁往往需要专业人士及专业工具的帮助。同时，由于细菌无处不在，对车内清洁后做一次"桑拿"也是必不可少的。因为只有当车内温度达到100℃时，事先喷洒的药液才会发挥消毒杀菌作用。

王先生告诉记者，路边洗车摊毁车的主要原因在于其所用的清洗剂，大多是由洗涤灵、洗衣粉或是去污粉勾兑而成。如果用洗衣粉洗车，一方面，其较强的碱性远远高于车漆所能承受的范围；另一方面，洗衣粉一般含有大量无机盐，这些无机盐颗粒往往容易在清洗过程中伤害漆面，形成细小划痕。而且国内洗衣粉中的清洗成分一般为磺酸，磺酸长期用于漆面，容易导致漆面发白、脱蜡，失去原来的光泽。原厂漆面如果保养得好，寿命可达10年左右。但如果长期使用这类劣质产品洗车，汽车漆面便会很快出现龟裂。此外，为了更容易地冲洗掉脏污，一些商家出于经济考虑购买的水枪压力往往过高，巨大的冲力很可能会造成车身电器等密封件的损坏，再加之水汽的渗透极易导致零部件生锈。

除此之外，由于目前洗车行业缺少规范、鱼龙混杂，有些看似专业的洗车行里其实也暗藏玄机。专家提醒消费者，在选择洗车行前最好对商户的经营资质、口碑、洗车设备以及程序进行了解，防止一旦发生纠纷，不至于找不到对应的责任人。如果时间来不及，洗车前起码要观察一下洗车机的清洁刷是否为棉质材料，用来擦拭车辆表面的布为何种质地，最好是麂皮，其次是针织密度较高的厚毛巾。

为了自己坐驾的美观以及寿命的延长，对于车身及内饰的清洗养护，实际上就像人呵护自己的皮肤一样重要。爱它，就认真洗它吧。

请回答以下问题：

1. 从案例一看，北京移动本想借全国对"单向收费"呼声逐渐高涨的时机，推出这样一项业务，实现营销目标，为什么得到相反的效果？请分析原因。

2. 你认为北京移动在此事发生后应该如何做？

3. 从案例二看，洗车业是个可小可大的行业，对于这个行业的经营者，你觉得有没有必要开展CRM，帮助他们留住顾客？如果有，该如何做？

（资料来源：http://blog. tom. com/dyxy56/article/1547. html）

●补充阅读：为客户提供服务时应注意的问题

一、服务要一视同仁

所谓服务一视同仁，就是不管客户是谁都同样热情接待。但有些推销员、售货员所经常犯的毛病是，重视买贵重物品的客户和西装革履的客户，对购买便宜商品的客户和喜欢挑选商品的客户就显得比较冷漠；一些推销员甚至把这些客户拒之于门外。不论是谁，如果受到不平等的对待，心里就会对推销员或其所属企业产生一种偏见，以后很难来此重复购买了。所以，不论客户地位是高是低，年龄是大是小，穿着是好是坏，购买的量是多是少，推销员都应一视同仁、平等对待，这一点在各类服务工作中都是很重要的。

二、服务要符合客户的愿望

服务的真正含义是，在客户需要时，用客户希望的方法给他们提供需要的服务。在服务中最重要的一点就是服务要符合客户的愿望，收不收费反而是次要的。如果不适合客户的需要，那就是多此一举了。如现在有些商店的"买一送一"赠送措施，送的商品基本上是没多大用途的；有些商店的大优惠、大降价也只是为了推销一些残次商品；还有些企业开办的各种培训班，其主要目的是赚钱。所以，这些服务实际上是企业为自己服务，是难以取得良好的效果的，有些还会有损企业的形象。因此，企业必须切实从客户的需求出发，来制定自己的服务方式和服务内容。

三、服务要热情、周到、细致，想客户之所想，急客户之所急

每位客户由于年龄、性别、职业、文化程度，以及消费知识和经验的差异，他们在购买商品时，有不同的购买动机和心理需求。因此，他们所要求得到的服务也不同。推销员面对每一位客户时都要细心观察，热情、细致地提供他们所需要的服务。这种周到细微的服务，只有推销员或售货员对客户有感情，并设身处地为客户着想才能做到。因此，周到细致的服务就是要推销员以诚心实意的、无微不至的体贴和关怀去打动客户的心，使客户感到心情舒畅。

任务三　客户分层管理

●能力目标

1. 客户的分类
2. 确定核心客户
3. 制定客户导向的营销策略
4. 大客户分析

●理论引导

1. 客户差异分析
2. 大客户销售策略

●引入案例

银行进入"客户分层"时代

中国的中小储户终于不得不开始面对一个新时代了，从 2005 年 7 月 1 日起，中国建设银行将在深圳试点，对人民币小额个人活期存款账户收取账户管理费，并执行 0.01% 的活期存款利率。它表明，银行传统的个人零售业务模式已经开始发生根本性转变，"客户分层"将成为今后银行的行为准则。

与向中小储户收费形成鲜明对比的是，去年以来，各家银行纷纷推出不同特色的人民币理财业务，目标直指高端客户，为其提供从理财咨询到"就医绿色通道"，甚至包括顶级高尔夫俱乐部课程培训等高档服务，有学者将之称为"富人银行"现象。而这一现象的背后，则是业界普遍认同的"二八法则"，即 20% 的客户占有 80% 的资产。

中国工商银行辽宁省分行沈阳营业部个人金融业务处的郭艳君说，在该行的个人金融部分，10个客户中只有1个能给银行带来利润，其余大多数客户，银行都是在为其免费甚至赔钱服务。为此，该行从去年9月开始成立理财中心，不再受理每月社会保障退休金账户的工资发放。工行辽宁省分行个人金融业务部总经理王捍东认为，理财中心纯粹是市场竞争激烈的情况下，银行实行"客户分层"的正常产物。与四大国有商业银行相比，一些股份制银行如招商银行、浦发银行等在客户分层方面则领先一步。如招商银行较早推出针对高端客户的"金葵花"理财项目，为客户提供了诸如贵宾登机、远程医疗紧急救援等多项服务。

一位业内人士认为，做好客户群细分，针对不同客户群进行客户分层，根据高端、低端客户的不同需求推出不同的产品和服务，已经成为银行需要掌握的基本功。然而目前各家银行推出的客户分层策略仍旧有些"嫌贫爱富"的嫌疑。专家表示，低端客户中有许多将来会变成高端客户，即使是现在的低端客户也会影响着他（她）的亲戚朋友的选择，因此，仅仅从现阶段低端客户本身可以贡献给银行的利润来决定经营策略，绝对是短视的表现。如何从广大的低端客户身上赚取利润？在这方面，招商银行的"一卡通"网上银行或许值得学习，客户——不论是高端客户还是低端客户，都可以通过"一卡通"网上银行实现诸如交电话费、煤气费、水费、自助贷款等多种功能，而招商银行通过这种中间业务实现的利润则是巨大的。建行河北省分行通过创新服务方式，推出了"专家式服务"、"名片式服务"、"哑语服务"、"小学生服务"等特色服务，不仅赢得了客户的普遍赞誉，也取得了很好的经济效益。

（资料来源：http：//www.5ixue.com/Article/200604/20060404000000_ 10740.html）

3.1　客户差异分析

对企业来讲，客户的性质是不同的，客户采购规模有大有小，客户对企业的利润贡献也各不相同。企业在有限的资源条件下，要有效地管理客户，就需要对不同的客户采取不同的销售策略。对客户进行分层管理，就需要了解客户差异化分析的有关内容。

一、客户的 ABC 分类法

1. ABC 分类法概述

ABC 分类法又称巴雷托分析法，1879 年由意大利经济学家巴雷托（Vilfredo Pareto，1848—1923）首创。它是根据事物在技术或经济方面的主要特征，进行分类排队，分清重点和一般，从而有区别地确定管理方式的一种分析方法。由于它把被分析的对象分成 A、B、C 三类，所以又称为 ABC 分析法。

巴雷托在研究个人收入的分布状态时发现，少数人的收入占全部人口收入的大部分，而多数人的收入却只占一小部分，并发现 20% 的人口占有 80% 的财富，而 80% 的人口只占 20% 的财富。后来美国质量管理大师约瑟夫·朱兰（Joseph Juran）把这一现象叫做巴雷托法则，也就是人们常说的"80/20 法则"，这一法则同样适用于客户管理领域。人们在销售管理过程中发现：企业 80% 的销售收入来源于 20% 的客户，80% 的客户只创造企业 20% 的销售收入。

ABC 分类法的依据是，事物存在与发展的原因是多种多样的，有些原因是事物发展的关键因素，主导事物的发展方向；而有些原因是次要因素，对事物的存在与发展起辅助性的作用。从管理的角度来讲，人们最关心的是那些主导事物发展的关键性因素，抓住了关键因素也就抓住了事物的根本。当然，次要因素也需要关注，因为它对事物的发展起到一定的推动作用，有的时候会转化为事物发展的主导因素。因此，对事物发展影响因素的认识，有助于我们具体问题具体分析，根据不同的问题采取不同的解决问题的策略，使事物的发展方向朝向我们确定的目标。

应用 ABC 分类法，一般是将分析对象分成 A、B、C 三类。但我们也可以根据分析对象重要性分布的特性和对象的数量的大小分成两类或三类以上。

在存货管理上，有所谓"ABC 分类法"。该分类法是将存货分为 A、B、C 三类。A 类代表"重要的少数"，这类存货量少但价值高。它们应备受重视而享有最佳的存货管理，包括最完整的记录、最充裕的订货等候时间、最小心的保管等。C 类存货则指"琐碎的多数"。这类存货量多而价值低，如文件夹、订书针、纸袋、信封、邮票等办公文具皆属于此类。对这类存货来说，简直不需任何管理，因为如施以管理，则所花的费用可能超过这些物品本身的价值。因此在一般情况下，当负责存货者发觉这类物品用完时，才设法加以补充。B 类存货则指介乎 C 类与 A 类之间的货品。通常这类货品的存货管理可采用机械化方式进行，亦即当存货数量降至某一特定数量时，企业应自动增补存货。

2. 客户 ABC 分类法

任何企业的资源都是有限的，企业对客户的投入与支出都必须用在"刀刃"上。因为企业要想获得最大程度的收益，就必须对自己拥有的客户进行有效的差异化分析，并根据这种差异来区分不同价值的客户，指导企业更合理地配置有限的市场销售、服务和管理资源，确保企业的投入与支出都起到关键作用，实现客户资源价值和企业投入回报的同步最大化。

ABC 客户分类法为我们提供区分不同类客户价值的实用方法，根据客户的消费额或利润贡献等重要指标为基准，可以把客户群分为关键客户（A 类客户）、主要客户（B 类客户）和普通客户（C 类客户）三个类别。

（1）关键客户（A 类客户）。

关键客户是金字塔中最上层的金牌客户，是在过去特定时间内消费额最多的前 5% 的客户。这类客户是企业的优质核心客户群，由于他们经营稳健，做事规矩，信誉度好，对企业的贡献最大，能给企业带来长期稳定的收入，值得企业花费大量时间和精力来提高该类客户的满意度。对这类客户的管理应做到：第一，指派专门的营销人员（或客户代表）经常联络，定期走访，为他们提供最快捷、周到的服务，使他们享受最大的实惠，企业领导也应定期去拜访他们。第二，密切注意该类客户的所处行业趋势、企业人事变动等其他异常动向。第三，应优先处理该类客户的抱怨和投诉。

（2）主要客户（B类客户）。

主要客户是指处于客户金字塔中间，在特定时间内消费额最多的前20%的客户中，扣除关键客户后的客户。这类客户一般来说是企业的大客户，但不属于优质客户。由于他们对企业经济指标完成的好坏构成直接影响，所以不容忽视，企业应倾注相当的时间和精力关注这类客户的生产经营状况，并有针对性地提供服务。对这类客户的管理应注意以下几点：第一，指派专门的营销人员（或客户代表）经常联络，定期走访，为他们提供服务的同时要给予更多的关注，营销主管也应定期去拜访他们。第二，密切注意该类客户的产品销售、资金支付能力、人事变动、重组等方面的异常动向。

（3）普通客户（C类客户）。

普通客户是指除了上述两种客户外，剩下的80%的客户。此类客户对企业完成经济指标贡献甚微，消费额占企业总消费额的20%左右，不过他们数量众多，具有"点滴汇集成大海"的增长潜力。企业应控制在这方面的服务投入，按照"方便、及时"的原则，为他们提供大众化的基础性服务，或将精力重点放在发掘有潜力的"明日之星"上，使其早日升为B类客户甚至A类客户。企业营销人员应保持与这些客户的联系，并让他们知道当他们需要帮助的时候，企业就会伸出援助之手。

清楚地了解了客户层级的分布之后，即可依据客户价值来策划配套的客户关怀项目，针对不同客户群的需求特征、消费行为、期望值、信誉度等制定不同的营销策略，配置不同的市场销售、服务和管理资源。对关键客户定期拜访与问候，确保关键客户的满意程度，借以刺激有潜力的客户升级至上一层，使企业在维持成本不变的情况下，创造出更多的价值和效益。

二、核心客户选择

企业要达到对客户资源的有效管理与利用，必须明确自己的核心客户群。核心客户是指与企业关系最为密切、对企业价值贡献最大的那部分客户群体。通常情况下，核心客户有两方面的含义：一是它定义了客户范围，这里的客户不仅仅指产品的最终用户，还包括企业供应链上的任何一个环节，如供应商、分销商、经营商、批发商和代理商、内部客户等成员；二是它明确了客户的价值，不同客户对企业利润贡献差异很大，具体是指那些为企业创造超过50%的利润而只占企业所有客户很小比重的一部分客户。所以，企业的核心客户具有两个明显的特征：一是客户对企业的产品和服务有较高的满意度与忠诚度；二是能为企业提供大部分的利润贡献。

Oliver将客户忠诚定义为"高度承诺在未来一贯地重复购买偏好的产品或服务，并因此产生对同一品牌系列产品或服务的重复购买行为，而且不会因为市场态势的变化和竞争性产品营销努力的吸引而产生转移行为"。许多企业的实践证实，客户忠诚感与企业的获利能力有密切的关系。美国学者雷奇汉（Frederick F. Reichheld）和赛塞（W. Earl Sasser, Jr）的研究结果表明，客户忠诚度若提高5%，企业的利润就能增加25%至85%。因此，培育客户忠诚感是企业营销活动的重要目的。许多企业运用客户满意程度调查来了解客户对本企业产品和服务的评价，他们是想通过提高客户的满意程度来培育客户忠诚感。然而许多管理人员发现，企业进行大量投资，提高了客户的满意程度，却仍有不少客户跳槽。例如，美国汽车制造业首先开展客户满意程度调查，并且一直努力提高客户满意程度。现在，美国汽车制造厂的客户满意率都超过90%，但实际上再次购买相同品牌汽车的客户只有30%至40%。这使很多企业管理人员产生了疑惑，如果提高客户满意程度无助于培育客户忠诚感，追求客户满意又有何用？

长期以来，人们普遍认为客户满意与客户忠诚之间的关系是简单的、近似线性的关系，即客户忠诚的可能性随着其满意程度的提高而增大。在一般的客户满意程度调查中，人们用1~5的尺度来衡量客户满意程度，从1~5依次表示非常不满、不满、一般、满意和非常满意（完全满意）。许多企业的管理人员认为，只要客户对企业产品和服务表示满意（评分4），企业与客户之间的关系就已很稳固，而要让客户完全满意，企业必须大量投资，付出很大努力，但却不会因此增加多少收益，所以没有必要追求100%的客户满意度。然而，施乐公司却向这种观点提出了挑战，该公司发现，完全满意（评分5）的客户在调查之后18个月内的再次购买率是满意（评分4）的客户的6倍。

客户满意与客户忠诚之间究竟有何联系？美国学者琼斯（Homas O. Jones）和赛塞的研究结果表明，两者的关系受行业竞争状况的影响。影响竞争状况的因素主要有以下四类：一是限制竞争的法律。如法律规定，电信业务为指定公司专营。二是高昂的改购代价。如患者在治疗过程中转院，或企业在广告协议未完成时更换广告公司。三是专有技术。企业采用专有技术提供某些独特的利益，客户要获得这些利益，就必须购买该企业的产品和服务。四是有效的常客奖励计划。如航空公司推出经常旅行者计划，给予常客奖励，刺激他们更多地购买其机票。如图3-1所示，虚线左上方表示低度竞争区，虚线右下方表示高度竞争区，曲线1和曲线2分别表示高度竞争的行业和低度竞争的行业中客户满意程度与客户忠诚可能性的关系：在高度竞争的行业中，完全满意的客户远比满意的客户忠诚。在曲线右端（客户满意程度为评分5），只要客户满意程度稍稍下降一点，客户忠诚的可能性就会急剧下降。这表明，要培育客户忠诚感，企业必须尽力使客户完全满意。如果客户未遇到产品和服务问题，接受调查时他们会感到很难作出不好的评价，而表示满意。但是，如果企业的产品和服务过于一般，并未让客户感到获得了较高的消费价值，就不易吸引客户再次购买。

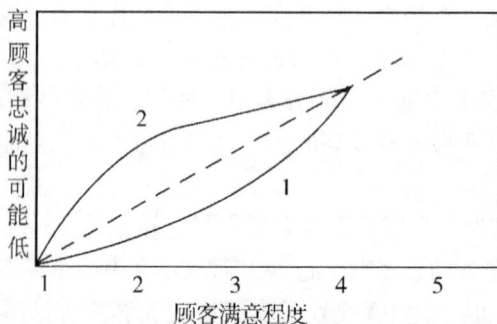

图3-1　客户满意度与客户忠诚可能性的关系

在低度竞争的行业中，曲线 2 描述的情况似乎与人们传统的认识十分吻合，即客户满意程度对客户忠诚感的影响较小。但这是一种假象，当限制竞争的障碍消除之后，曲线 2 很快就会变得和曲线 1 一样。因为在低度竞争情况下，不满的客户很难跳槽，他们不得不继续购买企业的产品和服务。但客户心里并不喜欢这家企业的产品和服务，他们在等待机会，一旦能有更好的选择，他们将很快跳槽。这种表面上的忠诚是虚假的忠诚，有一定的欺骗性。因此，处于低度竞争情况下的企业应居安思危，努力提高客户满意程度，否则一旦竞争加剧，客户大量跳槽，企业就会陷入困境。

客户忠诚包含一个态度成分和一个行为成分。前者指客户对企业的员工、产品和服务的喜欢和留恋的情感，又称客户忠诚感。行为成分受态度成分的影响，客户忠诚感以客户的多种行为方式表现出来，这些行为方式包括再次购买、大量购买、经常购买、长期购买，以及为企业的产品和服务作有利的宣传等。琼斯和赛塞主要采用客户再次购买意向来衡量客户忠诚感。在市场竞争激烈、客户改购容易的情况下，这种衡量方法可以较准确地反映客户忠诚感，但在低度竞争情况下，它很难揭示客户内心的真正态度。这时客户的再次购买意向主要是由外界因素决定的，一旦外界因素的影响减弱，客户不忠诚的态度就会通过客户大量跳槽表现出来，在上图中表现为曲线 2 很快向曲线 1 变化。这表明，无论竞争情况如何，客户忠诚感与客户满意程度的关系都十分密切（如曲线 1 描述那样）。只有客户完全满意，他们的忠诚感才会比较强烈。

只有保持核心客户的忠诚感，企业才能取得明显的竞争优势。明确核心客户，是企业的一项重要的战略工作。要识别核心客户，管理人员必须回答以下三个问题：

（1）哪些客户对本企业最忠诚、最能使本企业赢利？管理人员应识别消费数额高、付款及时、不需要多少服务、愿意与本企业保持长期关系的客户。

（2）哪些客户最重视本企业的产品和服务？哪些客户认为本企业最能满足他们的需要？

（3）哪些客户更值得本企业重视？任何企业都不可能满足所有客户的需要。企业应尽力留住重要的客户，否则竞争对手企业更重视的客户必然会从本企业跳槽。

通过上述分析，管理人员可识别本企业最明显的核心客户。然后，管理人员应确定核心客户的定义，以便确定本企业应深入了解哪些跳槽者的意见。在这个分析过程中，管理人员还应仔细研究各类数据，如本企业在各个细分市场赢利数额、各类客户终身购买本企业产品和服务、可使本企业获得的利润数额的现值、各类客户在本企业的消费份额、各类客户会在多长一段时间内购买本企业的产品和服务。

不少企业管理人员认为每一位客户都是重要的客户。有些企业管理人员甚至会花费大量时间、精力和经费，采取一系列补救性措施，留住无法使本企业赢利的客户。但是，在客户忠诚感极强的企业里，管理人员会集中精力，为核心客户提供较高的消费价值。

管理人员不仅应了解本企业客户跳槽的原因，而且应了解竞争对手企业的客户为什么会改购本企业的产品和服务，分析这些新客户是否符合本企业核心客户的条件，清楚本企业的市场沟通活动是否能吸引核心客户改购本企业的产品和服务。

一般来讲，核心客户具有以下特点：

（1）核心客户对于公司要达到的销售目标是十分重要的，现在或者将来会在公司销售收入中占很大比重。这些客户的数量很少，但在公司的整体业务中有着举足轻重的地位。

（2）公司如果失去这些核心客户将严重影响到公司的业务，公司的销售业绩在短期内难以恢复过来，而且很难迅速地建立起其他的销售渠道。公司对这些重点客户存在一定的依赖关系。

（3）公司与核心客户之间有稳定的合作关系，而且他们对公司未来的业务有巨大的推动潜力。

（4）公司要花费很多的工作时间、人力和物力来做好客户关系管理。这些核心客户具有很强的谈判能力、讨价还价能力，公司必须花费更多的精力来进行客情关系的维护。

（5）核心客户的发展符合公司未来的发展目标，将会形成战略联盟关系。当时机成熟，公司可以进行后向一体化战略，与客户之间结成战略联盟关系，利用核心客户的优势，促进公司的成长。

三、核心客户管理

据《哈佛商业评论》统计，开发一个新客户的成本是留住一位老客户成本的 5 倍，所以留住老客户比开发新客户更为经济有效。然而，肯·伯内特指出，企业原有的客户数量平均每年要减少 20% 左右，应采取什么措施来防止普通客户，特别是核心客户的流失，并开发新的核心客户呢？

1. 开展定期调研，时刻关注客户需求

市场环境的动态变化时刻都蕴涵着核心客户新的需求。因此，只有企业时刻保持对核心客户的关注，才能真正做到了解客户需求。在识别客户、对客户进行差异化分析后，应与客户保持积极接触，并注重调整产品或服务，以满足每个客户的不同需要。

2. 针对客户需求打造核心流程

核心流程对组织价值创造具有关键作用。显然，离开了顾客，任何流程都难以被认为是核心流程。习惯上被认为非常重要的管理流程、财务流程、人力资源管理流程等实际上是辅助流程，它们必须围绕着核心流程而设计。核心流程的各个环节都体现了企业的核心竞争力，对核心客户的保持至关重要。

3. 提高服务水平，丰富差异化的服务内容

只有采用不同的服务，满足不同的需求，才能把握核心客户。服务是取得客户信任、开拓市场的基本手段，是企业获取利润、赢得竞争的重要法宝。但国内企业的服务还存在着许多亟须改进的地方，必须进一步强化服务意识，提升服务理念，改进服务方式，优化服务手段，提高服务质量与效率，以应对竞争、应对挑战。差异化的服务需要企业好好考察核心业务及与其接近的业务，并根据在复杂的市场领域可能存在的多种市场影响因素，确立优先次序来分配企业资源。我们最终会发现关键的战略决策一般都是与最核心的业务和核心业务临近的一两个其他业务相关。差异化的服务可以体现企业的经营谋略，使企业挖掘更深层次的客户价值，最终在行业中提升自己的核心竞争力，获取更大的竞争优势。

4. 同核心客户建立战略联盟

客户关系管理的层次分为卖主关系、被优先考虑的供应商、伙伴关系和战略联盟关系。其中战略联盟是企业客户关系管理的最高境界。企业战略联盟意味着企业间有着正式或非正式的联盟关系，双方企业在各个级别层次上都有重要的接触。双方有着重大的共同利益，投入巨大资源在各方面紧密合作，达到无边界管理。竞争对手进出已形成联盟的领域将面临极大的障碍。如许多跨国公司之间建立起战略联盟，就可以形成强大的价值链与其他企业竞争，容易取得竞争优势。

5. 建立学习型关系

顾客是使用产品的专家，他们可以提供最新产品信息和使用情况，对产品服务、不同产品的优劣以及对产品的改进提出意见。因此，企业为了克服思维定式，加快创新，紧跟客户需求，应该与核心客户建立学习型关系。通过与核心客户共同建立研发联盟、知识联盟等方式或者通过借用外脑、到其他企业进行人员交流访问等方式来获取新知识。由此企业的相关知识不断补充、增长，企业的能力不断提升，从而使企业的核心能力得以形成和保持，同时也保证了对核心客户更加直接有效的服务。

6. 提高客户忠诚度

一般来说，客户忠诚就是客户保持与现供应商交易关系的强烈意愿。客户忠诚是企业取得竞争优势的源泉，因为忠诚客户趋向于购买更多的产品，对价格较不敏感，而且会主动为本企业传递好的口碑，推荐新的客户。一个很有效的方法是与客户建立私人关系，建立超出与客户间纯交易关系的情感。在关系营销中，俱乐部营销是一种非常成功的培养客户忠诚的方式。在这种方式中，物质利益的吸引固然重要，但建立牢固的情感才是关键。竞争对手可以通过提供类似的物质利益来争夺客户，但却难以控制在这种情感交流环境中建立的客户对企业的忠诚。所以，在优质服务的基础上，企业要力争维护与客户的紧密关系，提高顾客忠诚度。

对老客户的维持和新客户的开发，关键要看企业能否满足核心客户的个性化需求，通过提供超值的服务使他们感到满意，进而产生顾客忠诚。于是，人们提出了客户关系管理（CRM，Customer Relationship Management）的新型客户管理模式。特别是计算机信息技术（IT）、网络通信技术的发展，为客户关系管理在企业的成功实施提供了强大的技术支持。客户关系管理利用现代化的技术手段，通过细分企业的产品或服务，向最有潜在性收益和影响力的客户群体实施有创意的销售，强化核心客户的形成，并加强对核心客户的跟踪管理，使核心客户的使用价值最大化，并长久地抓住核心客户。

客户关系管理既是一种管理理念，即以客户为中心；又是一种管理方式，通过流程重组和自动化为客户提供便捷的服务，通过客户数据的共享与利用为客户提供个性化的服务；还是一种商业运营模式，客户可以自主浏览产品目录、进行订单跟踪、获得实时呼叫服务、自动化销售与服务等。客户关系管理作为一个软件系统，包括三大功能模块：行销模块、销售模块和客户服务模块。行销管理功能，包括分析市场价格变化、预测市场趋势以及妥善规划市场活动管理；销售管理的功能，包括整合企业的行销资源，统合一切的行销资讯。客户服务功能，包括提升客户满意度、抓住核心客户的需求、开发潜在客户市场，同时提供线上平台查询界面，通过线上记录随时回应客户的问题和抱怨，且及时检讨服务流程和进度。

客户关系管理能够有效地解决企业面对客户的复杂烦琐事务，为企业提供迅速反应客户需求、弹性回应市场变化、缩短客户服务时间与流程等效益。通过客户服务满意度的增加，提高客户对企业的信赖度和忠诚度，建立双方互信互赖、稳定可靠、长久互利的客户关系。从客户管理的角度，我们可以将客户关系分为以下五种：

（1）基本型：销售人员把产品销售出去就不再与客户接触。这种情况如街头小贩卖出一份报纸。

（2）被动型：销售人员把产品销售出去之后，鼓励客户在遇到问题时给公司打电话。现在许多厂商设立的 800 免费电话就属于这种情况。

（3）负责型：销售人员在产品销售后不久就给客户打电话，检查产品是否符合客户的期望。销售人员同时向客户寻求有关产品改进的各种建议，以及有关产品或服务的任何特殊的缺陷与不足。

（4）能动型：公司经常与客户联系，询问其有关改进产品用途的建议或为其提供有用的新产品信息。

（5）伙伴型：公司不断地与客户共同努力，寻求合理开支的方法，或者帮助客户更好地进行购买。

客户关系管理系统要识别各种客户，靠的是各种交易记录、金额以及其他各种客户资料。然后，根据客户的多少及其为公司创造利润的多少决定关系营销的水平。

从管理实践的角度看，由于企业间竞争的加剧、消费者需求的变化、信息技术的发展，企业都在思考怎样面向市场的信息、面向客户的需求来组织生产，这就催生了将企业的物流、资金流、信息流完全集成在一起的"企业资源计划"，即 ERP。目前，国际上的著名企业大都实施了 ERP，国内不少企业也已经或正在实施 ERP。实践证明，实施 ERP 的企业大都取得了较好的效果。ERP 作为一种现代企业管理的方式，它建立在流程重组的基础上，没有合理的业务流程便不会有成功的 ERP。

今天，人们进一步发现，仅仅靠一个 ERP 只是把企业内部的价值链，即企业内部的采购、制造、销售管理起来了。从面向市场、面向竞争的角度看，一个只是把自己内部价值链管理好的企业未必具有持久的竞争力，而 IT 技术手段的发展，则使企业的管理向上下两端进行延伸有了可能。这就产生了对企业全程价值链或企业全部供应链进行管理的管理思想。根据这一管理思想，企业的管理系统向上下两端延伸，形成 SCM（企业外部供应链）＋ERP（企业内部资源计划）＋CRM（客户关系管理）全程价值链管理系统。客户关系管理系统（CRM）是面向客户的管理。它把客户的需求、订单集成后，由企业资源计划系统（ERP）来安排企业内部的生产计划以及物料采购的计划，甚至可以对特殊的订单进行个性化的产品开发和设计。供应链管理系统（SCM）则根据生产的需要向上游供应商组织供货。

面向市场、面向竞争、面向变化，企业为了培育自身的核心竞争力，必须对企业全程价值链或全程供应链进行有效的管理，让企业的每一个环节都要对市场、竞争作出迅速的反应，让每一个环节都要提升管理效果。全程价值链由一系列的流程构建起来，无论是全程价值链的整体管理，还是对全程价值链的流程的过程管理，都体现了流程管理的思想并同样以流程重组为基础。

3.2　大客户销售策略

每一次营销活动都是在时间、精力和金钱方面的一种投资。要使这种投资在短期内得到有效的回报，就要设计一种策略，其核心是以何种因素为策略导向，找对了这个"点"，就能收到事半功倍的效果。有一点是毋庸置疑的，那就是销售的目的是从客户那里得到投资回报。

一、促使客户采购的因素

1. 影响客户采购的要素

"乾隆印章"的销售

【情景1】销售员：我手中有一枚印章。您看，它的包装非常漂亮，打开盒子，里面是一枚精美的印章，它价值500元。您是否愿意花500元买这枚印章呢？

客户：我对产品不了解，我不买。

消费者如果不了解产品，便一定不会买这个产品。这就是客户采购的第一个要素：对产品的了解。

【情景2】销售员：那么现在我给您介绍一下。打开包装之后，您就可以看到一枚金光闪闪的印章，印章外层有非常精美的雕刻图案。打开这个外层之后，里面有一块和田美玉，您可以在玉上刻上您的名字，然后在各种场合使用这枚印章。现在，您对产品有了初步了解，它的价格是500元，您愿意买吗？

客户：价格是500元，我怎么知道它值不值，所以我很难决定是否购买。

理智的消费者就提出另外一个问题：到底这枚印章值不值500元，我为什么要买这枚印章？所以一般消费者在采购时都会想要了解产品带来的价值。客户采购的第二个要素，就是有需要，而且觉得值得。

有经验的销售员接下来会努力引导客户的需求，继续把这个产品卖给客户。

【情景3】销售员：您可能不知道这个产品的来历，它可不是一般的印章，这是乾隆皇帝亲自佩戴过的，大婚的时候送给了他的皇后，这可是刚刚出土的印章。现在只卖500元，您愿意买吗？

客户：我不知道你说的是真还是假，它到底是不是真的是乾隆皇帝用过的？所以我还是不能决定。

这就是消费者采购的第三个要素：相信。销售人员可能会把产品说得天花乱坠，或者十全十美，但是消费者不一定会相信。消费者在相信了销售人员的介绍之后，才会购买。

假设在销售员的努力之下，客户花了500元买了这枚印章。由于非常想知道这枚印章是不是乾隆的印章，客户就拿到一家古董店去鉴定，结果真的是乾隆皇帝佩戴过的，而且老板还当场花500万元收购了这枚印章。一年之后，这个客户与销售员又相遇了。这一次，销售员手中拿了一枚同样的印章，还是卖500元，客户会买吗？

【情景4】销售员：您去年买的印章和这个一模一样，还是500元，您要不要再买一个？

客户：你上次的确没有骗人，我再看看这个印章，如果的确一模一样就可以买。

如果双方之间有了一定的信任度，购买的可能性就非常大。消费者使用的满意程度决定了消费者是否重复购买。如果用得很满意，下次买的可能性就会大大地增加；相反，如果用得不满意，下次买的可能性就减少了。这就是客户采购的第四个要素：使用得满意与否。

通过这个案例，可以很明确地分析出，客户的采购有四个要素：第一个是了解，第二个是需要并且值得，第三个是相信，第四个是满意（如图3－2）。

图3－2　客户采购四个要素

2. 以产品为导向的营销策略

经典的营销理论是从产品的角度来分析问题的。其中最具代表性的就是4P，出现在20世纪20年代。

第一个P：Product，高质量的产品；第二个P：Price，有竞争力的价格；第三个P：Place，方便的分销渠道；第四个P：Promotion，强有力的促销活动。

经典的4P营销理论

20世纪20年代，汽车生产商亨利·福特有一个梦想，就是希望把轿车卖给每一个美国家庭。他认为首先要有高质量的产品，所以就通过流水线大批量生产不同规格的轿车。同时他想到还得让人们买得起才行，所以要有具有竞争力的价格。于是通过大批量生产之后降低了成本，也形成了消费者可以接受的价格。但是他觉得还是有问题：消费者在美国全国各地，而福特汽车生产地在底特律，消费者不可能为买一辆汽车，千里迢迢来底特律，于是就通过代理商或者分销商把汽车运到了全国各地。这样，消费者很方便地就能够买到福特汽车。但是他认为消费者可能还是不会买，为什么呢？消费者可能不知道有这样的产品，这时候他通过广告进行强有力的促销，并派销售团队上门挨家挨户地销售。

这就是传统 4P 营销理论的来历。以 4P 为理论基础的营销模式也称产品导向的营销模式（如图 3 - 3）。

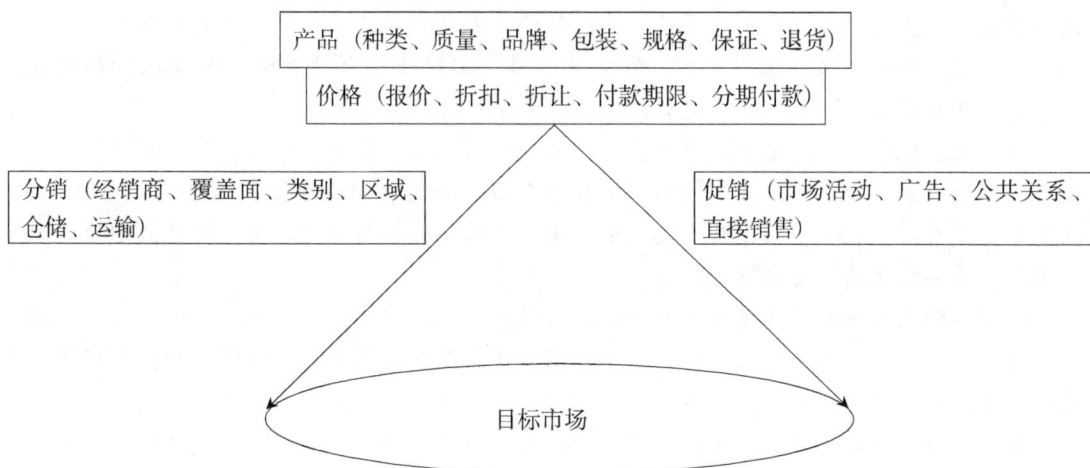

```
┌─────────────────────────────────────────────────────┐
│  产品（种类、质量、品牌、包装、规格、保证、退货）        │
├─────────────────────────────────────────────────────┤
│  价格（报价、折扣、折让、付款期限、分期付款）            │
└─────────────────────────────────────────────────────┘
```

┌──────────────────────────┐   ┌──────────────────────────┐
│ 分销（经销商、覆盖面、类别、区域、│   │ 促销（市场活动、广告、公共关系、│
│ 仓储、运输）   │   │ 直接销售）   │
└──────────────────────────┘   └──────────────────────────┘

目标市场

图 3 - 3　以产品为导向的营销模式

这个理论一直沿用到了 20 世纪 80 年代，人们逐渐发现这样的模式在应用时会有一些问题。原来，所谓的 4P，没有真正地去挖掘每个消费者到底想要什么样的产品，也没有跟每个消费者去建立互信的关系，更没有去想办法提高消费者满意的程度，其所做的营销只是强力地宣传自己的产品，只是围绕着消费者采购的四个要素中的一个要素来进行销售，所以销售商为营销行动支付代价后，不能及时有效地得到市场回报。

3. 以客户为导向的营销策略

以客户为导向，就是实行全方位覆盖客户购买要素的营销策略。客户有什么样的需求，销售人员就提供什么样的产品，对于生产商来讲，就是"以销定产"。

小戴尔的新理念

1983 年，在美国奥斯汀的德州大学里，有一个十七八岁的学医的大学生，他当时很喜欢电脑，甚至有点不务正业。一段时间后，他发现电脑不仅好玩，还可以赚钱。他是怎么赚钱的呢？

他买来一些旧电脑，然后把电脑升级后卖给同学、教授。这种旧电脑的升级"生意"使他第一年就赚了 5 万美元，于是他决定休学开公司。他的父母很开明，跟他达成一个协议：如果公司在一年之内能够有很好的销售额，就可以继续开公司，否则就要继续攻读他的专业。结果，一年之后，这名大学生不但没有重新回到大学来读书，反而把计算机公司继续开了下去。他就是迈克尔·戴尔。

戴尔的公司已经名列全球 500 强企业中的第 120 多名，在美国的 500 强公司里排第

43 名，是美国有史以来最快进入全美 500 强的企业。

他在早期开办公司的时候，就已经突破了传统的 4P 模式。他说：每个消费者的需求是不同的。学生可能钱比较少，要的内存比较小；教授相对比较有钱，要的内存可能比较大，所以客户需要什么就生产什么。他突破了以往那种通过大批量生产来降低价格的观念，提出了要根据客户的需求来定制产品。这是第一点。

第二点，他认为，通过分销渠道虽然有好处，可以让产品广泛分布，但是代理商一定要赚得到钱，产品价格相应就会提高。如果采用直接销售，消费者会因为产品价格便宜，又能够得到直接的服务，而愿意直接从他这里，而不从分销商那里购买。这是戴尔的第二个理念：抛弃代理商，直接进行销售。

他提出的第三点是：直接给客户提供上门的服务。以前在大学时就是这样，客户有问题给他打个电话，他马上就上门修好了，而不需要把电脑送过来。所以他当时提出提供上门的服务，解决了客户维修运送不方便的问题。从此电脑营销的商业模式有了突破。

当初在他开公司的时候，康柏和 IBM 已经是"世界巨人"。然而现在，仅仅过了十几年的时间，康柏计算机公司已经被别人吞并了，戴尔却依仗这种新的、以客户和产品为导向的、区别于以往的模式，取得了竞争的优势，并且获得了巨大成功。

所谓以客户为导向的营销模式，就是销售和市场活动紧紧围绕着客户采购的四个要素，而不是只按其中某一个要素进行，这样就能全方位地满足客户的要求，在竞争中取得优势。

4. 销售的四种力量

在销售过程中，一定要坚持以客户为导向的销售策略。在安排销售的时候，要看到做什么可以让客户的四个要素都得到满足，这就体现出销售的四种力量。

（1）介绍和宣传。

> 第一种力量：介绍和宣传
> 满足"了解"要素

客户采购的第一要素是了解，那么做什么可以让消费者来了解产品呢？销售人员要做的就是介绍和宣传自己的产品、自己的公司以及相应的服务，即针对客户的第一个要素，销售人员要进行仔细介绍和宣传。我们把它叫做销售的第一种力量：介绍和宣传。

（2）挖掘和引导需求。

> 第二种力量：挖掘和引导需求
> 满足"需要/值得"要素

针对客户不需要或者觉得不值得的要素，销售人员要做的就是挖掘客户的需求，并且引导客户的需求。这就叫做销售的第二种力量，即挖掘和引导客户的需求。

（3）建立互信。

第三种力量：建立互信
满足"相信"要素

对于客户的不相信，销售人员就要跟客户建立互信的关系，使得客户能够相信他的介绍，以及相信他这个人，使客户愿意讲清自己的需求。这是销售的第三种力量：建立互信。

（4）超越期望。

第四种力量：超越期望
满足"满意"要素

在销售产品之后，销售人员就要在第一时间跟客户取得联系，询问客户是否满意。如果不满意，就要再做一些事情让客户满意，来提高满意度，争取超越客户的期望。客户满意不满意来自于一个期望值，如果产品没有达到期望值客户就不满意，超过期望值他就觉得很满意。所以，针对客户的销售的第四种力量，就是要超越客户的期望。

针对客户采购的四个要素，有销售的四种力量。换句话说，做销售，就是要通过这四种力量把产品销售出去。综上，这四种力量就是介绍和宣传、挖掘和引导客户需求、建立互信关系、超越客户期望。销售团队做的就是这四件事情。

5. 制定销售策略需考虑的因素

但是，销售人员的数量是有限的，销售费用也是有限的，因此不可能无限制地花费财力和物力来进行销售。所以要计算成本，包括：

（1）费用。

这里的费用就是指销售人员在每次达到销售目的的过程中所需的费用。

在中央电视台《新闻联播》后做一个10秒钟的广告，可能要花掉几百万，甚至几千万，才会达到一定的介绍和宣传的目的。而一些公司可能只在专业的媒体上打广告，就会起到非常好的效果，而且会省下很多钱。

（2）时间。

大家都知道，市场就如同战场，时机稍纵即逝，所以销售人员要在很短的时间内把产品介绍出去，要在很短的时间内挖掘客户的需求，在很短的时间之内赢取订单。

销售人员拜访客户，即使是在本地，如果一家一家地去拜访，一天最多拜访4到5个客户，一周可能也只有20个客户。如果做一次展会，一次可以请100个客户过来，在半个小时之内就非常全面地介绍了公司，在半天时间之内就可以覆盖100个客户，从时间上来讲就非常划算。

（3）客户的覆盖面。

覆盖客户的数量，即在某一时段内接触产品信息的客户的数量。

覆盖客户的级别，尤其在大客户销售过程中，不成功的销售员都有一个很明显的特点，就是他们不善于向高层的客户进行销售，他们的拜访或销售活动，集中在中下层的客户群中。事实上，决定权是在决策层，如果销售人员总是在拜访低层次的客户，就不能拿到大量的订单。所以在衡量销售活动的过程中，要弄清覆盖的是什么样的客户，挖掘需求是挖掘谁的需求，是很重要的客户还是不太重要的客户的需求；在介绍产品的时候，要弄清在向谁介绍，对象是谁，他是什么样的级别。

区分客户的职能，需要拜访的客户按职能可以分三种：财务层的客户、使用层的客户、技术部门负责把关的客户。在销售过程中，销售人员一定要拜访这三种职能的客户。

以客户为导向的经营策略，除了要善于使用销售的四种力量，即挖掘客户的需求、介绍和宣传、建立互信关系、超越客户期望之外，还要衡量一下销售活动到底付出了多少代价，包括在时间上的代价、费用上的代价；要分析销售活动的对象，是覆盖高层次的客户还是低层次的客户，是不是只覆盖了某一个职能的客户；是否要全方位地去介绍和挖掘客户的需求。这些综合在一起，就是以客户为导向的销售策略（如图 3-4）。

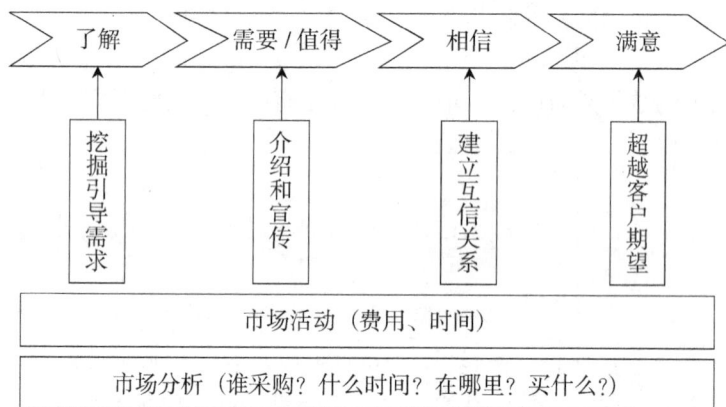

图 3-4　以客户为导向的销售策略

二、大客户分析

从消费者的类别来分，可以把客户分成两大类：第一类，个人和家庭客户，常称消费品客户；第二类，商业客户。这两类客户的消费习惯是完全不同的，通常把对商业客户的销售叫做大客户的销售。

1. 大客户的特征

对大客户的销售相对于个人和家庭的销售来讲，完全是另外一种销售渠道，这两种销售模式在很多方面都不同。

（1）采购对象不同。

家庭和个人的主体就是夫妻，做决定的一般来讲都是妻子。据统计，每个家庭的钱平均有

70%～80%都是由妻子做主进行消费的。

大客户采购对象不同，它的组织结构复杂，人员关系也非常复杂，采购流程更加复杂。一家大型的企业机构中，可能有局长、处长等中高级领导，还有工程人员、财务人员等，及使用设备并负责维护这些设备的人，这些人都可能与采购有关。

（2）采购金额不同。

一个家庭，每年的正常收入有限，用于购买专项产品的钱也很有限，一般来讲主要是衣食住行方面的消费。如果一个家庭买了汽车或房子等高额商品，通常很长一段时间内不会再采购同类商品。但是大客户不同，他们不仅购买金额较大，而且会重复购买。

> 航空公司购买商用客机，一个订单就是十亿或者几十亿；电信部门购买交换设备，可能付给厂家十几个亿或者上百个亿。

（3）销售方式不同。

在对消费品客户的销售过程中，最常用的销售方式就是广告宣传、店面销售。

大客户则不容易受到广告的影响，需要专业的团队亲自上门分析需求，做出解决方案，然后签订条款非常缜密的合同，再购进产品。

（4）服务要求不同。

对消费品客户的服务，只要保证产品的正常使用就能够基本满足客户的要求，有时甚至不要求产品以外的任何服务。大客户则要求服务非常及时、周到和全面。

> 某航空公司购买了波音公司的一架民航客机，如果发现飞机某个地方出了小问题，就会给波音公司打电话，波音公司就要在第一时间之内，派技术人员赶到飞机现场，在几个小时之内解决问题。波音公司为了满足航空公司的要求，甚至在产品设计阶段，可能就设计了各种应对的方案，使得微小故障不致造成飞机的任何安全隐患。

大客户对于服务方面的要求和消费品客户的要求完全不同，所以对于大客户，销售人员要制定完全不同的服务策略。如下表所示。

两种客户的比较

	个人与家庭客户（消费品客户）	商业客户（大客户）
采购对象不同	一个人基本可以做主	许多人与采购有关
采购金额不同	较小，大金额重复购买少	较大，会重复购买
销售方式不同	常用广告宣传、店面销售	专业团队上门做出解决方案
服务要求不同	保证正常使用即可	要求及时、周到、全面

由于大客户和消费品客户的不同，就形成了两种不同的销售模式。随着时代的不断进步，出现了销售渠道的扁平化的趋势。现在，对于消费品客户也需要销售人员去挖掘需求，去建立互信。

> 以前，像洗发水这样的消费品，要经过分销商、批发站等三、四道环节才能到达零售店。现在，像沃尔玛、家乐福这样的巨型超市都是大批量采购，直接向消费者销售。

像这样的消费品大客户，和传统的直接使用产品的大客户不一样，他们也是在使用产品，只不过目的是为了把产品销售出去。所以，他们是一类非常大、非常特殊的大客户，本课程的内容也适用于这种大型的连锁超市，可以用同样的策略来进行销售。

2. 大客户资料的收集

中国有句古话：知己知彼，百战不殆。做销售也是同样的道理。当销售人员接近一个客户的时候，要做的第一件事情就是搜集相关信息。

（1）收集客户资料。

充分收集客户资料之后，销售人员才能了解客户的基本需求，才可以进行销售。要了解的第一点就是：客户是什么样的客户？规模有多大？员工有多少？一年内大概会买多少同类产品？这些都是客户背景资料。

客户背景资料包括以下几个方面：客户组织机构；各种形式的通信方式；客户的使用部门、采购部门、支持部门；客户具体使用维护人员、管理层和高层客户的个人信息；同类产品安装和使用情况；客户的业务情况；客户所在的行业基本状况等。

（2）竞争对手的资料。

桌子上的电脑

戴尔计算机公司的销售部门，常会在办公室里摆几张非常漂亮的桌子，桌子上面分别摆着IBM、联想、惠普等品牌的电脑，销售人员随时可以将电脑打开，看看这些竞争对手的产品设计是怎么做的。同时每张桌子上都有一个牌子，上面写的是："它们的特性是什么？我们的特性是什么？我们的优势在哪里？它们的劣势在哪里？"这样做有什么用呢？就是要了解自己的产品特性和竞争对手的产品特性，有针对性地引导客户需求。

除了要了解竞争对手产品的情况之外，还要了解其公司的情况及背景。IBM公司在新员工培训的时候，就专门设有如何向竞争对手学习这样一项内容。只有了解了对手的特性，才可能在对比中找到自己的优势来赢得订单。

竞争对手资料包括以下几方面：产品使用情况；客户对其产品的满意度；竞争对手的销售代表的名字、销售的特点；该销售代表与客户的关系等。

（3）项目的资料。

销售人员的压力是最大的，千万不能把非常有限的时间、费用和精力投放到一个错误的客户身上，所以要了解客户项目的情况，包括客户要不要买，什么时候买，预算是多少，他的采购流程是怎么样的等。

项目资料可以包括以下内容：客户最近的采购计划；通过这个项目要解决什么问题；决策人和影响者；采购时间表；采购预算；采购流程等。

密密麻麻的小本子

几年前，山东省有一个电信计费的项目招标，A公司对此志在必得，组织系统集成商、代理商成立了一个有十几个人的小组，住在当地的宾馆里，天天跟客户在一起，还帮客户做标书、做测试，关系处理得非常好，大家都认为拿下这个订单是十拿九稳的，但是一投标，却输得干干净净。

中标方的代表是一个其貌不扬的女子，姓刘。事后，A公司的代表问她："你们是靠什么赢得了那么大的订单呢？要知道，我们的代理商很努力呀！"刘女士反问道："你猜我在签这个合同前见了几次客户？"A公司的代表就说："我们的代理商在那边呆了整整一个月，你少说也去了20多次吧。"刘女士说："我只去了3次。"只去了3次就拿下2 000万的订单？肯定有特别好的关系吧。但刘女士说在做这个项目之前，她一个客户都不认识。

那到底是怎么回事儿呢？

她第一次来山东，谁也不认识，就分别拜访局里的每一个部门。拜访到局长的时候，发现局长不在，到办公室一问，办公室的人告诉她局长出差了。她就又问局长去哪儿了，住在哪个宾馆，并马上给那个宾馆打了个电话说，我有一个非常重要的客户住在你们宾馆里，能不能帮我订一个果篮，再订一个花盆，写上我的名字，送到房间里去。

然后她又打了一个电话给她的老总说，这个局长非常重要，已经去北京出差了，无论如何你要在北京把他的工作做通。

她马上订了机票，中断拜访行程，赶了最早的一班飞机飞回北京，下了飞机直接就去这个宾馆找局长。等她到宾馆的时候，发现她的老总已经在跟局长喝咖啡了。

在聊天中得知局长会有两天的休息时间，老总就请局长到公司参观，局长对公司的印象非常好。参观完之后大家一起吃晚饭，吃完晚饭她请局长看话剧，当时北京在演《茶馆》。为什么请局长看《茶馆》呢？因为她在济南的时候问过办公室的工作人员，得知局长很喜欢看话剧。

局长当然很高兴，第二天她又找了一辆车把局长送到飞机场，然后对局长说，我们谈得非常愉快，一周之后我们能不能到您那儿做技术交流？局长很痛快就答应了这个要求。一周之后，她的公司老总带队到山东做了个技术交流，她当时因为有事没去。

老总后来对她说，局长很给面子，亲自将所有相关部门的有关人员都请来，一起参加了技术交流，在交流的过程中，大家都感到了局长的倾向性，所以这个订单很顺利地拿了下来。当然后来她又去了两次，第三次就签下来了。

A公司的代表听后说："你可真幸运，刚好局长到北京开会。"

刘女士掏出了一个小本子，说："不是什么幸运，我所有的客户的行程都记在上面。"打开一看，里面密密麻麻地记了很多名字、时间和航班，还包括他的爱好是什么，他的家乡是哪里，这一周在哪里，下一周去哪儿出差。

（4）客户的个人资料。

有没有一种资料让销售人员能够在竞争过程中取得优势，压倒竞争对手呢？有。这类资料叫做客户个人资料。只有在掌握了客户个人资料的时候，才有机会真正挖掘到客户的实际内在的需求，才能做出切实有效的解决方案。当掌握到这些资料的时候，销售策略和销售行为往往到了一个新的转折点，必须设计新的思路、新的方法来进行销售。

客户的个人资料包括：家庭状况和家乡；毕业的大学；喜欢的运动；喜爱的餐厅和食物；宠物；喜欢阅读的书籍；上次度假的地点和下次休假的计划；行程；在机构中的作用；同事之间的关系；今年的工作目标；个人发展计划和志向等。

3. 影响采购的六类客户

键盘：以人为本

戴尔公司向一家报社的编辑部销售了一批电脑，编辑们对电脑非常满意，但对键盘有些争议。销售人员决定给这些客户定制键盘。客户因此召开了一次会议，参加会议的有编辑部主任、技术部门的工程师、编辑和记者。

编辑部主任：编辑和记者每天都要用键盘来工作，我们一定要给他们配上最好的键盘。

记者小王：A键盘的手感非常好，又脆又响。

编辑小李：A键盘手感是很好，但是声音太大了，编辑室30多个人，烦也烦死了。B键盘不错，很安静。

技术部门：这两个键盘都不好。根据我们的维修报告，C键盘的故障率是最低的。

谈到最后，谁也不知道到底哪个键盘是最好的。争执不下时，编辑部主任就说了，算了，我们不要换了，还是用戴尔原来的键盘吧。

同样的产品，每个人的角度不同，对它的判断也不同。像上面的例子，记者希望手感好，编辑希望安静，技术部门关心的是故障率，财务部门肯定关心产品的性能价格比等。每个客户关心的内容都不一样，所以在做产品介绍的时候，就要有针对性地介绍。

在大客户销售过程中，因为商业客户的角色分工很复杂，所以，首先要把客户进行分类（如图3-5所示）。

从层次上分，可以把客户分成三个层次：

（1）操作层，就是指直接使用这些设备或者直接接触服务的客户。

（2）管理层，他们可能不一定直接使用这些设备，但是他们负责管理各个部门，如编辑部的主任。

（3）决策层，在采购过程中，他们参与的时间很短，但是每次他们参与的时候，就是来做决定的。

从职能上分，可以把客户分成三个类别：

（1）使用部门，使用这些设备和服务的人。

（2）技术部门，负责维护或者负责选型的人。

（3）财务部门，负责审批资金的人。

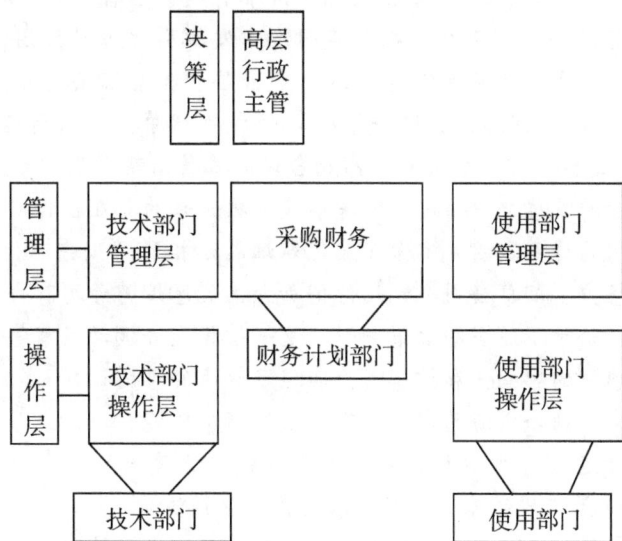

图 3-5　六大类客户

六大类客户，他们各自关心不同的内容，有不同的需求，销售人员只能针对他们不同的需求来销售产品，不能一视同仁，应该各个击破。

● 精选案例

三问威海——客户是如何分类管理的

CRM（客户关系管理）的导入是提高威海烟草网建水平的重要标志。威海烟草人认为，烟草行业网建工作迟早要由重视自有网络服务平台建设转到整合引导零售户、掌握控制优质零售网络资源上来，这个战略性转移是不可避免的。随着零售终端业态的变化，一些大型超市、社区连锁超市越来越成为卷烟销售的重要场所。这一趋势使 20/80 原则在客户关系管理中的运用成为必然。另外，对于个体零售终端的整合也是加强对卷烟销售网络控制的重要手段，威海烟草人对此也有着清醒的认识。他们拟运用连锁经营手段，以资本、品牌等为纽带，把20%最优质的零售客户用连锁网络紧紧地抓在手中，因地制宜，发展直营连锁、加盟连锁和自由连锁，力争开创一条连锁经营的发展路子，并以自营连锁体系为核心形成全市新型的网络体系。

据毕庶国总经理介绍，威海烟草在网建规划中明确提出：在中心城市和县级市城区利用自有门市发展直营连锁；在部分超市、商场、大宾馆以租赁或利润分成方式，建立卷烟直营连锁店（柜）；在城市居民区发展社区卷烟连锁便利店；在农村发展紧密型的卷烟经营示范店。通过这几种形式，编织管理规范、松紧有度、经营规范、功能强大的连锁网络。直营店和加盟店统一识别系统，在零售网络中发挥引导带动作用，树立烟草企业形象。直营店和加盟店构成全市卷烟销售网络的紧密层。在紧密层之外，鼓励推行"示范店"、"信誉店"等自由连锁形式。这一设想在荣成市烟草分公司付诸实施。在荣成市，120户无违法记录、达到规定销售指标、布局合理的零售店获得了"示范店"称号，他们是从150户提出申请的零售户中通过实地考察被选拔出来的，在挂牌前还与烟草公司签订了协议书。烟草公司为这些零售户定做了名优卷烟展示柜和"山东名优卷烟经销示范店"牌匾。对于授匾零售户，烟草公司在利用他们加大名优卷烟牌号培育力度的同时，还在促销、货源供应等方面给予了适当的政策倾斜。这一举措充分调动了零售户的销售热情，增强了烟草公司对零售户的影响力和控制力，实现了双赢的目的。

通过有效的探索，结合威海的实际情况，威海烟草已经在理论上形成了清晰的环状卷烟销售网络，即自营连锁（核心层）——加盟连锁（紧密层）——自由连锁（松散层）三个层次，其中20%最优质的零售户将纳入紧密层连锁体系。

同时，客户关系管理也将以此为基础进行分类管理，在坚持以客户为中心、持之以恒地追求客户满意的同时，不断地提升客户关系管理水平。一是完善客户基础资料数据库，健全客户档案；二是建立量化评价指标体系，开展客户价值分析，对客户的贡献度、忠诚度和满意度通过具体指标进行测评；三是建立客户分类管理标准，将客户分为重点客户、普通客户和边远客户，对不同客户实施差异化服务；四是实施ISO9000国际质量管理体系，狠抓质量管理体系的持续改进和规范实施，把CRM系统与ISO9000体系有机结合起来。（来源：《东方烟草报》）

●复习思考题

1. 以产品为导向的营销模式和以客户为导向的营销模式有什么不同？
2. 设计以客户为导向的销售策略应该考虑哪些方面？
3. 请评述以下的说法："CRM就是一对一营销的现代信息化形式。"
4. CRM的两大信息技术集成模块（支撑平台）是什么？请简述这些模块的主要功能。

5. 在销售活动前期收集的资料中，你认为哪一种是最重要、最富竞争力的？

●工作任务训练

任务一：训练游戏

和你的同学一起讨论关于客户分级管理需要注意的具体细节，并把这个讨论过程录制下来，然后重复播放，让你们的老师评出谁更全面、更准确。

任务二：客户细分及销售策略实操

先看案例：海盐县公司针对嘉兴分公司出台的客户分类要求，对照客户分类的标准，利用升级后的客户关系管理系统（简称 TCRM 系统），对该县的 1 812 户经烟户进一步进行了划分和细化。通过此次对经烟户类别的细化，海盐目前现有 A1 类经烟户（自设门市部）2 户，占 0.1%；A2 类经烟户（中型商场、超市）11 户，占 0.6%；B1 类经烟户（销售能力较强的电子结算户）186 户，占 10.3%；B2 类经烟户（贡献度一般的电子结算户）474 户，占 26.1%；C1 类经烟户（贡献度一般但销售比较稳定的）644 户，占 35.5%；C2 类经烟户（普通酒店、宾馆、娱乐场所）28 户，占 1.6%；D1 类经烟户（贡献度较低的电子结算户）250 户，占 13.8%；D2 类经烟户（贡献度一般的现金结算户）167 户，占 9.2%；E 类经烟户（已关店、停业、歇业的）22 户，占 1.2%；EX 类经烟户（新增经烟户）28 户，占 1.6%。请思考下列问题：

1. 海盐县公司细分客户的标准是什么？
2. 你能确认出海盐县公司的关键客户、主要客户和一般客户么？
3. 如果你是海盐县公司客户服务部经理，你该如何制定客户销售策略？

任务三：大客户销售操作演练

以下是某跨国制造企业 A 公司在大客户销售中的一个真实的案例。

背景资料

某市的一号市政工程——滨江路越江隧道开始进入内部结构施工阶段，依据初步设计方案，此工程将利用隧道拱形空间作为火灾的排烟风道，所以拟采用"植筋方案"实施风道结构的施工。所谓"植筋方案"通俗地讲就是：以一种特殊配方的胶水将需要受力的钢筋锚固在隧道混凝土内壁中，然后进行风道结构的浇铸施工。由于此"植筋工程"的销售标的较大（超过 500 万人民币），而且市头号工程的广告影响力也是不言而喻的。故除 A 公司外，B 公司和 C 公司也对此隧道项目虎视眈眈。

客户组织资料

业　主：某市滨江路隧道建设发展有限公司

总经理：姓名不详（现场也无其他人员出现）——决策人

总　包：市隧道工程有限公司

项目总经理：张总经理——决策人（行使部分业主权利）

总工程师：李博士——技术选型人

现场负责人：王工程师——使用人

设　计：市政设计院

主任工程师：肇工——技术选型人

监理：市质监站——技术选型人

A公司就是一家生产植筋胶水的制造公司。其实在两年前滨江路越江隧道立项和初步设计阶段，A公司销售和技术部门就与该项目的设计单位——市政设计院的有关设计人员就实施风道结构植筋方案的可行性进行了共同研究。参照在国外类似隧道工程的经验，A公司提交了详细的设计说明书和解决方案，设计院在初步设计方案时也采用了不少A公司的设想。由于前期与设计院的配合默契，A公司给此项目的设计负责人肇工程师留下了很好的印象，在隧道工程进行的两年的时间里，提供给A公司许多有关越江隧道工程的进展及相关重要信息，并介绍A公司的销售和技术人员与总包单位市隧道工程有限公司的技术负责人李博士认识。肇工程师暗示：由于越江隧道的技术难度和本身的影响力，总包的总工程师李博士是一个很关键的人物，他的意见对决策者有着举足轻重的作用。

A公司在经过明察暗访后也发现，越江隧道项目中的业主很少出现，总包单位市隧道工程公司由于其在行业内的技术权威地位，实际上行使了部分业主的权利和职能，无疑是举足轻重的一方，而总包的总工程师李博士更是关键中的关键人物。至此A公司销售团队决定将总包和李博士作为主攻方向。

当然对于这个市一号市政工程，A公司的竞争对手B公司和C公司也没有闲着，也都在上下活动，只是大家的主攻方向有所不同。B公司走上层路线，据说与该项目的业主上层有很深的关系；C公司的销售人员更是放出话来，此项目是非他们莫属。

转眼两年过去了，现在是真正实施风道结构植筋方案的时候，即所谓客户采购六大步骤中的"系统设计"阶段。A公司知道这是很关键的阶段，总包的技术部门和使用部门将进行一系列的施工前的准备，包括估算工程量、施工方案确定、技术标准和制定预算等，并为随后的招、投标作准备。如果在此阶段能影响客户以此公司的产品特点、技术标准和报价作为招标文件编制的基础，将有效地阻截竞争对手，对随后的工作将是十分有利的。

其实在两年时间里，A公司的销售团队在拜访总包的李博士时了解到：其实他们对风道结构植筋方案有如下担心：（1）植筋过程中的钻孔对隧道管壁的破坏和影响；（2）越江隧道的潮湿环境是否会影响到植筋胶水的力学性能。针对客户关心的问题，A公司提出详细的解决方案，着重介绍A公司产品的植筋深度浅埋深和适应全天候潮湿环境的特点和优势，其实这也是A公司产品相对于竞争对手B和C产品的优势所在。在随后的几次产品演示会上，A公司更是不断强化客户所担忧的观点，强调本公司产品给客户带来的利益。果然在系统设计阶段，总包的植筋方案采纳了A公司的建议，并以招、投标书的形式将植筋深度浅埋深和潮湿环境等技术要求确定下来。

为保证公正性，所有参加招、投标的厂家必须首先参加产品的测试以达到总包设定的技术指标。测试结果均在A公司的预料之内，也在竞争对手B公司和C公司对自家产品的预料之中。测试结果A公司大获全胜。其实各公司的产品特点和优势各有不同，关键是如何影响客户的决定，给竞争对手进入制造壁垒。

A公司销售团队上下非常振奋，搬掉了B和C公司两个拦路虎，接下来评估比较阶段（招标和投标）进行得就非常地顺利。就在A公司要与总包签订购货安装合同的前一天，一个非常意外的情况发生了。市质监站对风道结构植筋方案提出了不同的看法，还是担心植筋对隧道管壁的不良影响，并将他们的担忧对业主进行了汇报。虽然A公司技术部门一再解释，但因为隧道项目属于市政重大工程，事关重大不允许出现任何问题。在业主经过与设计施工和监理部门多次讨论并请专家论证也无法形成统一的意见后，最终为保万无一失，取消了原来的风道结构植筋方案，改以其他方案代替。到手的鸭子就这么飞走了，A公司销售团队非常沮丧。请问：

1. 看完案例，你能用大客户采购的一般原理分析A公司失败的原因么？

2. 从这个案例中你能得出什么结论？

（资料来源：http：//blog. wswire. com/print. jsp？ aid = 25614）

●补充阅读：客户细分的学问

客户细分是当前客户关系管理战略上的一个流行话题，目前盛行的CRM，从直观来说，在客户前端接触层面表现为建立呼叫中心，实现销售自动化；从客户关系管理后端来看，主导的概念则表现为"客户细分"、"一对一"营销和服务。在对现有客户进行细分时，常常会遇到这样一些问题：

（1）细分有哪些方式？除了从客户对企业的当前利润贡献来看外，还有其他细分变量吗？

（2）细分应该是统一的吗？一旦一个客户被划归到一个类别，是否企业的每个部门都要按照这一划分采取一致的行动？

（3）细分的结果要让客户知晓吗？更进一步地说，是否应当让客户有权自己选择细分的归属？细分有哪些方式？

一般来说，细分可以根据三个方面的考虑来进行：

1. 外在属性

如客户的地域分布，客户的产品拥有，客户的组织归属——企业用户、个人用户、政府用户等。通常，这种分层最简单、直观，数据也很容易得到。但这种分类比较粗放，我们依然不知道在每一个客户层面，谁是"好"客户，谁是"差"客户。我们能知道的只是某一类客户（如大企业客户）较之另一类客户（如政府客户）可能消费能力更强。

2. 内在属性

内在属性是行为客户的内在因素所决定的属性，比如性别、年龄、信仰、爱好、收入、家庭成员数、信用度、性格、价值取向等。

3. 消费行为分类

在不少行业对消费行为的分析主要从三个方面考虑，即所谓的RFM：最近消费、消费频率与消费额。这些指标都需要在账务系统中得到，但并不是每个行业都能适用。比如在通信行业，对客户分类主要依据这样一些变量：话费量、使用行为特征、付款记录、信用记录、维护行为、注册行为等。

按照消费行为来分类通常只能适用于现有客户，对于潜在客户，由于其消费行为还没有开始，当然对于分层就无从谈起。即使对于现有客户，消费行为分类也只能满足企业客户分层的特定目的，如奖励贡献多的客户。至于想要找出客户中的特点为市场营销活动找到确定对策，则要做更多的数据分析工作。

数据分析工作在客户细分中起什么作用？如果按照上列单变量分层，则基本上不需要进行数据分析。但随着营销统计方法的日益精确化，服务的日益个性化，客户细分在不同情况下常常精确到能适用多种统计方法。比如，如果想要知道什么样的客户为优质客户，就要用消费行为数据为因变量，找出在内在属性、外在属性各变量中影响因变量的自变量。这个自变量可能是一个或几个前文中我们所列的数据，也可能是由这些数据所导出的一些抽象的因子。知道了这种自变量或自变量的集合，我们的营销战役才能有针对性。否则，如果我们仅仅盯住那些高消费、高价值客户不断进行促销，结果并不一定保证客户仍然会有良好的响应。

除了一般描述型，比如 Cross-tab 报表的方法外，目前数据发现与数据挖掘用得最多的有两类：（1）传统统计方法，这包括聚类分析、因素分析和 CHAID 方法；（2）非传统统计方法，其中包括神经网络方法、回归树方法等。细分方法应该统一吗？在企业仍然处于大众营销、利基营销阶段，对客户的分层比较简单，如分为中大企业、小企业、个人用户等，当然整个公司应该按照这一分层结果面对客户，比如营销与销售的组织结构设置、售后服务的提供等。但是，随着精准化营销时代的来临，客户细分的方法将变得多样化。企业的组织结构依然可以根据客户的不同属性分为诸如企业与个人用户的分类。但是营销活动的设计就要对客户进行更为细致的分层。具有什么特征（内在的或外在的）的客户会对什么形式和内容的营销活动有什么样的响应就会是一个通过反复研究、尝试才能得出的答案。

一个日益重要的观念是对给企业带来更多利润的大客户更优质的待遇。一般来说，这种客户关怀的区分是和营销阶段的客户区分不一样的。在客户关怀阶段，企业更感兴趣的是那些在消费行为分类中被认定为高贡献的客户。企业为这些客户提供优先接入、更多现场解决权限、更快服务响应时间等优先、高质的服务。这样，客户的满意度得以提升，企业希望因此增强这些客户的忠诚度。但是，在进行新的营销活动设计时，依然不可视这一类客户为同一种类型，需要进一步地区分对待，根据客户的特点采用合适的沟通方式、产品组合、服务形式、付款方式等。

细分的结果要让客户知晓吗？一般来说，国外企业更倾向于认为营销和服务活动中对客户细分的结果没有必要让客户本人知道，特别是对于低端客户，知道有别人比他接受更高层次的不收费服务会导致负面反应。如果要让客户知晓，则必定给出客户自己能掌控的方向与路径，比如根据某个积分计划而设立的奖励或根据事先选定的产品级别而提供的相应待遇。

在国内实践中，更多的高端客户喜欢显示自己的独特与不同，所以不少企业倾向于帮助高端客户增强这类"显性"价值。例如，在不少营业厅开辟特设的大客户室，在机场等地设金卡客户柜台、特别通道与休息室，给大客户设计有特殊标识的日常高档用品等是中国企业越来越多采用的方法。但是有很多企业由于仓促开始客户区分，往往让"大客户"们搞不清楚自己是何时成为大客户的，让"小客户"们不明白要经过哪些努力才可以成为"大客户"。

如果你的细分是为营销战役而设，就没有必要告诉客户；如果你的细分是为客户服务而设，而细分的标准又是纯粹按照客户贡献的绝对金额数来计算，则可以甚至应当大力宣传高端客户的优惠待遇。但同时应该让每个人都明明白白地清楚这里面的游戏规则，所以规则也应当设计得简单明了，促使低端客户"学有榜样，赶有方向"。

任务四　客户满意管理

●能力目标

1. 了解客户满意的管理程序
2. 明确客户满意的层次和指标
3. 识别影响客户满意的要素，掌握其管理技巧
4. 能够按照工作任务要求处理客户投诉

●理论引导

1. 认知客户满意
2. 培养客户满意
3. 处理客户投诉

●引入案例

两个富翁成功的同一秘诀

渥道夫受雇于一家超级市场担任收款员，有一天，他与一位中年妇女发生了争执。

"小伙子，我已将50美金交给你了。"中年妇女说。

"尊敬的女士，"渥道夫说，"我并没收到您给我的50美金呀!"

中年妇女有点生气了。渥道夫及时地说："我们超市有自动监视设备，我们一起去看一看现场录像吧? 这样，谁是谁非就很清楚了。"

中年妇女跟着他去了。录像表明：当中年妇女把50美金放到收银台上时，前面的一位顾客顺手牵羊给拿走了。而这一情况，中年妇女、渥道夫，还有超市保安人员都没注意到。

渥道夫说："我们很同情你的遭遇。但是按照法律规定，钱交到收款员手上时，我们才承担责任。现在，请你付款吧。"

中年妇女的说话声音有点颤抖："你们的管理有缺陷，让我受到了屈辱，我不会再到你们这个让我倒霉的超市来购买商品了。"说完，她气冲冲地走了。

超市总经理吉拉德找渥道夫谈话："我知道你心里很不好受。因为我要辞退你，一些人还说我不近人情。"

渥道夫很委屈地说："不是。"

吉拉德说："她被我们超市人员当做一个无赖请到保安监视里看录像，是不是让她的自尊心受到了伤害？还有，她内心不快，会不会向她的家人、亲朋说？她的亲人、好友听到她的诉说后，会不会对我们超市也产生反感心理？"

面对一系列问题，渥道夫都说"是"。

吉拉德说："那位中年妇女会不会再来我们超市购买商品？像我们这样的超市在我们这座城市有很多，凡是知道那位中年妇女遭遇的她的亲人会不会来我们超市购买商品？"

渥道夫说："不会。"

"问题就是在这里，"吉拉德递给渥道夫一个计算器，然后说，"据专家测算，每位客户身后大约有250名亲朋好友，失去一个客户，就将会失去几十名、数百名甚至更多的潜在客户，而善待每一位客户，则会产生同样大的正效应。假设一个人每周到商店里购买20美元的商品，那么气走一个客户，这个商店在一年之中会有多少损失呢？"

几分钟后，渥道夫就计算出了答案，他说："这个商店会失去几万甚至上百万美元的生意。"

吉拉德说："这可不是个小数字。虽然只是理论测算，与实际运作有点出入，任何一个高明的商家都不能不考虑这一问题。那位中年妇女被我们气走了，至今我们还不知道她姓甚名谁、家住哪里，因此无法向她赔礼道歉，挽回这一损失。为了教育超市营业人员善待每一位客户，所以作出了辞退你的决定。请你不要以为我的这一决定是对你乱加罪名。"

渥道夫说："我不会这么认为，您的这一决定是对的。通过与您谈心，我明白了您为什么要辞退我，我会拥护您的决定。可是我还有一个疑问，就是遇到这样的事情，我应该怎么去处理呢？"

吉拉德说："很简单，你只要改变一下说话的方式就行。你可以这样说：'尊敬的女士，我忘了把您交给我的钱放到哪里去了，我们一起去看一下录像好吗？'你把'过错'揽到你自己的身上，就不会伤害她的自尊心。在弄清楚事实真相后，你还应该安慰她、帮助她。要知道，我们是依赖客户生存的商店，不是明辨是非的法庭呀！怎样与客户打交道，是我们的重要课题！"

渥道夫说："与您一席谈，胜读十年书。谢谢您对我的教诲。"

渥道夫离开了超市后，自己筹集了一些资金，干起了旅馆事业。10年时间过去了，吉拉德、渥道夫都已拥有了上亿美元的个人资产。他们都是依靠同一秘诀，干出了辉煌的业绩。

4.1　认知客户满意

客户满意这一思想源于 20 世纪 80 年代瑞典斯堪的纳维亚航空公司的"服务与管理"观点，他们认为，企业利润的增长首先取决于服务的质量。目前这一理论的应用已拓展到银行、旅游、饮食、商业等服务性行业；连锁经营行业近年来也引用这一理论，对于提高经营服务质量、树立良好的企业形象，发挥了积极作用。使客户满意的价值标准已成为众多行业人士的共识。

企业的满意度调查中，客户是核心。然而，识别客户却不是一件容易的事。

一位客户几年来每个月都使用某品牌的产品，最近两个月却突然停止了，改用别的品牌。那么她算是客户吗？电视机的购买者，即使过去 5 年中没有再购买同类产品，那他也算是客户吗？产品的购买者和使用者很可能不同。父亲买汉堡包，儿子享用，究竟谁是客户呢？家庭导向的产品如汽车、旅游、住房等，可能涉及很多使用者，他们的期望和关注点各有不同，我们的研究应该针对谁？

谁是客户？这个问题没有标准的答案，每个公司都可以给客户下一个合适的定义。有时为了要充分识别公司客户，在做满意度调查前还需要进行预先研究。

真正了解客户、直接面对客户的一线员工应被授权决定要采取的服务行动，同时承担起更多的责任。因为在决定公司命运的无数次的关键时刻，一线服务是关键环节。

在现代营销中，创造客户满意是营销的最终目标。因此客户满意营销已成为越来越重要的营销方式。

> 一对美国夫妇来到世界上最豪华奢侈的维也纳皇家大饭店参观。当他们正要坐下时，一名侍者静静地推来一张很矮小的桌子说："请放下您的手袋，太太。"而当太太需要借助眼镜才能看清菜谱，正准备从手袋里拿出眼镜时，侍者又神奇地取出一个装饰精美的皮盒子。一打开，里面竟然有 30 多副眼镜，全都静静地躺在天鹅绒衬布上！维也纳皇家大饭店能够为客户提供超出其预期的服务，全方位地满足客户需求，最大程度地赢得了客户的满意。从中我们可以看到，只有为客户提供全方位的超值的服务才能真正赢得客户的满意，企业只有使客户满意，才能获得使自己满意的利润。

一、了解客户满意的意义

所谓满意，就是一个人将对一种产品的可感知的效果或结果与他的期望值比较后所形成的一种失望或愉快的感觉状态。依据这个说法，满意水平是可感知效果和期望值之间的差异函数。如果效果低于期望，客户就会不满意；如果可感知效果与期望相匹配，客户就会满意；如果感知效果超过期望，客户就会高度满意或欣喜。

用数学公式可以表示为：

$$满意 = 可感知效果 / 期望值$$

（1）当满意的数值小于1时，表示自己对一种产品或事情的可以感知到的结果低于自己的期望值，即产品或服务没有达到自己的期望目标，这时客户就会产生不满意。该值越小，表示客户越不满意。

（2）当满意的数值等于1或接近于1时，表示客户对一种产品或事情的可以感知到的结果与自己事先的期望是匹配的，这时客户会表现出满意。

（3）当满意的数值大于1时，表示客户对一种产品或事情的可以感知到的结果超过了自己事先作出的期望，这时客户就会兴奋、惊奇和高兴，感觉的状态就是高度满意或非常满意。

上述提到的客户的期望，形成于客户过去的购买经验以及朋友和伙伴的种种言论中，销售者将期望值提得太高，客户很可能会失望。另一方面，如果公司将期望值定得太低，就无法吸引足够的购买者，尽管那些购买的人可能会比较满意。

管理客户期望值的失误主要体现在两个方面：一是"夸海口"承诺与过度销售。例如，有的商场承诺客户包退包换，但客户一旦提出该要求，却总是找理由拒绝。二是隐匿信息。比如，在广告中过分地宣传产品的某些性能，故意忽略关键的信息，转移客户的注意力。这些管理的失误导致客户在消费过程中有失望的感觉，进而产生抱怨。

在今天取得成功的公司中，大多数都是执意追求客户全面满意的。例如，施乐公司的"全面满意"服务，它保证在客户购买本公司产品的3年内，如有任何不满意，公司将为其更换相同或类似产品，一切费用由公司承担。

那么客户满意到底有哪些特殊的含义呢？它包括以下内容：

（1）客户满意是客户消费了企业提供的产品和服务之后所感到的满足状态，这种状态是个体的一种心理体验。

（2）客户满意是以客户总体为出发点的，当个体满意与总体满意发生冲突时，个体满意服从于总体满意。

（3）客户满意是建立在道德、法律和社会责任基础上的，有悖于道德、法律和社会责任的满意行为不是客户满意的本质。

（4）客户满意是相对的，没有绝对的满意，因此企业应不懈地努力，向绝对满意趋近。

（5）客户满意有鲜明的个体差异。因此不能追求统一的满意模式，而应该因人而异，提供有差异的满意服务。

满意的客户对企业的发展有着巨大的作用，一个高度满意的客户往往会：忠诚于公司更久；购买公司更多的新产品和提高购买产品的等级；为公司和它的产品说好话；忽视竞争品牌的广告，并对价钱不敏感；向公司提出产品和服务建议；由于交易惯例化比开拓一个新客户的成本低。

因此企业应将客户高度满意作为自己的最高追求目标。

二、客户满意的层次

客户满意的内容分横向层面和纵向层面两个层次。

1. **横向层面**

客户满意横向层面包括企业理念满意（MS）、企业行为满意（BS）和企业视觉满意（VS）三大层次。

（1）MS——理念满意。

企业理念满意（MS）就是企业的精神、使命、经营宗旨、经营哲理、经营方针和价值观念等带给企业内部客户和外部客户的心理满足感。MS是客户满意的灵魂，是客户满意的最主要决策层面。令客户满意的企业经营理念是企业全部行为的指导思想，也是企业的基本精神所在。

理念满意的核心在于正确的企业客户观，它以客户满意度为指针，树立起"客户满意、客户至上"的经营理念，站在客户的立场上考虑和解决问题，把客户的需求和满意放在一切考虑因素之首，尽可能全部尊重和维护客户的利益，并逐步升华而成为具有独特风格，能够规范全体员工的市场行为和社会行为的指导思想体系。客户的满意是企业的无形资产，它可以随时按"乘数效应"向有形资产转化。

（2）BS——行为满意。

行为满意是客户对企业"行动"的满意，是理念满意诉诸计划的行为方式，是客户满意战略的具体执行和运作。

企业行为满意就是建立一套系统完善的行为运作系统，这套系统被全体员工认同和掌握，且在系统中对每个员工都是公平和公正的。系统运行的结果将是带给客户最大程度的满意，且能保证最佳经济效益和社会效益。BS强调的是行为的运行和效果所带给内外客户的满足状况，它是偏向于效果侧面的行为系统。在BS实施过程中重要的是做到了解和认识客户，从客户的角度出发，全面为客户服务。只有全面掌握了客户的心理需要和需求倾向，才能够及时地推进令客户满意的商品和服务的更新。

（3）VS——视觉满意。

企业视觉满意是客户满意直观可见的外在形象，是客户认识企业的快速化、简单化的途径，也是企业强化公众形象的集中化、模式化的手段。视觉满意也是客户满意的主要内容。企业是否拥有一套视觉满意系统，将直接影响到客户对企业的满意程度。

视觉满意帮助客户认识企业、识别企业、监督企业，企业在进行视觉满意设计时，必须认真考虑客户偏好，尽可能让客户感到亲切、自然，并把"客户满意、客户至上"的理念渗透到企业标志、商标、包装、户外标牌等静态企业识别的符号中，以获得客户满意，提升名牌企业的形象。它包括企业名称、品牌标识、字体、色彩、企业口号、承诺、广告语、企业内部的软、硬环境、企业形象、员工制服、礼貌用语等。

在进行视觉满意设计时要做到：构思深刻，构图简洁；形象生动，易于识别；新鲜别致，别具一格；符合美的效果。

2. **纵向层面**

纵向层面上，客户满意可以分为三个层次：

（1）物质满意层。

物质满意层是客户在对企业提供的产品核心层的消费过程中产生的满意。物质满意层的支持者关注的是产品的使用价值，如功能、质量、设计、包装等等客户满意中最基础的层次。

（2）精神满意层。

精神满意层是客户在对企业提供的产品形式和外延层的消费过程中产生的满意。精神满意层的支持者注重的是产品的外观、色彩、装潢品位和服务等。

（3）社会满意层。

社会满意层是客户在对企业提供的产品的消费过程中所体验到的社会利益维护程度。社会满意层的支持者关注的是产品的道德价值、政治价值和生态价值。产品的道德价值是指在产品的消费过程中，不会产生与社会道德相抵触的现象；产品的政治价值是指在产品的消费过程中不会导致政治动荡、社会不安；产品的生态价值是指在产品的消费过程中不会破坏生态平衡。

以上三个满意层次之间的关系是非常密切的。从社会发展过程中的满足趋势看，人们首先寻找的是产品的物质满意层，只有这一层次基本满意后，才会推及精神满意层；而精神满意层基本满意后，才会考虑社会满意层。

三、客户满意的衡量指标

来自公交车的启示

设想一下，烈日炎炎的夏日，当你一路狂奔，气喘吁吁地在车门关上的最后一刹那，登上一辆早已拥挤不堪的公交车时，洋溢在你心里的是何等的庆幸和满足！而在秋高气爽的秋日，你悠闲地等了十多分钟，却没有在起点站"争先恐后"的战斗中抢到一个意想之中的座位时，又是何等的失落和沮丧！

同样的结果——都是搭上没有座位的公交车，却因为过程不同，而导致你心里的满意度大不一样。这到底是为什么？

显然问题的答案在于你的期望不一样，炎热的夏天你的期望仅在于能"搭"上车，如果有座位那是意外之喜，而在凉爽的秋天你的期望却是要"坐"上车，而且最好是比较好的座位。同样的结果，不同的期望值，满意度自然不同。

由上述例子可以看出，客户满意度是一个相对的概念，是客户期望值与最终获得值之间的匹配程度。那么，怎样衡量客户期望值与最终获得值之间的匹配程度呢？一般来说，衡量客户满意度指标主要包括：

1. 美誉度

美誉度是客户对企业的褒扬程度。对企业持褒扬态度者，肯定对企业提供的产品或服务满意，即使本人不曾直接消费该企业提供的产品或服务，也一定直接或间接地接触过该产品或服务的消费者，因此他的意见可以作为满意者的代表。借助对美誉度的了解，可以知道企业所提供的产品或服务在客户中的满意状况，因此美誉度可以作为企业衡量客户满意度的指标之一。

2. 知名度

知名度是指客户对企业的了解程度。如果客户对某种产品或服务非常满意时，他们就会在消费过程中放弃其他选择而指名道姓、非此不买。

3. 回头率

回头率是指客户消费了该企业的产品或服务之后再次消费，或如果可能愿意再次消费，或介绍他人消费的比例。当一个客户消费了某种产品或服务后，如果他心里十分满意，那么他将会再次重复消费。如果这种产品或服务不能重复消费（比如家里仅需一台冰箱），他会向同事、朋友大力推荐，引导他们加入消费队伍。因此，回头率也是衡量客户满意度的重要指标。

4. 抱怨率

抱怨率是指客户在消费了企业提供的产品或服务之后产生抱怨的比例。客户的抱怨是不满意的具体表现，通过了解客户抱怨率就可以知道客户的不满意状况。

5. 销售力

销售力是产品或服务的销售能力。一般说来，客户满意的产品或服务就有良好的销售力，而客户不满意的产品或服务就没有良好的销售力，所以销售力也是衡量客户满意度的指标。

客户满意度指标是用以衡量客户满意度的项目因子或属性，找出这些项目因子或属性，不仅可以用来测量客户的满意状况，而且还可以由此入手改进产品或服务的质量，提升客户的满意度，使企业永远立于不败之地。

四、客户满意度的测试与分析

了解了客户满意度的衡量指标，但怎样进行满意度的测试与分析呢？主要有以下四个步骤：

1. 确定客户满意度测试的对象和内容

客户是对产品或服务的接受者的统称，包括最终客户、消费者、销售及分销商、受益者等。因产品类别不同，市场、地域不同，客户不同，测试客户满意度的目的也不同，因此应以测评目的为出发点，针对不同的类别，确定测试客户的对象范围。

（1）客户满意度的测试对象。

①现实客户。客户满意度测试的对象一般是现实客户，即已经体验过本企业产品或服务的客户。许多企业的失败，不是因为吸引客户过少，而是因为不能提供给客户满意的产品或服务。因此，测试并提高现实客户满意度非常重要。

②使用者和购买者。一般来说购买者和最终使用者是一致的，但也有两者不同的时候，例如不直接面向最终消费市场而以企业使用为主的生产资料，其使用者多是制造部门，而购买者则是供应部门。再比如说幼儿，虽然他们是最终使用者，但与购买者（父母）发生分离。所以，在测试客户满意度时是以产品或服务的最终使用者为测试对象，还是以实际购买者为测试对象，或者以两者为测试对象，需要首先明确。

③中间商客户。企业把产品或服务提供给客户的方式很多，其中，有些企业并不与消费者直接见面，而需要经过一定的中间环节，这时，客户对产品或服务的满意度，与批发商、零售商这样的中间商就有很大关系，测试中也不可忽略对中间商的测试。

（2）客户满意度的测试内容。

这里只介绍消费者和中间商两类客户满意度测试的内容，见表4-1和4-2。

表4-1　消费者满意度测试内容

最终消费者满意度测试内容	商品的品质	硬件服务
		软件服务
	服务的品质	人的服务
		机械化服务
		设备化服务
		功能化服务
		系统服务
	其他的服务	环境保护服务
		社会公益服务

表4-2　中间商满意度测试内容

中间商满意度测试内容	商品	硬件服务 软件服务	多样化、品质、功能、设计、颜色、命名、使用说明书
	服务	交货期	
		技术能力	
		经销支援	
		营销人员的服务质量	
		物流	
	经济性	买卖条件	
	企业形象	品牌形象	
		社会的贡献性	

2. 建立客户满意度测试指标体系

（1）提出问题。

建立客户满意度指标测试体系的第一步，就是要明确影响客户满意的因素有哪些。同时还必须考虑如何使这些因素获得量化，一般要回答下面几个问题：影响购买和使用的客户满意因素有哪些？在这些满意因素中，哪些因素能成为满意指标？每一个满意指标对购买和使用的影响程度如何？上述数据可以从哪些渠道获得？应该采用何种方式采集数据？采集数据时应注意哪些问题？

（2）采集数据。

采集数据的方法有很多种，建立不同的顾客满意指标体系所侧重的采集方法不同。在顾客满意度指标体系建立过程中通常采用的方法有：

①现场发放问卷调查。在客户或公众比较集中的场合（如新闻发布会、客户座谈会、展览会等），向客户发放问卷，现场收回。这种方式速度较快，如果辅之以小奖品，问卷回收率会比较高，同时具有一定的宣传效果；但要注意甄别客户与潜在客户。其缺点是准确性不高。

②电话调查。电话调查适合于客户群比较固定、重复购买率较高的产品，其好处是企业可以直接倾听客户的问题，速度快，能体现对客户的关怀，效果较好；不利之处在于可能干扰客户的工作和生活，造成客户反感。因此调查项目应尽量简洁，以免拉长调查时间。如果客户数量较少，可以由企业营销人员直接联系客户；如果客户数量较多，可以采取抽样方式，委托专业调查公司，或双方合作进行。

③邮寄问卷调查。通常在庆典或重大节日来临之际，向客户邮寄问卷，并辅之以问候信、感谢信或小礼品。邮寄问卷调查数据比较准确，但费用较高，周期长，一般一年最多进行 1~2 次。

④网上问卷调查。这种调查方式具有节省费用、快速的特点，特别是在门户网站（如新浪网）上开展的调查很容易引起公众对企业的关注。问题是网上调查只对网民客户有效，结论有失偏颇；所提问题不可能太多。

3. 制订调研方案，设计问卷

（1）制订调研方案。

在确认调查对象和建立评价指标后，就需要制订详细的调研方案。调研方案包括调研目的、调研内容、调研对象、样本规模和配额、研究方法、调研频率、调研执行时间、调研费用预算以及报告的撰写和提交时间等内容。

（2）设计问卷。

设计客户满意度调查问卷时，应精心挑选调查项目。问题可以采取直接提问式、间接提问式、排序式、引出式等。提出问题应注意策略，不能涉及客户隐私，让客户不舒服或有取宠客户之嫌。同时项目不能太多，应根据近一段时间发生的问题有重点地提出，表格结构与问题尽量简洁明了，让客户容易回答。客户满意度调查表栏目见表 4-3。

表4-3 客户满意调查表栏目

调查栏目	备注
基本项目	客户基本情况、购买的产品或服务、产品取得方式及时间
总体满意度	即客户对企业总体的满意度评价
产品指标	产品的性能、价格、质量、包装等
服务指标	包括服务承诺、服务内容、响应时间、服务人员态度等
沟通与客户关系指标	沟通渠道、主动服务等
与竞争对手比较	产品、服务等方面的比较
客户再次购买和向其他人推荐的问题	从中可分析客户忠诚度
问题与建议	让客户没有限制地提出问题，并对企业提出宝贵建议

（3）常见的客户满意度测试方法。

①通过询问直接衡量，如"请按下面的提示说出你对某种产品或服务的满意程度：很不满意、不太满意、一般、比较满意、很满意（直接报告满意程度）"。

②要求受访者说出他们期望获得一个什么样的产品或服务，以及他们实际得到的是什么（引申出来的不满意）。

③要求受访者说出他们在产品上发现的任何问题及提出改进措施（问题分析）。

④要求受访者按产品各要素的重要性不同进行排列，并对企业在每个要素上的表现作出评价（按重要性、绩效等级排列）。这种方法可以帮助企业了解自己是否在一些重要的因素方面表现不佳，或在一些相当不重要的因素方面过于投入。

研究显示，在收集有关客户满意度的信息时，询问客户有关再次购买和推荐的问题，也是十分有价值的，它们共同构成了客户满意度调查指标。

4. 客户满意度测试的分析报告

对客户满意度进行量化测试的方法很多，如直接计算法、百分比法、加权平均法等。下面介绍加权平均法。

（1）加权平均法的要素 K 及等级 X，见表4－4。

表4－4　加权平均法要素表

要素 K	等级 X				
	X_1	X_2	X_3	X_4	X_5
K_1	n_{11}	n_{12}	n_{13}	n_{14}	n_{15}
K_2	n_{21}	n_{22}	n_{23}	n_{24}	n_{25}
K_3	n_{31}	n_{32}	n_{33}	n_{34}	n_{35}
K_4	n_{41}	n_{42}	n_{43}	n_{44}	n_{45}

表中 $K_1 \sim K_4$ 为客户满意度（CSD）的四个要素，$X_1 \sim X_5$ 为 CSD 的五个等级，$n_{11} \sim n_{45}$ 为20个调查结果的数量。

将表中不同的要素和等级分别赋予不同的权数，由此得出以下计算公式：

$$CSD = K_1 \times X_1 \times n_{11} + K_1 \times X_2 \times n_{12} + \cdots + K_4 \times X_5 \times n_{45}$$
$$= \sum K_j \times X_j \times n_{ij} \ (i = 1 \sim 4, \ j = 1 \sim 5)$$

最终，$CSD = CSD100/N$（$N = \sum n_{ij}$），其中，N 为实际样本数。

（2）等级 X 及权数的确定，见表4－5。

表4－5　等级 X 及权数的确定表

CSD 等级 X	很满意 X_1	较满意 X_2	一般满意 X_3	较不满意 X_4	很不满意 X_5
权数	1.0	0.8	0.6	0.3	0

（3）要素 K 及权数的确定，见表4－6。

表4－6　要素 K 及权数的确定表

CSD 要素 K	K_1	K_2	K_3	K_4	K_5
权数	0.4	0.3	0.2	0.1	0

将收集的某一产品或服务的客户满意度测评数据进行统计计算后，应对其进行分析并作出

报告，提供产品或服务满足客户需求程度及满意度，以及改进重点；忠诚客户的百分比及对企业未来经济效益的影响；客户对产品价格的承受能力；产品在行业竞争中优劣势的分析。

4.2　培养客户满意

> 营业员小李上岗一个月就超额完成销售任务，经理刚刚当众表扬了她。这时一个客户过来要买某某品牌的皮鞋。店里没有经销这种牌子，她热情地向客户推荐其他品牌，客户表示都不满意，她又建议客户到另一家商店去找找。从此这位客户都在这家商场购买她所需要的商品。
>
> **问题：**
> 1. 为什么小李的服务能赢得客户的满意？
> 2. 客户的满意除员工的优质服务之外，还有哪些影响因素？

影响客户满意的因素很多，总体来说，主要包括服务质量、产品质量、产品价格以及条件因素和个人因素。而其中服务质量是由交互过程质量、服务环境质量和服务结果质量决定的。而基本的服务质量又可以用可靠性、响应度、可信度、热情度和有形性来衡量。这些因素之间的关系可以用图 4-1 来表示。

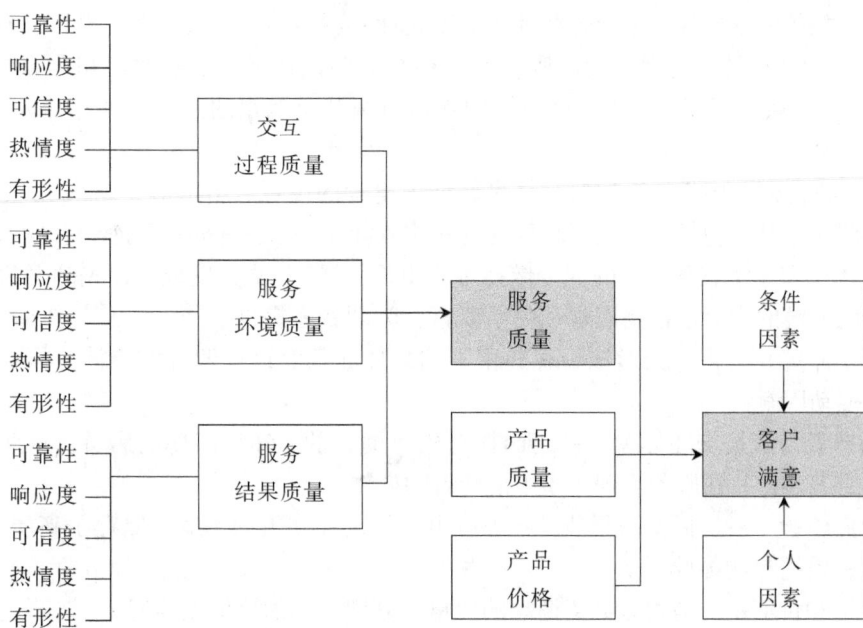

图 4-1　客户满意度的影响因素

一、满意的员工造就满意的客户

（一）满意员工与满意客户的关系

客户满意的概念应该是每个为之努力奋斗的企业管理人员熟记于心的，即客户满意是一个比较值，是客户将他预期得到的服务 ES（Expected Service）与实际感知到的服务 PS（Perceived Service）进行比较后得出的结果：

当 PS ＞ ES 时，客户感到很满意；

当 PS ＝ ES 时，客户感到满意；

当 PS ＜ ES 时，客户感到很不满意。

根据这一经典理论，我们可以得出这样的结论：为了使我们的客户满意（尤其是那些对我们极有价值的客户），我们首先必须要详细地了解客户对我们服务的期望，在了解的基础上提供使客户满意的服务。这也正是客户关系管理的核心思想，即以客户为中心来组织经营活动的思想。

然而，在此理论指导下的企业各种 CRM 的实践并非十分理想，客户满意度并没有因为企业采用的新技术、新流程以及新的管理体系（这些都增加了我们对客户需要的了解）而得到显著的提高。因此，很多企业开始了新一轮的关于如何提升客户满意度的思考：客户究竟需要我们做些什么？他们对我们的服务有哪些期望？

高质量的产品、优惠的价格、给人带来惊喜的促销、方便的购买方式和渠道、丰富的产品种类、完善的售后保障体系……我们可以很快地再列举出更多类似的客户需求和期望。然而，仅仅这样也许是不够的。我们对于这些客户的期望需要更进一步的了解，例如，这些需求对于客户是否有着相等的重要性？如果这些期望的重要性并不相等，那么究竟是哪几个方面的期望更能影响客户对我们服务的满意程度呢？是否还有一些期望是与我们平日里强调的"硬件"（即物质方面）关系并不那么紧密，而与我们不够重视甚至忽视的"软件"（即人文的方面）关系更紧密些呢？

IBM 商业价值研究中心的一项研究结果印证了笔者的设想。IBM 对美国 10 家零售商的消费群进行了调查，其中包括 5 家表现较好的（过去 3 年中在店面单位面积销售和净收入的增长方面做得很好）和 5 家表现较差的（业绩持平或出现下滑）。调查发现，领先的零售商能够同时有效地使用关键的满意度推动因素和关系要素，为消费者提供最佳的"总体体验"，即一家公司（或一个品牌）有形、无形地给客户留下的总体印象。该项调查的统计分析结果显示了五个满意度推动因素：

（1）消费者与店员交往体验——店面拥有乐于助人的、知识广博的店员，这些店员能够预测消费者的需求，并在服务表现上超出消费者的期望。

（2）店面体验——店面本身很洁净，拥有出色的设计和组织，适当储存了高质量的商品，并能提供"有乐趣"的体验。

（3）价格和价值——消费者购买商品的价格与其感受到的价值相匹配。

（4）市场行销和通信——有关店面促销活动的信息被很好地传递给消费者，采购十分方便，而且对消费者来说很有价值。

（5）数据集成和分析——在所有的销售渠道提供相同的产品选择和信息，并根据以往的客户行为信息来提供最佳的服务。

如图 4－2 所示，"消费者与店员交往体验"这一因素对满意度的推动作用明显地高于其他因素。

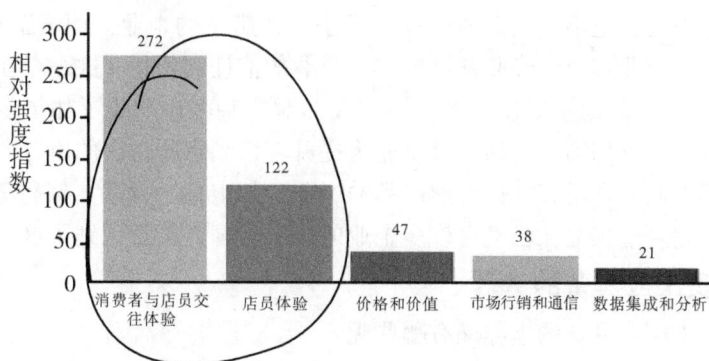

图 4－2　提高消费者满意度的因素分析

（数据来源："使零售商的 CRM 发挥作用（2002）"，IBM 商业价研究中心）

按照上述调研中对"消费者与店员交往体验"的描述，加之我们的生活常识——情绪是影响人与人交往的关键因素，那些由非言语表达出来的信息在沟通中占据了绝对的比例，我们不难判断：能够为客户提供愉悦的交往体验的员工必定是一个对自己的工作感到满意的员工。这样的员工喜欢自己的工作，并从工作中获得满足感和成就感，他将这种积极的情绪带给和他一起工作的同事以及他服务的对象——我们的客户。反之亦如此，对自己的工作不满意的员工也势必会将这样的情绪带给周围的人，包括我们宝贵的客户在内。更为重要的一点是，在服务的情景中，一线员工的一举一动在客户的眼里，已经不再代表他们个人，而是整个企业。当客户感受到某个一线员工情绪低落或漫不经心、心不在焉、烦躁等表现时，他会判断为这家企业对他不感兴趣，不愿意为他服务，从而产生不满意的情绪体验。对于这样的客户，再多的优惠、再丰富的产品也无济于事。

员工满意与客户满意，乃至企业最终赢利结果的内在关系，在著名的服务利润链中已经有最佳的诠释，如图 4－3 所示。

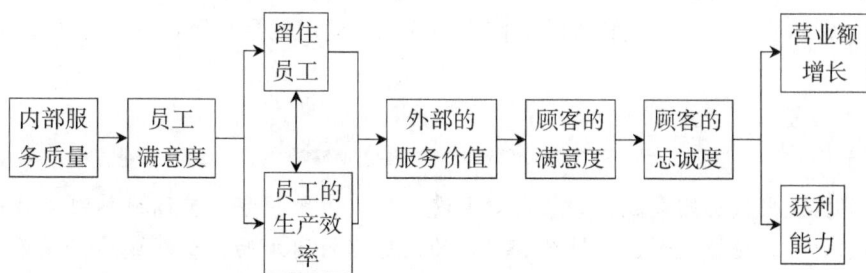

图 4－3　服务利润链

（资料来源：［美］克里斯托费·H. 洛夫洛克. 服务营销（第三版）. 北京：中国人民大学出版社，2001）

从这个价值链可以看出，员工的满意度，尤其是直接服务于客户的一线员工的满意度的确是客户满意的基石。因为直接服务于客户的一线员工实质上是企业所有关于客户服务的经营活动的承载者和执行者。不满意的员工几乎不可能有高的工作效率和积极的工作态度，不会完整地贯彻公司的服务策略，也不会长期地服务于无法令他满意的企业，而员工离开企业的同时，势必也会带走他服务企业客户的经验甚至客户对企业的信任和依赖（这一点在保险行业十分突出）。他们无法按照客户的期望提供服务，即使我们对这些客户期望了如指掌。如果企业不能设法让自己的一线员工感到满意的话，该企业为提升客户满意所付出的所有的努力都很有可能付之东流。对于零售业以及所有提供无形产品的产业，如电信、保险、银行等，一线员工的满意度就显得更加关键。事实上，已经有许多企业的高层管理人员意识到了这一点。

（二）满意员工应具备的素养

一流的企业员工应该具备的素养又有哪些呢？

1. 素养一：做企业的主人

不管老板在不在，不管主管在不在，不管公司遇到什么样的挫折，你愿意去全力以赴，你愿意帮助公司去创造更多的财富，这就是做主人的心态。

一个企业的领导者，最重要的任务就是让每一个员工都具备做企业主人、做企业老板的心态。老板是为自己而工作，他是要为企业创造业绩，同时也要对自己负责任。如果你有为自己工作的心态，你也具备做老板的素质。如果你始终认为是在为别人工作，必须靠别人的监管控制才肯努力工作，那你注定一辈子是个打工者。

如果你这辈子要做一个主人，要先具备做主人应该具备的一个心态：只要我在做，我就要做到最好。我们可以看到，好的领导者开始都是一个很好的跟随者，在做跟随者的时候，如果只是随便做一做，混一混，就不会成为一个很棒的领导者，当你将来作为领导的时候也会产生问题，大多数好的领导者，最初就是一个好的跟随者。

2. 素养二：对事业的热忱

这是成功者所具备的非常重要的特质。领导者的能力非常重要，而且他的能力也会吸引到优秀的人才。同样，对待事业的热情，也可以起到很大的吸引作用。

人和人之间的影响和带动非常重要。销售是信息的传递和情绪的转移，如果一个销售人员把对产品、对公司、对领导、对自己的极大热忱，完全地传递给客户，把他对这个产品的极大的信心和极大的热忱传递给客户，客户就会采取投资购买行为；如果你是一个领导者，对工作的每一个步骤都非常认真，这样影响和带动了你周围的人，他们就会跟随着你，这就是一种群体效应。

安东尼·罗宾是当代美国最成功的激发心灵潜能专家，曾辅导过美国前总统克林顿、英国的戴安娜王妃，还使曾跌到世界排名 138 名的网球名将阿加西，重新成为世界第一。安东尼·罗宾经常到世界各地巡回演说，去年在新加坡，有 3 800 人参加他的课程，他现场激励每一个人。当有一个人情绪不好的时候，安东尼·罗宾会指着那个人说，

you! 你，你的情绪不好，你会影响到别人，你现在站起来。然后那个人就站起来，再一次强调这种热情的带动作用，结果现场所有的人都被他带动起来了。如果你真的想成为一个优秀的人，一定要对工作当中、生活当中的每一件事情，充满热情地去做，才会把你的热忱激发出来，进而去影响你周围的每一个人。

3. 素养三：对待事情的意愿和决心

世界上没有能与不能的问题，只有要与不要的问题。就是你只能得到你一定能得到的东西，你只能得到你一定要得到的东西。做任何事情，想要成功的话，永远有五个字，就是：我要，我愿意。

大多数人只是想要结果，不愿意去努力。有相当多的人会选择用借口来度过自己的人生，而不是去选择理由。但是，你不能成功的借口，你不能做好的借口，都可以转化成为你恰恰要做好的理由。

另一个就是关心，即专注。专注的力量非常重要。周围的一切资源，一切都可以为你所用，关键是你有没有专注在某一点上。如果别人不知道哪些事情可以帮到你，那别人怎么帮助你呢？只有你专注于某一些方面时，周围的人们明白了你的意图，所有的资源才会被调动去全力配合你。

演员全力以赴地去演，他的角色才会感人，才会好看，如果他自己抱着一个随便演演的态度，这个角色不会很好看，这是专注的力量。

另一个就是用心。认真是成功最重要的特质。有人说，在21世纪，人们已经不是在用心了，人们已经开始在用肝、用肺了。如果你还没有在用心，便会有危机产生。所以，业绩不够好，就是你的态度不够认真，你没有认真地去用心来理解客户的需求，解决客户的需求，这是你没有做好的事情。所以对一件事情用心的程度，决定了成就的高度。

4. 素养四：要有自我负责的精神

知识和观念，不光自己要学会，还要把它传播给更多的人，因为在教别人的时候，自己的成长也会很大。

李嘉诚有一次在回办公室的路途当中，发现一枚金属硬币从眼前闪过，滚到车子下面。李嘉诚下了车，要去捡那枚硬币。一个门卫抢先把那枚港币捡了起来，并交给了李嘉诚。李嘉诚接过硬币，从口袋里拿出100元钞票奖励这个门卫。人们感到很奇怪，别人只是帮他拣1元钱，他却给了100元，为什么？李嘉诚说，这一块港币，如果不把它捡起来，它可能掉到水沟里面，这个社会财富就会流失掉，所以我们不能让人们已经创造出来的财富和价值流失，那个门卫不仅知道珍惜财富，还懂得帮助别人，应该奖励。

思想不同，对于一件事情的决定也不一样。决定不一样，又使得人们采取了不同的行动。不一样的行动造成了不同的结果。一个人的成就，取决于他下决定的能力，下决定的能力跟肌肉一样，肌肉是越练越强，下决定的能力也是越练越强。

人生最美好的结果，由所下的最正确的决定开始，最正确的决定又开始于最正确的思想。所以你要对一件事情的结果负责，你首先要对你的思想和态度负责，因为思想不同，态度不一样，作出的决定也不一样。如果你不肯为你独有的人生负责，那你就任由别人来摆布吧。所以每个人要对自己的人生负责，对自己的人生产生的结果负责。

（三）满意员工的培养

培养满意的员工必须做好以下五个方面的工作：

1. 训练服务意识

服务意识是培养满意员工的前提。而服务意识只有通过训练，才能逐渐形成。作为一种意识，它不由规则来保持，它必须内化在员工的人生观里，成为一种自觉的行动。服务意识训练可分为掌握服务理念、分析服务得失和测定服务意识三部分。服务理念是一个整体文化概念，它体现在企业的所有方面、所有环节、所有过程，表现为企业的整体精神面貌和价值观。将服务理念成功地变为行为并转化为企业的经济效益有两个关键：一是企业决策层必须具有服务理念并能使其成为员工的指南；二是企业执行层（企业员工）能卓有成效地贯彻企业的服务理念并使之成为一点一滴的、无处不在的服务行为去为客户服务。

2. 建立服务指标体系

服务指标是企业内部为客户提供全部服务的行为标准，仅有服务意识并不能保证有满意的服务，如果说服务意识是服务的软件保证，那么服务指标就是服务的硬件保证。服务指标可以分为伴随性服务指标和独立性服务指标两部分。伴随性服务指标是伴随在产品销售过程中的服务指标，它的内容包括售前服务指标、售中服务指标和售后服务指标。独立性服务指标是指并不直接发生产品交换的服务，如旅游、宾馆、娱乐等服务。伴随性服务消费的是产品，服务是为了保证更好地消费，而独立性服务消费的是服务，服务是客户购买的目标。因此，独立性服务的好坏，决定着企业的前途和命运。在不同行业，独立性服务的行为指标是不一致的；在同一行业，不同职岗位又提供不同的服务内容。对一个酒店来说，其服务指标可以分为前厅人员服务指标、客房人员服务指标、后勤人员服务指标和管理人员服务指标等。

服务指标的建立是进行客户满意管理设计的关键内容。企业能否顺利地导入客户满意战略，关键就在于能否建立一套以客户为轴心的服务指标体系，这一套体系不仅是员工提供优质服务的依据，也是确立客户满意度的基础。

3. 提供优质服务

（1）衡量客户服务质量水平高低的标准。

①时间的迅速性。时间的迅速性是指企业对客户反映的灵敏度与行动的迅速性。从问题的产生到彻底解决的总时间越短越好。客户服务可以看作是一个解决问题的过程，客户从问题产生（商品技能障碍、信息不足、购买不便等）开始，对企业的不满也随之产生，时间拖得越长对企业的不满就越多，这就要求企业一旦发现问题就要迅速予以解决。

②技术的准确性。技术主要是指客户服务活动的技术，包括采用的方法、措施、策略等。

如美的集团曾在上海市场推行上门维修服务会员卡制度，规定凡是购买美的产品的客户，其家中的彩电、冰箱、空调、VCD、录像机等10种基本家电用品的维修服务均由美的集团承担，且不论这些家电用品是何种品牌何地产品。这种针对客户在购买家电时普遍存在的后顾之忧，采取一揽子解决的方法，使客户服务达到了较高水准。

③承诺的可靠性。承诺的可靠性既是衡量企业客户服务水平的指标，也是衡量企业管理水平的指标，它和企业的信誉与形象紧密联系在一起。因此，企业承诺必须不惜代价执行，可以说客户服务管理成功与否很大程度上取决于承诺的执行与兑现。

（2）客户服务的类别和内容。

根据不同的标志和角度，企业客户服务可分为若干大类：售前服务、售中服务、售后服务；技术性服务和非技术性服务；基本服务、连带服务、附加服务；消费者服务和企业服务；定点服务和巡回服务；免费服务和收费服务；指导性服务、及时性服务、可靠性服务和售后服务；终身服务、长期服务、中期服务和短期服务。

客户服务内容主要有以下几个方面：接待客户和访问客户；咨询服务；质量"三包"服务；安装和调式；备品配件供应；技术培训；巡回检修；特种服务。

4. 考查服务满意度

（1）服务满意度考察方法。

按时间分为定期考察和抽样考察；按对象分为全面考察、典型考察和抽样考察；按方式可以分为直接考察、谈话考察和问卷考察。

（2）服务考察内容。

①员工意见考察。要推行客户满意管理，不仅要注重外部客户的满意，还要把内部员工的满意放在重要位置，要了解员工对服务工作的意见。了解员工的意见，一方面可以据此改进管理人员的工作方法；另一方面可以修正不完善的管理措施。

②客户满意度考察。服务的最终目的是令客户满意，要全面了解客户状况，必须实施客户满意度考察。

③内部满意度考察。内部满意度考察，主要是考察企业内部各部门、各程序、各环节之间相互服务的状况，了解这种状况，不仅可以考察各部门的服务水平，而且可以借此改变工作状况，提供更为优秀的内部服务。

二、满意的产品造就满意的客户

（一）产品的整体概念

产品是指企业向市场提供的、能满足消费者某种需求的有形物品和无形服务。它既包括能够向消费者提供某种基本用途或利益的有形实体，也包括能够满足消费者心理、情感和审美等需求的无形内容。

产品的整体概念分为核心产品、形式产品和延伸产品三个层次。见图4-4。

（1）核心产品是指购买者购买某种产品时所追求的主要利益、产品的使用价值以及购买者真正购买的东西，是消费者需要的中心内容。核心产品是产品整体概念中最基本、最主要的部分。

（2）形式产品是指市场上产品的具体形式，是核心产品的载体。通常由五个标志组成，即品质、特征、式样、商标和标志。由于产品的基本效用须通过一定的媒介形式才能实现，因此营销者必须设计相应的形式产品。

（3）延伸产品是指人们购买有形产品时所获得的全部附加服务和利益，或消费者购买形式产品所得到的利益总和，它包括安装、售后服务和保险等内容。

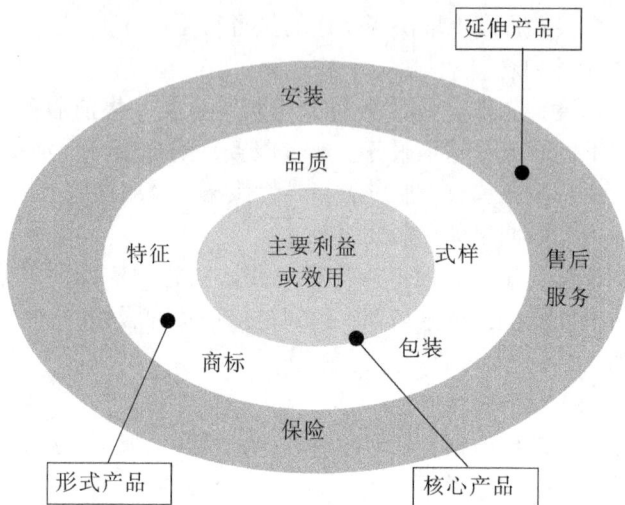

图 4-4　产品的整体概念

（二）树立大质量产品观念

与产品的整体概念相关的是产品的大质量观念，大质量观念包含三个层次：第一层次是内在质量，即产品的核心质量；第二层是外在质量，即产品的外形质量；第三次是服务质量，即产品的服务质量。

树立大质量观念就是要求企业把产品的三层质量一起抓，不仅要提高第一质量，同时也要提高第二、第三质量。在一定时期内，提高第一质量的能力总是有限的，而提高第二、第三质量则是无限的。这是因为提高第一质量要较多地受到企业人力、物力和财力的限制，而提高第二、第三质量受到的限制较小。因此，三层质量一起抓，有利于产品适销对路。

值得注意的是，现在国际市场上许多商品的质量标准已发生了变化，消费者对商品质量的要求已由过去单纯重视内在的质量转变到内在与外在质量并重，商品的艺术价值日益受到重视。不少商品特别是家具、家用电器等，人们要求它既是使用品又是艺术品。对于时装、礼品等商品，消费者对其第二质量要求比第一质量要求更高。例如，造型、图案美观的瓶装酒和铁盒饼干比同类其他产品更受欢迎。因此企业要在重点抓好第一质量的同时，抓好第二、第三质量。万宝电器公司在这方面做得很好，该公司吸取过去质量事故的教训，不仅狠抓冰箱的制冷性能，而且在冰箱的造型、色彩上下工夫，并加强了维修服务，在全国大多数地区设立了维修服务中心，较好地解决了产品的质量问题。

（三）满意产品的管理策略

要为客户生产满意的产品，企业在管理过程中必须做到：

1. 了解客户需求的构成

了解客户需求的构成，首先要认真了解客户的总体需求。所有取得成功的企业都极其重视客户的意见，并认真研究客户需求的实际内容，采取相应措施加以解决。客户在购买某种产品时，实际希望得到的并不仅仅是其物质本身，而是这种产品所带来的服务，即产品的使用价值。另外，客户使用产品所希望得到的也并不仅仅是一种服务，而是一个服务的群体，构成这种群体的每个要素都能引起客户对产品的需求。而且需求群体的构成要素之间，客户需求的不同层次之间，存在着相互作用的可能。如果企业能够有效地制造并充分利用这种互动作用，那么适应客户需求的状态就容易实现。例如，1990年瑞典沃尔沃公司生产的850型豪华轿车在美国市场备受冷落。后来，该公司了解到美国人开车时喜欢喝咖啡或饮料，便在车上加装了水杯座。就是这个不起眼的变动，改变了850型豪华轿车的命运，850型豪华轿车很快由滞销变为畅销，并跻身于美国汽车市场十佳行列。

2. 适应顾客需求

（1）战略与客户需求要素的适应。

需求要素分为产品的性能、辅助服务和价格三大类，而且还可以进一步细分。在这些要素中，最重要的是感动和吸引客户的要素。例如，海尔冰箱为北京客户提供最高技术的高档冰箱，为上海客户生产瘦长体小、外观漂亮的"小小王子"，为广西客户开发能单独装水果的"果蔬王"。企业吸引客户的手段多种多样，但应该有核心内容。产品的性能、辅助服务、价格，如果都成为企业吸引客户的要点，那么企业提供的产品或服务也就没有特色，同时经营资源也不能集中使用，适应客户需求的战略最终难以实现。企业如果把产品的性能、质量作为吸引客户的重点，那么就应该在产品开发设计和质量管理等方面重点分配资源，同时也需要培养技术开发导向强劲的企业精神。如果把辅助服务作为吸引客户的重点，那么市场销售的强度、服务和流通体制的配备、资金保证以及有关的技能知识等，都应是必要的内容。对于想以价格因素作为核心内容来吸引客户的企业，成本至关重要。

（2）战略如何适应客户的变化。

在需求变化之中，存在着不确定性和可预知性。当变化在一定程度上可以预知时，企业预测这种变化并制订战略实施方案就很有必要。最积极的办法是企业主动去促使其发生变化，这样做可以在相当程度上预知客户的什么需求在变化。例如，卡西欧钟表在向数字手表领域投资时，一开始产品价格就比其他企业先投产的同类产品便宜一半，以低价唤起需求。

（3）用客户影响客户。

在客户之间的相互作用中，最明显的是"客户吸引客户"的现象。某个企业购入一种设备后，其他企业看着好，也想购入相同设备。这些购买设备的企业便成了活广告，招来其他客户，使企业的客户越来越多，这就是"客户吸引客户"的现象。利用这种效果的战略要点，就是集中精力和资源赢得可成为市场活广告的客户，并且研究如何有效利用这种由客户创造出来的波及效果。

在客户之间的相互影响中，另一种比较明显的现象是"需求吸引需求"，彼此吸引的现象不仅发生在客户之间，即使是同一客户，也有需求吸引需求的情况。例如，购买了新的住宅，自然有装修的需求；本来打算到市场上买双鞋子，结果看到流行时装的式样后，连上衣带裙子一起买回来。总之，在满足客户的任何一种需求时，都会派生出其他一些需求。

3. 提供满意产品

了解客户需求与适应客户需求的最终目的，是为客户提供满意的产品，从而令客户满意。客户对产品满意的内容包括两个方面：

（1）产品功能满意。

产品功能，也就是产品的使用价值，这是客户花钱购买的核心要素。客户对产品的功能需求有两种方式：一是显性功能需求，这种需求客户可以明显意识到，能够通过调查报告反映出来；二是潜在功能需求，客户没有明显意识到，这种需求不能通过调查完全反映出来，但如果企业能向客户提供，他们一定会满意。因此，研究产品的功能需求，一方面可能通过对消费者进行调查实现；另一方面可以借助推论让客户确认。

客户对产品功能的需求包括：

①物理功能需求。物理功能是产品最核心的功能，也是它最原始的功能，是产品存在的基础。失去了物理功能，产品也就失去了存在的价值，物理功能需求，是客户对产品的主要需求。客户之所以愿意购买，首先是想要消费它的物理功能。但由于消费需求的层次不同，所以即使对同一物理功能，不同客户的需求也不尽一致。

②生理功能需求。生理功能需求是客户希望产品能尽量多地节省体力付出，方便使用。生理功能需求与物理功能需求相比，处于次要位置。只有物理功能需求得到满足后，人们才会更多地考虑生理功能需求。

③心理功能需求。心理功能需求是客户对满足其精神需求而提出的。在产品同质化、需求多样化、文化差异突出的消费时代，心理功能需求及其满足是企业营销的重点。客户的心理功能需求主要包括审美心理功能需求、优越心理功能需求、偏好心理功能需求、习俗心理功能需求和求异心理功能需求。

（2）产品品位满意。

产品品位满意是产品在表现个人价值上的满意状态。产品除了使用功能外，还有表现个人价值的功能，产品在多大程度上能满足客户的个人价值需求，不仅决定着产品的市场卖点，还决定着客户在产品消费过程中的满意程度，进一步决定着消费忠诚度。所以，根据客户对产品品位的要求来设计产品是实现产品品位满意的前提。

①价格品位。价格品位是产品价格水平的高低。理论上讲，消费者购买产品时会寻求功能与价格间的合理度，但事实上不同客户对功能的要求与判断是不同的，因而对价格的反映也不同。有人追求低价格，有人追求高价格，同一客户在不同产品上的价格品位也不同。

②艺术品位。艺术品位是指产品及其包装的艺术含量。艺术含量高，则产品的艺术品位高，否则艺术品位就低。一般而言，客户都欣赏艺术品位高的商品，一方面艺术品位高的商品给人以艺术享受；另一方面消费艺术品位高的商品不仅使消费者自己满意，而且也是他们向他人展示自身的艺术涵养与艺术修养的途径，产品成为个人艺术品位的代表。

③文化品位。文化品位是指产品及其包装的文化含量，是产品的文化附加值。一个看似十分平凡的产品，一旦蕴涵了丰富的文化，那么它就有可能身价百倍，产品的文化品位是其艺术品位的延伸，不同消费者有不同的文化，消费的文化特征也越来越突出地体现出来。有时，你无法从功能或价格的角度解释某一层面的消费现象或某一具体消费行为，这就是产品消费的文化底蕴。

4.3　如何处理客户投诉

美国某花店经理接到一位顾客的电话，说她订购的 20 支玫瑰送到她家的时间迟了一个半小时，而且花已经不那么鲜艳了。第二天，那位夫人接到了这样一封信：

亲爱的凯慈夫人：

感谢您告知我们那些玫瑰在很差的情况下已经到达您家的消息。在此信的附件里，请查找一张偿还您购买这些玫瑰所用的全部金额的支票。

由于我们送货车中途修理的意外耽搁，加之昨天不正常的高温，所以您的玫瑰我们未能按时、保质交货。为此，请接受我们的歉意和保证。

我们保证将采取有效措施防止这类事情的再次发生。

在过去的两年里，我们总是把您看作一个尊敬的顾客，并一直为此感到荣幸。顾客的满意乃是我们努力争取的目标。

请让我们了解怎样更好地为您服务。

您真诚的霍华德·佩雷斯

一、正确处理客户投诉的意义

对客户服务工作来讲，投诉的处理是一项非常具有挑战性的工作，而对服务代表来讲，如何有效地处理客户投诉也是一个亟待解决的问题。投诉对于一家企业、对服务代表来讲，它的意义在哪里呢？

1. 投诉能体现客户的忠诚度

客户投诉，很重要的一点是有问题需要得到解决，此外客户还希望得到企业的关注和重视。有时客户不投诉，是因为他不相信问题可以得到解决或者说他觉得他的投入和产出会不成比例；而投诉的客户往往是忠诚度很高的客户。总之，有效地处理客户投诉，能有效地为企业赢得客户的高度忠诚。

表 4-7　美国白宫全国消费者调查统计

即便不满意，但还会在你那儿购买商品的客户＊有多少？		
不投诉的客户	9%	（91%不会再回来）
投诉没有得到解决的客户	19%	（81%不会再回来）
投诉过但得到解决的客户	54%	（46%不会再回来）
投诉迅速得到解决的客户	82%	（18%不会再回来）
（＊指投诉确有原因（损失超过一百美元）但还会在你那儿购买商品的客户）		

4%的不满意客户会向你投诉；96%的不满意客户不会向你投诉，但是会将他的不满意告诉 16~20 个人

从上表可以看出，那些向企业提出中肯意见的人，都是对企业依然寄有期望的人，他是期望企业的服务能够加以改善，他们会无偿地向你提供很多信息。因此，投诉的客户对于企业而言是非常重要的。

对服务不满意的客户的投诉比例是：4%的不满意客户会投诉，而96%的不满意客户通常不会投诉，但是会把这种不满意告诉他周围的其他人。在这96%的人背后会有10倍的人对你的企业不满，但是只有4%的人会向你反映。因此，有效地处理客户的投诉，能有效地为你的企业赢得客户的高度忠诚。

2. 满意度的检测指标

客户满意度的检测指标是客户的期望值和服务感知之间的差距。客户满意度的另外一个检测指标是服务质量的五大要素：有形度、同理度、专业度、反映度、信赖度。而客户投诉在很多时候是基于服务质量的五大要素进行的，因此，对客户投诉进行分类，很多投诉都可以归入这"五度"中，即对有形度、同理度、专业度、反映度、信赖度的投诉。

3. 投诉对企业的好处

（1）有效地维护企业自身的形象。

从美国白宫全国消费者调查统计发现：不投诉的客户只有9%会回来，投诉没有解决的客户有19%会回来，投诉没有得到解决但还会回来，是什么原因呢？客户有受尊重的需求，投诉尽管没有得到解决，但他受到了企业的重视。

例如，你对餐馆菜的质量不满意，什么也没说结完账就走了，以后再也不会来了；而有些客人则会提出菜炒得太咸或环境太差，服务员则会解释："可能您的口味比较淡，我下次给您推荐一些口味比较清淡的菜；环境以后也会改变，很快要进行装修。谢谢您提出的宝贵意见。"实际上这位客人的问题没有得到解决，但是他可能还会再来吃饭，因为他受到了重视，所以，投诉没有得到解决的人比不投诉的人回来的比率会高出10个百分点。

投诉得到解决的有54%的客户会回来，继续在这家企业里消费，有46%的人不会再回来；而投诉迅速得到解决的，有82%的客户愿意继续在这家企业消费，有18%的人不会再回来。这个调查统计说明，企业需要客户投诉。企业应该有效地处理客户的投诉，把投诉所带来的不良影响降到最低点，从而维护企业自身的良好形象。

（2）挽回客户对企业的信任。

也许企业的产品有问题，会引发投诉，但如果有很好的处理方法，最终会挽回客户对企业的信任。

前些年，海尔集团推出一款"小小神童"洗衣机，它的设计存在着一些问题，当时这款洗衣机的返修率是相当高的。海尔调集了大量的员工，承诺客户"接到投诉电话以后，24小时之内上门维修"，很多客户的洗衣机都是经过海尔连续三四次甚至五次的上门维修才解决问题的，如此高的返修率，客户是否会非常不满呢？很多客户反映说："任何新的产品都会存在这样或那样的问题，但对海尔的服务，我们是满意的。"因为他们看到了一家企业对客户的尊重和重视。

海尔正是重视客户的投诉，才使得消费者继续保持了对海尔品牌的信任，这也是海尔能成为一家国际性大企业的重要原因。

如果一家企业不能有效地处理投诉问题，他们就不可能把投诉所带来的不良影响降低到最低点，反而会扩大。

2001 年，日本三菱公司发生了一起投诉案：成都有人开三菱公司生产的"帕杰罗"越野车，因为故障导致车祸，其中一人伤势严重，所以投诉三菱公司。三菱公司对这件事的处理态度是很消极的，首先要求把汽车运回日本鉴定，中国企业的鉴定不算数，必须由日本来鉴定，看是不是汽车的原因。这件事情前后拖了很长时间，各大媒体纷纷把矛头指向了三菱公司，电视台也专门进行了采访，采访的时候三菱公司主管的态度也很消极，说无可奉告，始终不愿意承认。最终这个投诉是怎么解决的呢？三菱召回了中国所有的"帕杰罗"越野车，承诺对所有的"帕杰罗"越野车进行零件更换，整个投诉事件的处理用了很长时间，对企业信誉带来了很大的影响。可见，企业如果不能正确处理客户的投诉，对企业的带来的损失是难以估量的。

（3）及时发现问题并留住客户。

有一些客户投诉，实际上并不是抱怨产品或者服务的缺点，而只是向你讲述对产品和服务的一种期望或是提出了他们真正需要的是一种什么样的产品，这样的投诉，会给企业提供发展的机遇。像美国的戴尔，在笔记本电脑市场竞争这么激烈的情况下，依然能做得那么出色，正是因为它有一种绝妙的营销手段——客户定制。

二、客户投诉的原因及分析

（一）客户投诉的原因

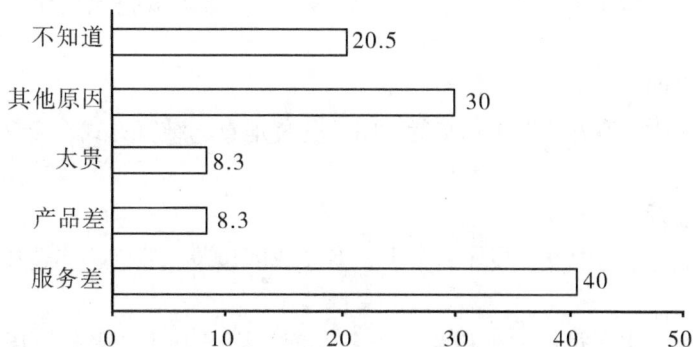

不知道 20.5
其他原因 30
太贵 8.3
产品差 8.3
服务差 40

图 4－5　客户为什么离开

经过统计发现客户离开的原因是：一部分客户觉得产品太贵所以离开；一部分客户觉得产品质量太差而离开；而更多的客户是由于企业服务太差才离开的。

常见的客户投诉产生的原因主要有：商品质量问题；售后服务；维修质量；寻呼网络缺陷；客户服务人员工作的失误；店员及其他工作人员的服务质量问题；客户对企业经营方式及策略的不认同，如交费时间；客户对企业的要求或许超出企业对自身的要求；客户对企业服务的衡量尺度与企业自身的衡量尺度不同；客户由于自身素质修养或个性原因，提出对企业的过高要求而无法得到满足。

目前，我国某些企业存在的最大问题依然是服务态度的问题，而且很多客户投诉也都源于这种态度。因此，企业需要重点解决的依然是服务技巧问题。

（二）客户投诉的产生过程及分析

1. 客户投诉的产生过程

潜在化抱怨 → 即将转化为投诉 → 显在化抱怨 → 潜在投诉 → 投诉

图4-6　客户投诉的产生过程

找上门来只是最终投诉的结果，实际上投诉之前就已经产生了潜在化抱怨，即对产品或者服务存在某种缺陷的不满。潜在化抱怨随着时间推移就会逐渐地变成显在化抱怨，而显在化抱怨即将转化为投诉。比如，客户购买了一部手机，老掉线，这时还没有想到要去投诉，但随着手机问题所带来的麻烦越来越多，就变成显在化抱怨，显在化抱怨变成了潜在投诉，最终导致投诉。

三、客户投诉的内容

因为销售的各个环节均有可能出现问题，所以客户投诉也可能包括产品及服务的各个方面。总的来说，可以归纳为以下几个方面：

（1）商品质量投诉。

主要包括产品在质量上的缺陷、产品规格不符、产品技术规格超出允许误差、产品出现故障等。

（2）购销合同投诉。

主要包括产品数量、等级、规格、交货时间、交货地点、结算方式、交易条件等与原购销合同的规定不符。

（3）货物运输投诉。

主要包括货物在运输途中发生损坏、丢失、变质或因包装、装卸不当造成的损失等。

（4）服务投诉。

主要包括对企业各类人员的服务质量、服务态度、服务方式、服务技巧等提出的批评和抱怨。

四、正确处理客户投诉的策略

1. 重视客户的投诉

当客户投诉或抱怨时，不要忽略任何一个问题，这里可能有一些深层的原因。对于客户投诉的重视，不仅可以增进企业与客户之间的沟通，而且可以诊断企业内部经营与管理所存在的问题，可利用客户的投诉与抱怨来发现企业需要改进的地方。

2. 分析客户投诉的原因

客户因为不同的原因而投诉，处理客户投诉时，首先应仔细分析客户产生抱怨或投诉的原因。比如，一个客户在某商场购物，他对购买的产品基本满意，只有一点小问题，提出要更换，可是售货员不太礼貌地拒绝了他，于是他开始抱怨，投诉产品质量。而事实上，他抱怨得更多的是售货员的服务态度问题，而不是产品质量问题。

3. 正确及时处理问题

对于客户的抱怨应该及时处理，拖延时间只会使客户的抱怨变得越来越强烈，使客户感到自己没有受到足够的重视。例如，客户抱怨产品质量不好，企业通过调查，如果发现主要原因在于客户的使用方法不当，就应及时告诉客户正确的使用方法，而不能简单地认为与企业无关，不予理睬，虽然企业没有责任，但这样也会失去客户。

4. 记录客户抱怨与解决的情况

对于客户的投诉与解决情况，要做好记录，并定期总结，发现的问题要及时解决。

5. 追踪调查客户对于抱怨或投诉处理的态度

处理完客户的抱怨或投诉后，应与客户积极地沟通，了解客户对于企业处理的态度和看法，加强客户对企业的忠诚度。

五、有效处理客户投诉的技巧

企业的员工在处理客户的抱怨时，除了依据客户投诉处理的一般程序之外，还要注意与客户的沟通，改善与客户的关系。掌握一些技巧，有利于拉近与客户之间的距离，赢得客户的谅解与支持。

1. 平常心态

对于客户的抱怨要有平常的心态，客户抱怨时常常都带有情绪或者比较冲动，作为企业的员工应该体谅客户的心情，以平常心对待客户的过激行为，不要把个人的情绪变化带到投诉的处理之中。

2. 保持微笑

俗话说，"伸手不打笑脸人"，员工真诚的微笑能化解客户的坏情绪，满怀怨气的客户在面对春风般温暖的微笑时会不自觉地减少怨气，与企业友好合作，达到双方满意的结果。

3. 从客户的角度思考

在处理客户的抱怨时，应站在客户的立场思考问题，"假设自己遭遇到客户的情形，将会怎样做呢"，这样就能体会到客户的真正感受，找到有效的方法来解决问题。

4. 做个好的倾听者

大部分情况下，抱怨的客户需要忠实的听者，喋喋不休的解释只会使客户的情绪更差。面对客户的抱怨，员工应掌握好聆听的技巧，从客户的抱怨中找出客户抱怨的真正原因以及客户对于投诉结果的期望。

5. 积极运用非语言沟通

在聆听客户的抱怨的同时，积极地运用非语言进行沟通，促进对客户的了解。比如，注意用眼神关注客户，使他感到受到了重视；在他讲述的过程中，不时点头，表示肯定与支持。这些都能鼓励客户表达自己真实的意念，并且让客户感到自己受到了重视。

六、处理客户抱怨或投诉的管理程序

漏水的房

张强是盛家房地产开发公司客户服务中心的客户经理，负责接待和处理业主的投诉。今天刚上班，他就接待了一位投诉房子漏水的客户。

"请进！您好，有什么需要我帮忙的吗？"

"帮忙?！我家的房子都快变成游泳池了，你说怎么办？"

"对不起，您先别着急，我帮您解决，您先请坐下来慢慢说。"

"我不坐，你是不着急，那又不是你们家！"

张强起身转过来，"我知道您很着急，可是您要跟我说清楚我才知道怎么帮您啊，"倒杯水说："来，您先消消气，喝杯水，坐下来，您慢慢说。"客户很不情愿地坐了下来，喝了口水。

"请问您贵姓？""我姓王！""噢，王先生，来，您给我说说您的房子出了什么问题。""什么问题，就是你们开发商欺骗消费者，我花了100多万买你们的房子，当初买房的时候你们跟孙子似的，整天跟着我，把我们家的电话都打爆了，花言巧语地把你们这座破楼的质量吹得跟皇宫似的，我就上了你们的当，出了事儿再找你们，我才知道我成孙子了！"

"对不起，王先生，您的心情我很理解，请您放心，我会竭尽全力地帮您解决的，您能不能先告诉我您的房子怎么了？"

"上个月我才搬进去，住了还没到3个星期，上礼拜下雨，我就发现墙壁渗水，我新贴的壁纸湿了一大片，我就打电话给你们物业，也不知道是谁告诉我，说当时没工人，说第二天来，结果又说没人。最后被我逼得没办法，第三天才派了两个人上我家，查完说是房子的外墙有问题，帮我又做了一遍防水，说没事了，谁知道他真修了还是假修了。结果前天下雨后又漏了，我气得又打电话，然后他们告诉我，那是施工质量的事，他们管不了，让我找开发商，我就说你们收我的物业费，凭什么让我去找，他们就说因为这和他们没关系，我都快被他们给气疯了，你说这怎么办？我要退房！"

"对不起，王先生，您别生气，真照您这么说，物业公司他们就有问题，我首先代表公司向您赔礼道歉，您放心，我一定想办法帮您解决！"

要处理好客户的抱怨或投诉一般要遵循以下程序：

（一）洞察客户的不满意

当客户对企业的产品或服务感到不满意时，通常会有两种表现，一是显性不满，即客户直接将不满表达出来，告诉厂家；二是隐性不满，即客户不说，但从此以后可能再也不来消费了，企业无形之中失去了一个客户，甚至是一个客户群。对显性不满企业往往注重处理，对隐性不满却疏于防范。而据调查显示，隐性不满往往占到客户不满意数量的70％，因此，企业应对这种隐性不满多加注意，这就对企业终端销售人员感知客户表情、神态、行为举止的能力提出了更高的要求。国外很多大型的超市、商场对这种不满都比较注重，他们一旦发现商场收银台排队过长，客户有左顾右盼、自言自语、发牢骚等行为，就会立即做出反应，增设收银台，疏导客户，将客户的不满化解掉。

（二）正视客户的不满意

客户是企业的生存之本，利润之源，他们表现出不满给予了企业与客户深入沟通、建立客户忠诚的机会。同时，一切新产品的开发、新服务的开展，无一不是对消费者需求的一种满足，而这些潜在的需求往往表现在客户的购买意愿和消费感觉上，商家要通过对客户的牢骚、投诉、退货等不满意举动的分析，来发现新的需求，并提升企业自身服务水平。

1. 客户不满意是创新的源泉

创新营销是发现和解决客户并没有提出明确要求，但实际上密切关注的需要。例如，索尼公司成功地导入了客户咨询系统，很多新产品如随身听、录像机、摄影机等就是在该系统的支持下迅速面市的，这已成为一个创新营销的范例。另外，海尔的洗马铃薯机、诺基亚的运动型手机，这些新产品的开发也都与客户的不满紧密相连。客户的不满是企业创新的源泉。

2. 客户的不满使企业的服务更完善

有人说客户越来越难"伺候"，看报纸要送到门口，买袋米要送到家，买个空调要安装妥当，买斤肉要剁成馅儿，买台计算机你要教会他上网，一步没做到都会引起客户的不满。但回头来看，这种看似无理的要求，往往正是企业服务的漏洞，企业要想完善服务，就必须依靠客户的"无理取闹"来打破现实。

（三）倾听、安抚客户的不满意

当客户表现出不满意时，企业人员应该去迅速了解客户的不满，这就要求企业人员学会倾听、安抚和平息客户怒火的技巧。

1. 学会倾听

企业工作人员要以诚恳、专注的态度来听取客户对产品、服务的意见，听取他们的不满和牢骚。倾听过程中要用真诚的眼神注视客户，使其感到企业对他们的意见非常重视；同时，必要时企业工作人员还应该在倾听时用笔记下客户说话的重点，这些虽不能彻底安抚客户，却可以平息客户的怒火，防止事态进一步扩大。绝大多数客户的不满都是因为企业工作人员的失误造成的。即使部分客户无理取闹，也不可与之争执。

2. 安抚客户，平息客户怒火

客户在开始陈述其不满时，往往都是一腔怒火，企业工作人员应在倾听过程中适时地、不断地表达歉意，同时允诺事情将在最短时间内解决，从而使客户逐渐冷静下来，平息怒火。

有许多客户往往因自己的不良动机而故意夸大自己的不满意，以求"同情"，实现自己的"目的"。如一客户家中冰箱出现问题，他在陈述中就说冰箱是多么多么耗电、保鲜箱与冷藏箱设计是多么不合理、容易出现异味、容量太小等，这就需要企业工作人员在倾听过程中准确判断客户的"真正"不满之处，有针对性地进行处理，从而防止事态扩大。

（四）妥善处理客户的不满意

对于客户提出的不满如果处理不当，就有可能小事变大，甚至导致严重后果；相反，处理得当，客户的不满则会变为满意，客户的忠诚度也会得到进一步的提升。

1. 真心真意为客户

费尔格·奎恩是爱尔兰的"绿宝石"超市连锁店的总裁，当顾客抱怨其中某家超市出现漏洞时，他都会立即采取行动。有位母亲抱怨，让孩子去买东西时，总是没有人把孩子当回事。奎恩知道这件事后就立即制作了能挂在孩子身上的小牌子，上面写着"我在帮妈妈买东西"。服务人员一看到这牌子，就知道这个孩子需要帮助，马上帮孩子完成母亲列出的购物任务。只有真心真意为客户服务，想顾客所想，急顾客所急，才能把客户的不满意转化为满意，实现企业与客户的双赢。

2. 选择处理不满的最佳时机

把握处理客户的不满意的时机非常关键，处理过快，客户正在生气，难以进行良好沟通；处理过慢，事态扩大，造成客户流失。

（五）客户不满处理效果评估

处理客户不满意不是解决问题就算了，企业还应该对实际的处理效果进行必要的评估，了解每一次处理的效果是否达到了预想的目标，是否加深了与客户之间的联系和沟通，提高了客户的忠诚度。

企业应加强同客户的联系，派人同客户进行沟通。通过向客户赠送小礼物、纪念品，提供企业产品的后续服务来维持与客户之间的关系。海尔产品之所以具有很高的美誉度，主要是由于其与客户的良好服务和沟通。

在同客户沟通过程中，了解客户对处理结果是否满意，使企业明白处理的得与失。评估可从以下几个方面进行：客户是否满意企业处理不满意的效率；处理的方法是否令客户满意；处理结果是否达到使客户满意；客户有无其他要求；引起客户抱怨之处是否得到改善。

●精选案例

西南航空：有了员工满意才有客户满意

西南航空公司成立于1967年，最初只在得克萨斯州提供短距离运输服务。尽管航空业麻烦不断，西南航空公司还是取得了连续20年赢利的骄人成绩，创造了美国航空业的连续赢利记录。这样的业绩得益于西南航空公司员工的高效率工作和在飞行途中给乘客创造轻松愉快环境的服务方式。事实上，西南航空公司的总裁兼首席执行官赫伯·克勒赫从公司成立起就坚持宣传"快乐和家庭化"的服务理念和战略，并通过招聘、培训和支持有经验的员工，通过员工的力量将这种理念的价值充分体现和发挥出来。

招聘合适的员工

西南航空公司的策略之一在于他们雇佣合适的员工———热情的具有幽默感的员工、更真诚地为顾客服务的员工。西南航空公司的招聘过程没有什么条条框框，招聘工作看起来更像好莱坞挑选演员，而不是招聘面试。第一轮是集体面试，每一个求职者都被要求站出来讲述自己最尴尬的时刻。这些未来的员工由乘务员、地面站控制员、管理者，甚至由顾客组成的面试小组进行评估。西南航空公司让顾客参与招聘面试基于两个认识：顾客最有能力判别谁将会成为优秀乘务员；顾客最有能力将有潜力的乘务员培养成为自己想要的乘务员。

接下来是对通过第一轮面试者进行深度个人访谈，在这个访谈中，招聘人员会试图去发现应聘人员是否具备一些特定的心理素质，这些特定的心理素质是西南航空公司通过研究最成功的和最不成功的乘务人员发现的。

新聘用的员工要经过一年的试用期，在这段时间里管理人员和新员工有足够的时间来判断他们是否真正适合这个公司。西南航空公司鼓励监督人员和管理人员充分利用这一年的试用期，将那些不适合在公司工作的人员解雇掉。但是有趣的是，西南航空公司很少解雇员工。因为这些员工在被告知之前，他们已经知道自己与周围的环境显得格格不入而主动走人。

营造快乐和尊重的气氛

西南航空公司从创立开始就一直坚持一个基本理念，就是爱。赫伯·克勒赫是把每个员工视为西南航空公司大家庭中的一分子。他鼓励大家在工作中寻找乐趣，而且自己带头这样做。比如为推广一个新航线，他会打扮得像猫王埃尔维斯一样，在飞机上分发花生；他还会举办员工聚会或者在公司的音乐录像中表演节目。他时时刻刻与自己的团体在一起，向团队传递信息，他告诉员工，他们是在为谁工作，他们的工作有多重要。他就是要让员工感觉自己很重要和受到尊重。

公司鼓励员工释放自己，保持愉快的心情，因为好心情是有感染力的。如果乘务员有一个愉快的心情，那么乘客也更有可能度过一段美好的时光。如果整个工作氛围都很热情，那么当他面对其他人时也能很热情。他会很有礼貌地对待每个人，也会和人有很好的目光接触。爱的氛围使西南航空公司的员工乐于到公司来，而且以工作为乐。赫伯·克勒赫说："也许有其他公司与我们公司的成本相同，也许有其他公司的服务质量与我们公司相同，但有一件事它们是不可能与我们公司一样的，至少不会很容易，那就是我们的员工对待顾客的精神状态和态度。"

快乐的工作气氛不仅使员工的服务态度更加热情，也使他们的工作效率大大提高。举个例子，西南航空公司的飞行员每月要飞行70个小时，而其他公司的飞行员只飞55个小时。他们的地面指挥站通常仅需要竞争对手一半的人手就足以完成全部工作，他们调度飞机的速度非常快，竞争对手需要45分钟，而他们只需要15分钟。西南航空公司员工的高工作效率是它保持低价的关键因素，它的价格比行业平均水平要低25%。

管理层对员工的支持

西南航空公司是建立在一种开放政策的基础上的，这个开放政策由赫伯·克勒赫自己开始执行，并渗透到公司的各个部门。管理层走近员工，参与一线员工的工作，倾听员工的心声，告诉员工关于如何改进工作。

西南航空公司与其他服务性公司不同的是，它并不认为顾客永远是对的。赫伯·克勒赫说："实际上，顾客也并不总是对的，他们也经常犯错。我们经常遇到毒瘾者、醉汉或可耻的家伙。这时我们不说顾客永远是对的。我们说：你永远也不要再乘坐西南航空公司的航班了，因为你竟然那样对待我们的员工。"西南航空公司的管理层了解一线员工的工作，支持和尊敬一线员工的工作，甚至宁愿"得罪"无理的顾客。

在西南航空公司，管理层的工作首先是确保所有的员工都能得到很好的关照、尊重和爱。其次是处理看起来进展不顺利的事情，并推动它的进展，帮助它变得好点，或者快点。再次是维护西南航空公司的战略。

（资料来源：《中国经营报》"说说西南航空是怎样满足员工的需求的"）

●复习思考题

1. 什么是客户满意？客户满意可分为哪几个层次？
2. 怎样衡量客户满意度？
3. 影响客户满意的因素有哪些？
4. 简述客户满意的管理程序。
5. 为什么说满意的员工造就满意的客户？
6. 怎样树立产品的整体观念？
7. 客户投诉会对企业造成怎样的影响？
8. 怎样有效地处理客户投诉？

●工作任务训练

任务一：

1. 问卷设计一般包括三个重要组成部分：第一部分是有关顾客的基本情况，如性别、年龄、文化程度、职业、家庭收入等有关问题，以了解消费者特征。第二部分是有关顾客的购买行为特征的问题，如如何购买、于何地购买、购买何物、如何购买等问题。第三部分为主体问题，以指标评价体系为基础设计态度测量问卷，使被访者表明他们的赞同程度，从"非常满意"到"非常不满意"。

要求设计一份调查问卷，问卷中同时使用开放题和封闭题。

2. 收集一类资料，用加权平均法测试、分析客户满意度。

任务二:

王先生首次约女友到悦来餐馆用餐, 服务员不小心将其衣服弄脏, 他心中大为不快。假如你是悦来餐馆经理, 你将如何处理王先生的不满?

●补充阅读: 客户希望值与客户满意度

美国伊利诺伊州的 Urbana-Champaign 大学的学者们得出了一个关于客户满意度的令人吃惊的结论。通常人们认为, 客户保持力取决于现有客户满意度的高低, 而正与此相反, 学者们的结论是, 促使客户不断购买的忠诚度来自于这些客户深信在未来将获得的附加价值。Tiffany Barnett White 是该校的著名教授, 她说, 如果消费者深信他们在不久的将来能大量使用一种服务, 即便他们对现在的服务不满意, 他们仍会因为惯性而愿意继续使用该项服务。

在一项针对家庭预付有线电视服务的调查中, White 教授和她的同事们发现, 所谓的满意度或者满足感对该用户是否继续使用该服务是没有很大影响的。相反, 对未来服务的期望在客户做出是否继续使用服务的决定时起到了相当大的作用。

研究发现, 人们对于未来的高度的期望值胜过了对产品的满意度。换句话说, 一个客户对未来使用某项服务的信心有多高, 成为了预测客户保持力的一个更好的指标, 较之传统的侧重客户满意度的考量模式也显得更为精确。

每位客户由于其年龄、性别、职业、文化程度以及消费知识和经验的差异, 他们在购买商品时, 会有不同的购买动机和心理需求。因此, 他们所要求得到的服务也不同。推销员面对每一位客户都要细心观察, 热情、细致地提供他们所需要的服务。这种周到细微的服务, 只有推销员或售货员对客户有感情, 并设身处地为客户着想才能做到。因此, 周到细致的服务就需要推销员以诚心实意的、无微不至的体贴和关怀去打动客户的心, 使客户感到心情舒畅。

新的游戏规则

获得一个新客户的费用常常是维持一个老客户的费用有5至7倍。然而问题在于, 营销人员一直假定客户满意度高是保住老客户的关键。如果一个公司想要提升客户保持力, 就需要注重如何让其客户对将来获得的服务满怀信心。

公司需要提供与客户的及时交流, 使他们了解未来将要获得的服务和将发生的事情而不四面张望。

避免遗憾

在这项研究中, 研究者们还调查了营销人员是如何运用"预期的遗憾"来影响人们未来的购买决策。

"预期的遗憾"被定义为: 当人们发现到或想象到, 如果他们做出不同的行为、他们现在的处境或许会更好时的一种心理感情。"预期的遗憾"可以被运用到营销交流中去, 你可以使用诸如"第二次机会"等手段来鼓励客户重新购买一项服务。

那些把客户满意度当作维持客户保持力的首要的工具的公司正在失去很多重要的机会。White 教授说, 如果客户们正准备看一看预知未来的水晶球, 来决定他们是否将忠诚于一个产品或一项服务, 那么许多公司都会为其客户呈上各种各样的美好远景。你需要做的是预测客户的想法并帮他们做好尽可能多的准备。

任务五　客户忠诚管理

●能力目标

　　1. 了解客户忠诚的管理程序

　　　2. 明确客户忠诚的含义和类型

　　　　3. 识别影响客户忠诚的要素，掌握管理技巧

　　　　4. 能够按照工作要求有效预防客户流失

●理论引导

　　　1. 认知客户忠诚

　　2. 培养客户忠诚

　3. 预防客户流失

●引入案例

泰国东方饭店的成功之道

　　泰国的东方饭店堪称亚洲饭店之最，几乎天天客满，不提前一个月预订是很难有入住机会的，而且客人大都来自西方发达国家。泰国在亚洲算不上特别发达，但为什么会有如此诱人的饭店呢？大家往往会以为泰国是一个旅游国家，而且又有世界上独有的人妖表演，是不是他们在这方面下了工夫。错了，他们靠的是真功夫，是非同寻常的客户服务，也就是现在经常提到的客户关系管理。

　　他们的客户服务到底好到什么程度呢？我们不妨通过一个实例来看一下。

　　于先生因公务经常出差泰国，并下榻在东方饭店，第一次入住时良好的饭店环境和服务就给他留下了深刻的印象，当他第二次入住时几个细节更使他对饭店的好感迅速升级。

那天早上，在他走出房门准备去餐厅的时候，楼层服务生恭敬地问道："于先生是要用早餐吗？"于先生很奇怪，反问道："你怎么知道我姓于？"服务生说："我们饭店规定，晚上要背熟所有客人的姓名。"这令于先生大吃一惊，因为他频繁往返于世界各地，入住过无数高级酒店，但这种情况还是第一次碰到。

于先生高兴地乘电梯下到餐厅所在的楼层，刚刚走出电梯门，餐厅的服务生就说："于先生，里面请。"于先生更加疑惑，因为服务生并没有看到他的房卡，就问："你知道我姓于？"服务生答："上面的电话刚刚下来，说您已经下楼了。"如此高的效率让于先生再次大吃一惊。

于先生刚走进餐厅，服务小姐微笑着问："于先生还要老位子吗？"于先生的惊讶再次升级，心想："尽管我不是第一次在这里吃饭，但最近的一次也有一年多了，难道这里的服务小姐记忆力那么好？"看到于先生惊讶的目光，服务小姐主动解释说："我刚刚查过电脑记录，您在去年的6月8日在靠近第二个窗口的位子上用过早餐。"于先生听后兴奋地说："老位子！老位子！"小姐接着问："老菜单？一个三明治，一杯咖啡，一个鸡蛋？"现在于先生已经不再惊讶了，"老菜单，就要老菜单！"于先生已经兴奋到了极点。

上餐时餐厅赠送了于先生一碟小菜，由于这种小菜于先生是第一次看到，就问："这是什么？"服务生后退两步说："这是我们特有的某某小菜。"服务生为什么要先后退两步呢，他是怕自己说话时口水不小心落在客人的食品上，这种细致的服务不要说在一般的酒店，就是在美国最好的饭店里于先生都没有见过。这一次早餐给于先生留下了终生难忘的印象。

后来，由于业务调整的原因，于先生有三年的时间没有再到泰国去，在于先生生日的时候他突然收到了一封东方饭店发来的生日贺卡，里面还附了一封短信，内容是：亲爱的于先生，您已经有三年没有来过我们这里了，我们全体人员都非常想念您，希望能再次见到您。今天是您的生日，祝您生日愉快。于先生当时激动得热泪盈眶，发誓如果再去泰国，绝对不会到任何其他的饭店，一定要住在东方饭店，而且要说服所有的朋友也像他那样选择。于先生看了一下信封，上面贴着一枚六元的邮票。六块钱就这样买到了一颗心，这就是客户关系管理的魔力。

东方饭店非常重视培养忠实的客户，并且建立了一套完善的客户关系管理体系，使客户入住后可以得到无微不至的人性化服务。迄今为止，世界各国约20万人曾经入住过东方饭店，用他们的话说，只要每年有十分之一的老客户光顾饭店就会永远客满。这就是东方饭店成功的秘诀。

5.1 认知客户忠诚

自从经济学家提出了"20/80定律"以后，该定律就成为了商业圈的热门法则。企业营销人员恍然大悟：企业的主要利润仅仅掌握在一部分消费者手中，如果牢牢地抓住这部分消费者，对于企业的利润增长和营销战略都具有非同寻常的意义。而忠诚不是天生的，忠诚必须要靠赢得。因此，系统性地、计划性地让客户忠诚已成为对企业具有战略意义的营销规划之一。忠诚客户是企业主要的利润来源。

经济学家在调查了世界500强企业后发现，忠诚客户不但主动重复购买企业产品和服务，为企业节约了大量的广告宣传费用，还将产品推荐给亲友，成为了企业的兼职营销人员，是企业利润的主要来源。

品牌服务赢来忠诚客户

在成品油紧缺时，华东销售公司表现出较强的抗压能力，凭借有效的客户营销，让消费者满意，让客户回头。仔细探究，可用"忠诚待客户，服务不打折"来概括。

"创意病毒"的威力：服务理念良性延伸

怎么才能做到"忠诚待客户，服务不打折"？上海出租车司机小刘对此感受颇深。小刘现在不但是华东销售的忠实客户，还常习惯对同行说这样一句话："去中国石油加油吧，那里的服务好！"在小刘的介绍下，他的同行也逐渐成为中国石油的客户。

小刘为何信任中国石油并成为其忠实客户，缘于他在华东销售加油站体验到的一个服务细节。2008年12月，一天凌晨三、四点，上夜班的小刘开车到某企业加油站加油，摁了半天喇叭没人理，无奈之下，掉转车头来到华东销售振兴加油站，夜深人静，加油员坚守岗位一丝不苟。这个细节感动了他，从那以后，他放弃了原来的加油站，而是习惯性地绕过两条马路来振兴加油站。他说，从一件小事能够看出一个人，从一个细节能够看出一个企业的服务水平。

服务细节的到位，源于管理者的客户服务意识的到位。华东销售的管理者经常给员工灌输这样一种观念：在国内成品油市场各大企业在产品质量、价格等方面的竞争已无太大空间的前提下，客户营销越来越重要。

正是因为华东销售将客户营销提到了关乎提升企业竞争力的高度，华东销售的整体服务水平真正做到了"四个一样"，即忙闲一个样，加多加少一个样，生客熟客一个样，白天夜晚一个样。而在华东销售的1 500多座加油站中，小刘感受的服务细节，只是加油员的一种日常行为。

发生在小刘身上的这种现象，在现代营销学上称为"创意病毒"。意思是说，企业良好的服务经过客户的口口相传，犹如"病毒"般蔓延，不但扩大了企业的客户群，同时也使企业的服务理念不断得到良性延伸。

华东销售强化客户营销细节服务的做法，却使企业"一本万利"得到了更多新客户，可谓是高效的新客户发展之道。归根结底，对于销售企业来说，日常服务环节真正做到了位，消费者是会主动上门的。

一站一策：以人为本的个性化营销

"忠诚待客户，服务不打折"还体现在华东销售实施的"一站一策"，以人为本的个性化营销上。

针对资源紧张的问题，根据客户需求和加油站特点，华东销售细分汽油、柴油市场，量身打造个性化加油站，目的是达到科学供油，提高成品油紧张状况下的供油效率，尽最大努力满足客户的需求。

事实表明，"一站一策"效果是明显的。2009年2月份，柴油供应一度紧张，不少路过上海的外地大车司机，在其他企业或社会加油站加不到柴油的情况下，在华东销售凌桥加油站却能够顺利加到柴油，其中的奥秘，便来自于华东销售在所属加油站推广的"一站一策"营销模式，使油品供应做到了更加科学和高效。

以凌桥加油一站、二站为例。两个站位于上海外环路两侧，附近是吴淞口工业基地，车流量大，且95%以上是跑长途的大货车，柴油需求量大。华东销售进行细致调研后，决定在该站减少汽油供应量，而主供柴油，并将原来每分钟流量45升的加油机换成100升的高流量加油机。这样一来，加油效率大大提高，柴油的稳定供应也让司机们放下了悬着的心。

以人为本的营销模式，让客户受益的同时，最终也让加油站受惠。现在，这两个站单站月销量已经达到3 000多吨，比去年同期增长近一倍。

"个性化营销"是当前比较流行的营销理念之一，是指企业把对人的关注推到中心地位，企业通过及时了解市场动向和顾客需求，向顾客提供一种个人化的销售和服务，以生产者与消费者之间的协调合作来提高竞争力。华东销售通过"一站一策"的终端销售管理，在资源紧缺的情况下，优化了柴、汽比配置，这的确是一项以人为本，为消费者切身利益着想，又为企业节约成本的最佳营销措施。

赢在特色：销售人员兼职"教导员"

油走俏了，一些销售企业在服务上有些松心，多多少少打了折扣，而华东销售管理者则适时要求员工："资源紧张时更需换位思考，我们要多向客户做解疑释惑工作，服务要比平常做得更好。"

同时，做好对客户的解疑释惑工作，成为华东销售员工的另一项职责。

华东销售所属苏州市区互通加油站，年初一度对油品实施限供，而过往的多为长途车辆，司机希望能够一次性加够量。在加完规定的油量后，加油员总是不忘及时向司机做好为何限供的解释工作，并指出前行数公里，某某地方仍有中国石油加油站可以加油，不会出现油用光的现象，让司机消除了疑虑，感到了贴心的温暖。

在做好客户"思想工作"的同时，加油站员工还采取各种贴心服务的方式，温暖客户的心。上海昕鑫加油站想客户之所想，提供"违章查询"服务，受到客户的普遍欢迎；过往苏州的货车司机都知道"衣服脏了找上高路加油站"，加油员总是帮司机洗干净换下来的衣服，等司机返回时取走；上海有几座加油站有一项"为加油的顾客送一双手套，抓牢客户的双手"的促销服务。

由于加油站的优质服务，客户甚至将中国石油当成了"家"。在江苏盐城东升加油站，发生了一件"陌生帕萨特"进站借钱的趣事。2009年1月9日上午，一辆挂着连云港牌照的黑色帕萨特轿车来到该加油站，司机不是来加油的，而是来借钱的，因为他母亲犯病住院，匆忙中忘了带钱包。

华东销售的这项客户营销服务，是中国石油长期以来形成的企业文化精髓在销售企业中的延伸。长三角地区是我国经济最活跃的地区，华东销售的员工以石油人质朴、温馨而极具个性化的服务方式，赢得了客户的信任和拥戴，拓展了中国石油品牌的影响力。

关于客户营销与企业的关系，营销学专家菲利普·科特勒说："未来企业的命运已不再掌握在自己的手中，而掌握在顾客手中。"华东销售正是通过有效的客户营销和维护，赢得了客户的心，从而把企业的未来掌握在了自己手中。

（资料来源：http：//www.cncs100.com/bencandy.php？id=1056）

小企业关心的主要是眼前的利益，而华东销售则是通过"忠诚待客户，服务不打折"这个秘诀真正赢得了客户的心，提高了客户对企业的忠诚度。

一、客户忠诚的含义及其价值

客户忠诚是指客户对企业的产品或服务的依恋或爱慕的感情，它主要通过客户的情感忠诚、行为忠诚和意识忠诚表现出来。其中情感忠诚表现为客户对企业的理念、行为和视觉形象的高度认同和满意；行为忠诚表现为客户对企业的产品和服务的重复购买行为；意识忠诚则表现为客户做出的对企业的产品和服务的未来消费意向。这样，由情感、行为和意识三个方面组成的客户忠诚营销理论，着重于对客户行为趋向的评价，通过这种评价活动的开展，反映企业在未来经营活动中的竞争优势。具体来说，表现为下列内容：

（1）客户忠诚是指消费者在作出购买决策时，多次表现出来的对某个企业产品和品牌有偏向性购买行为。

（2）忠诚的客户是企业最有价值的顾客。

（3）客户忠诚的小幅度增加会导致利润的大幅度增加。

（4）客户忠诚营销理论的关心点是利润。建立客户忠诚是实现持续的利润增长的最有效方法。企业必须把做交易的观念转化为与消费者建立关系的观念，从仅仅集中于对消费者的争取和征服转为集中于保持消费者的忠诚与持久。

客户忠诚，为公司创造了卓越的价值，客户忠诚为企业利润所作的贡献是通过一系列商业环节逐步实现的，较高的客户忠诚度带来的利益是相当可观的。如果一个公司始终如一地提供高价值的产品和服务，并能够赢得客户忠诚，就会带来后面的一系列的收益，并因此带来长期的竞争优势。下面我们可简单分析一下忠诚客户所带来的价值。

1. 销售量上升

忠诚客户都是良性消费者，他们向企业重复购买产品或服务，而不会刻意去追求价格上的折扣，而且他们会带动和影响自己周围的人产生同样的购买行为，从而保证企业销量的不断上升，使企业拥有一个稳定的利润来源。

2. 加强竞争地位

忠诚客户持续地从企业而非企业的竞争对手处购买产品或服务，则企业在市场上的地位会变得更加稳固。如果客户发现所购产品或服务存在某些缺陷，或在使用中发生故障，能够以谅解的心情主动地向企业反馈信息，求得解决；而非以投诉或向媒体披露等手段扩大事端，因此，企业将会取得更多的收益，在激烈的竞争中立于不败之地。

3. 能够减少营销费用

首先，通过忠诚度高的客户的多次购买，企业可以定量分析出他们的购买频率，不必再花太多费用去吸引他们。其次，关系熟了，还会减少经营管理费用。再次，这些忠诚的客户还会向他们的朋友宣传，为企业赢得更多口碑。

4. 不必进行价格战

忠诚的客户会排斥企业的竞争对手，他们不会被竞争者的小利所诱惑，会自动拒绝其他品牌的吸引。只要忠诚的纽带未被打破，他们会不屑与其他企业打交道，这样企业就不必进行价格战了。

5. 有利于新产品的推广

忠诚的客户在排斥其他企业的产品或服务时，他们的选择往往呈现出多样性，因为他们乐意购买你的产品或服务，信任你、支持你，所以他们会较其他客户更关注你所提供的新产品或新服务。一个忠诚的客户会很乐意尝试企业的新业务并向周围的人介绍，这样有利于企业扩展新业务。

当企业节省了以上种种费用之后，就可以在改进网络服务方面投进更多的资金，进而使客户获得良好的回报。所以，今天的企业不仅要使客户满意，更要紧紧地维系住自己的客户，使他们产生较高的忠诚度。

二、客户忠诚度与满意度的关系

客户满意度是指客户对企业以及企业产品或服务的满意程度。客户满意度也是客户对企业的一种感受状态，并且在这种感受状态下更容易激发交易行为。一项统计结果显示：一个满意的客户，要 6 倍于一个不满意的客户更愿意继续购买那个企业的产品或服务。

客户忠诚是从客户满意概念中引出的概念，是指客户满意后而产生的对某种产品品牌或公司的信赖、维护和希望重复购买的一种心理倾向。客户忠诚实际上是一种客户行为的持续性，客户忠诚度是指客户忠诚于企业的程度。客户忠诚表现为两种形式，一种是客户忠诚于企业的意愿；一种是客户忠诚于企业的行为。而一般的企业往往容易将这两种形式混淆，其实这两者具有本质的区别，前者对于企业来说本身并不产生直接的价值，而后者则对企业来说非常具有价值。道理很简单，客户只有意愿，却没有行动，对于企业来说没有意义。企业要做的是，一是推动客户从"意愿"向"行为"转化；二是通过交叉销售和追加销售等途径进一步提升客户与企业的交易频度。

传统观念认为，发现需求——满足需求并保证客户满意——营造客户忠诚，构成了营销三部曲。因此，客户满意必然造就客户忠诚。

但是，满意的客户就是忠实的客户，这只是一个神话。世界知名的美国贝恩管理顾问公司

（Bain & Co）的研究表明，40%对产品和服务完全满意的客户也会因种种原因投向竞争对手的怀抱。根据清华大学中国企业研究中心对全国40多个不同行业390多家企业的调查发现，许多客户满意度比较高的企业其客户忠诚度并不高。

那么客户的满意度和客户的忠诚度有什么区别呢？

满意度衡量的是客户的期望和感受，而忠诚度反映客户未来的购买行动和购买承诺。客户满意度调查反映了客户对过去购买经历的意见和想法，只能反映过去的行为，不能作为对未来行为的可靠预测。忠诚度调查却可以预测客户最想买什么产品，什么时候买，这些购买可以产生多少销售收入。

客户的满意度和他们的实际购买行为之间不一定有直接的联系，满意的客户不一定始终对企业忠实，产生重复购买的行为。在一本名为《客户满意一钱不值，客户忠诚至尊无价》的书中有关"客户忠诚"的内容，作者辩论道："客户满意一钱不值，因为满意的客户仍然购买其他企业的产品。对交易过程的每个环节都十分满意的客户也会因为一个更好的价格更换供应商，而有时尽管客户对你的产品和服务不是绝对的满意，你却能一直锁定这个客户。"

例如，许多用户对微软的产品有这样那样的意见和不满，但是如果改换使用其他产品要付出很大的成本，他们也会始终坚持使用微软的产品。最近的一个调查发现，大约25%的手机用户为了保留他们的电话号码，会容忍当前签约的供应商不完善的服务而不会转签别的电信供应商；但如果有一天，他们在转约的同时可以保留原来的号码，相信他们一定会马上行动。

不可否认，客户满意度是导致重复购买最重要的因素，当满意度达到某一高度，会引起忠诚度的大幅提高。客户忠诚度的获得必须有一个最低的客户满意水平，在这个满意度水平线下，忠诚度将明显下降。但是，客户满意度绝对不是客户忠诚的核心条件。

三、忠诚客户的类型

客户忠诚可以划分为以下几种不同的类型：

1. 垄断忠诚

垄断忠诚是指客户在别无选择的情况下的顺从态度。比如，因为政府规定只能有一个供应商，客户就只能有一个选择。这种客户通常是低依恋、高重复的购买者，因为他们没有其他的选择。公用事业公司就是垄断忠诚的最好的实例，微软公司也具有垄断忠诚的性质。一个客户声称自己是"每月100美元的比尔·盖茨俱乐部"的会员，因为他至少每个月都要为他的各种微软产品进行一次升级，以保证其不会落伍。

2. 惰性忠诚

惰性忠诚是指客户由于惰性而不愿意去寻找其他供应商。这些客户是低依恋、高重复的购买者，他们对企业并不满意。如果其他企业能够让他们得到更多的实惠，这些客户便很容易被人挖走。拥有惰性忠诚客户的企业应该通过了解产品或服务的差异化来改变客户对企业的印象。

3. 潜在忠诚

潜在忠诚是低依恋、低重复购买的客户。客户希望不断地购买产品或服务，但是企业一些内部规定或其他的环境因素限制了他们。例如，客户原本希望再次购买，但是卖主只对消费额超过2 000元的客户提供免费送货，由于商品的运输方面的问题，该客户就可能会放弃购买。

4. 方便忠诚

方便忠诚是低依恋、高重复购买的客户。这种忠诚类似于惰性忠诚。同样，方便忠诚的客户很容易被竞争对手挖走。例如，某个客户重复购买是由于地理位置比较方便，这就是方便忠诚。

5. 价格忠诚

对于价格敏感的客户会忠诚于最低价格的零售商。这些低依恋、低重复购买的客户是不能发展成为忠诚客户的。现在市场有很多的1元店、2元店、10元店等小超市，就是从低价格出发，但是重复光临的人却不是很多。

6. 激励忠诚

企业会为经常光临的客户提供一些忠诚奖励。激励忠诚与惰性忠诚相似，客户也是低依恋、高重复购买的类型。当公司有奖励活动的时候，客户们都会来此购买；当活动结束时，客户们就会转向其他有奖励或是有更多奖励的公司。

7. 超值忠诚

超值忠诚即典型的感情或品牌忠诚。超值忠诚的客户是高依恋、高重复购买的客户，这种忠诚对很多行业来说都是最有价值的。客户对于那些使其从中受益的产品或服务情有独钟，不仅自己重复购买，还乐此不疲地宣传它们的好处，热心地向他人推荐。

了解了客户忠诚的不同类型，可以使我们更好地把握不同类型的忠诚客户的特征，进而根据公司的实际情况有的放矢地培养公司的忠诚客户。

热情服务引得顾客

英国裤袜国际连锁公司的老板米尔曼开始只经营男士领带，且营业额不大。后来她发现不仅男士，妇女也要求购物方便、快捷，她们往往不愿为购买一双长筒袜而挤进百货商场，而愿意只花几分钟在一家小店购得。米尔曼对顾客的这种心理摸得很清楚，十分注重经营速度、方便顾客和周到服务。尽管价格上略高于百货商场，但周到的服务足以弥补价格较高的不利因素，而且还绰绰有余。米尔曼1983年4月在伦敦一个地铁车站创建第一家袜子商店时，资金不足10万美元，经过几年的经营，当初的小店现已成为世界上最大的妇女裤袜零售专业连锁公司，在英国已有上百家分店，在欧美其他国家有30多家分店，年销售额已近亿美元。米尔曼的公司的发展，靠的就是向顾客提供快捷、方便和周到的服务。

在美国得克萨斯州利昂时装店有一名叫塞西尔·萨特怀特的女销售员，已经67岁了，她一年销售的鞋子价值达60万美元，她自己的年收入达10万美元。由于她的出色服务质量而被称为传奇人物。顾客总是慕名而来，满意而去。走进这家商店，经常看到不少妇女在等她，在她的顾客中，有政府女职员，有在公司工作的女职员，也有女律师、女医生，还有政府官员和企业界巨头的夫人。她们不仅每隔一段时间就到塞西尔那里去买鞋，而且当准备出差或旅行时也去她那里，以觅求一双舒适美观的鞋。妇女们喜欢去她那里买鞋并非那里的鞋特别时髦，也不是店里的设施特别讲究，而是塞西尔给予她们的那种特殊的、情意绵绵的关注和服务，当她接待顾客时，会使顾客感到好像她生活中除你之外再没有任何人似的。如果这双鞋你穿着不合适，她是不会让你买的，如果另一双鞋穿在你脚上不好看，她也绝不会卖给你，她进库房为你拿出来挑选的鞋，有时多达300双。每次你试穿一双，她都陪你照镜子，而且，她有时会跪在你脚下，帮你穿上脱下。塞西尔这样做，自有她的服务理念，人们都希望生活中有些令人高兴的事，而大部分妇女，她们到这里来，所诉求的正是热情周到的服务。这种服务理念像一块强大的磁石，吸引了众多忠实的顾客。

四、客户忠诚度的测量

忠诚度反映客户未来的购买行动和购买承诺，通过忠实度调查可以预测客户最想买什么产品，什么时候买，能产生多少销售收入，可以作为对消费者未来行为的可靠预测。因此，一个好的"忠诚计划"，其所带来的结果和价值必须是可衡量和可被评估的。

（一）衡量忠诚计划的效果有几个指标

（1）客户保留：分为历史保留行为和预计保留意向两个指标，通过企业内部数据分析和客户调查获得。

（2）重复购买次数：只有进行重复购买的客户才是有价值的忠诚客户。

（3）钱包份额和被其他供应商吸引的程度：在购买一类产品或服务时，客户可能从多个供应商处采购，但是他倾向于更多购买他信赖企业的产品，这是你获得的客户的钱包份额。钱包份额越大，表明客户对你的信任程度越高，客户保留的概率越大，而了解客户被其他品牌吸引的程度可以帮助企业从另一个侧面把握客户的信赖程度。

（4）获得的新客户数量。

（5）客户的满意度调查以及客户是否向亲友推荐公司产品和服务。

通过对以上指标的组合使用，可以有效地确定客户对你的信赖程度，并据此进行客户细分，对高度信赖、易受竞争对手影响、易流失的不同类别的客户实施有针对性的客户忠诚计划。

（二）"客户满意"研究需要获得的信息

ISO的重新修订，使得追求高品质产品或服务质量标准的企业必须应用"客户满意"，同时ISO明确提出质量持续改进的作业流程（PDCA循环系统），见下图。

通过下面的流程图可以看出，"客户满意"研究关键要获得两个信息：

（1）客户的期望或要求：以便设定与客户要求相吻合的产品或服务质量标准。

（2）客户满意度：检测各项措施的有效性，提出下一步改进、调整措施。

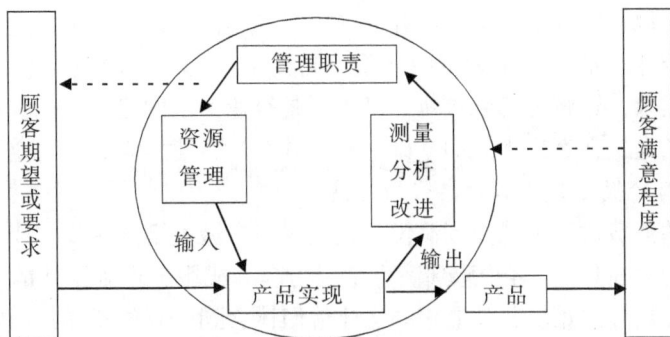

产品或服务质量持续改进流程图

客户的期望与要求是企业产品或服务质量的界定标准。任何一项产品或服务，不管它的理化性能有多好，技术含量有多高，服务做得多么细致、周到，如果它不能很好地满足客户的需求甚至客户对它没有需求，那么，它的质量就不能说是好的，而只能是零，甚至是负数，因为它不但没有产生效益，还造成了资源的浪费。所以，今天对"质量"的定义已经不再是单方面的硬性技术指标，而是由客户对它的综合需求因素构成，其中包括技术或功能上的、行为或形象上的、感官或嗅觉上的、时间或服务上的因素等。所以，对客户期望及要求的研究，可以使企业更好地找到市场需求或更好地设定产品的服务质量标准。

美国营销协会在关于"客户满意"战略中说明，企业首先要通过客户的"各类反馈信息"，了解到底哪些因素是构成客户满意度的关键因素。许多企业在日常经营活动或进行客户满意研究时，习惯于以"自己"为出发点，"我"准备为客户提供怎样的服务，客户是否对"我"的这项服务满意等。事实上企业认为应该做的，可能不是客户想要的，或者不是目前希望的；当然从业多年的经验可能使企业认为自己已经很了解客户了，但今天的市场，单纯依靠"经验"去进行判断或决策，已经无法保证足够的优势。所以，了解客户的期望与要求，并建立"客户满意度测评指标体系"是"客户满意"研究的首要工作。

5.2　忠诚客户的培养

一、影响客户忠诚的因素

影响客户忠诚的因素很多，但最重要的是客户满意、愉悦和信赖三个因素。

1. **让客户感到满意是建立客户忠诚的基础**

让客户感到满意是形成客户忠诚的重要一环。客户的消费过程是一个客户与企业相互交易的过程，客户付出金钱、时间、精力，以期从企业那里得到他们所需要的，然后，客户根据感受到的需求的满足程度形成对企业的态度，满意或者不满意。很多情况下，客户的这种态度恰恰决定了他们是否继续选择该企业的产品。如果客户感到不满意，他们可能就会选择其他企业的产品，所以说客户满意是建立客户忠诚的基础。

应当强调的是，客户的满意度仅仅是形成客户忠诚的第一步。一些企业简单地认为：只要客户感到满意，就可以锁定他们，但事实并非如此。在当前生产力高度发达、市场竞争日趋激烈的情况下，每个企业都把质量作为重中之重，同类企业的产品质量（包括服务质量）都相差不多。满足客户需求，让顾客感到满意，已不再是企业追求的终极目标，而应成为企业必备的能力。现在要做的是，在客户满意的基础上再提升一步，建立起客户对企业的忠诚。

2. 帮助客户拥有愉悦是建立客户忠诚的关键

帮助客户从他的消费过程中感受到愉悦是建立客户忠诚关键的一步，或者说这是一个从客户满意到客户忠诚的"桥梁"。客户感到满意是因为产品或服务达到了他的需求，但是这仅仅是一个基础。如果要让客户难忘，就要想办法让他们体会到难忘的感受，消费中的愉悦正是这样一种感受。调查表明，能够让客户感到愉悦的企业与仅仅让客户感到满意的企业相比，前者的销售额比后者高出6倍。

客户在消费中的这种愉悦感来自于不同因素的影响，整洁舒适的购物环境、回荡在顾客耳边优美的轻音乐、企业雇员热情的笑脸以及企业完善的售后服务等都会给客户带来愉悦。而一些确实为了客户着想、甚至让客户意想不到的举措更容易让他们感到满意和愉悦。我们知道很多男士不喜欢购物，很多情况下是迫不得已被妻子拉进商场的，于是一些商场设置了男士休息室，不爱购物的男士可以在这里看电视、聊天、喝茶、读报。这一举措可以说是满足了夫妇双方的需求，让很多人都感到高兴和满意，在整个消费过程中都体会着一种愉悦，这样他下次购物自然很容易想到这家商场。

3. 使客户产生信赖是建立客户忠诚的终点

客户的消费过程总是有一定的风险性和不确定性，而面对值得信赖的企业，客户的这种风险和不确定性将降到最低。而且，这种信赖感来自于客户长期与企业合作过程中不断感到的满意和愉悦感的积累。与值得信赖的企业合作，客户总能够享受到最为个性化的满意服务以及消费中的愉悦。只有当客户产生真正的信赖，他才会被你锁定，成为你忠诚的客户。

二、培养忠诚客户的两大策略

培养忠诚客户的策略主要表现在产品差异化和客户差异化方面。

1. 产品差异化策略

产品差异化是指立足于企业产品的基本功能，尽可能多地向客户提供增补性能。企业通过差异化的产品吸引客户，赢得客户的满意和忠诚，应注意以下几点：

（1）提供高质量、低价格、品质恒久的好产品。

（2）及时迅速地提供产品和服务信息。

（3）不断开发适应客户需求的新产品。

（4）采取"先做后说"的策略。

（5）尽可能多地带给客户附加值。

产品的差异化从本质上来看是一种以客户为中心的战略，其目标就是要通过产品的差异，带来附加价值，提供一系列满足甚至超过目标客户群体期望的产品和服务。

2. 客户差异化战略

采用客户差异化战略的前提是必须了解客户，熟悉每个客户的独特之处、特别需求等，以便掌握导致客户之间差异的原因。"了解客户"对于建立客户忠诚非常重要，为了识别每个客户的独特之处，可从以下几个方面着手：

（1）从内在因素识别忠诚客户群，如成熟的市场或是某个关系密切的群体。

（2）对不同的消费群体进行准确的营销定位。

（3）测算客户能够带来的赢利或客户价值。

（4）制定合理的定价与派送战略，使处于赢利边缘和非赢利的客户为你带来利润和忠诚。

充分了解客户，掌握客户的信息越多，就越能够具有针对性地制定个性化的服务和一对一的营销策略，从而获得客户的忠诚。个性化的服务和一对一的营销是以产品最终满足单一消费者需求为依据的。如果能够对每个顾客提供差异化的解决方案，能够为他们提供最大的附加价值，就能从中得到最大的客户忠诚。

三、培养忠诚客户的三大战术

1. 让客户认同"物有所值"

培养忠诚的客户群，不仅要做到价廉物美，更要让顾客明白商品物有所值。目前一些企业、品牌的竞争趋向于价格战，其主要原因是生产同类产品的企业"经营同质化"，因此，只有品牌细分、找准产品定位、寻求差异化经营、找准目标顾客的价值取向和消费能力，才能真正培养出属于自己的"忠诚客户群"。只有保持稳定的客源，才能为企业赢得丰厚的利润。当商家把打折、促销作为追求客源的唯一手段时，只会使企业和品牌失去他们最忠实的"客户群"。

2. 对终端客户用好会员卡

哈雷·戴维森摩托车的拥有者都具有明显的共性，向往大自然，追求自由的生活，他们常常喜欢聚在一起，比试爱车、兜风旅游。因此，哈雷公司就设计了一系列有针对性的活动，将这一团体变成了"哈雷·戴维森"之家。除了提供紧急修理服务、特别设计的保险项目、第一次购买哈雷·戴维森摩托车的客户可以免费获得一年的会员资格，在一年内享受35美元的零件更新等服务外，该团体还定期向会员提供一本杂志（介绍摩托车的知识，报道国际国内的骑乘赛事）、一本旅游手册、价格优惠的旅馆信息，经常举办骑乘培训班和周末骑车大赛，向度假会员廉价出租哈雷·戴维森摩托车。目前，该公司占领了美国重型摩托车市场的48%，市场需求大于供给，客户保留率达95%。

2002年度广州百货零售业的排名中，友谊百货总店以超过9亿元的年销售额名列前茅，据统计，在这9亿元的销售额中，61%是由VIP会员创造的。可以说，是忠诚的顾客为友谊百货赢得了销售额的增长。

商家在利用VIP卡培养自己的忠诚顾客时，首先，要对自己的目标顾客进行区分，VIP卡要成为商家酬谢忠诚顾客的手段，而绝不是"寻觅便宜货"的工具。其次，回报必须诱人，VIP卡的回报可以是物质的，同样也可以是情感的。在物质方面，商家的回报必须与VIP会员的价值观相符，一些奢侈品的推荐试用以及增值服务，将会比单纯的折扣和很多廉价品的赠送更具有吸引力。同时，商家也可以通过一些非实物的酬谢，使顾客沉浸在归属感中，如开通热线、举办俱乐部会员活动等。再次，让 VIP 会员感受到自己"与众不同"。

3. 对中间商构建"双赢"战略

中间商和渠道商对产品品牌的态度将直接影响到企业的生存。因此，企业应该在产品发展的不同阶段对中间商和渠道商也采取不同的培养政策。在产品"入市期"，企业首先要制定长远的发展规划，对中间商的要求不一定是"最强"和"最好"的，应根据自身品牌的定位设定选择的标准。实践证明，与企业一起发展成长的中间商是"最忠诚的客户"。同时，企业与经销商形成"共赢同难"的战略合作伙伴关系，共同投入，并公开企业一年的经营计划，避免把风险全部转嫁到中间商身上，给他们以信心。在"发展期"，随着商品品牌的发展壮大，此时是厂家和中间商获得利润最高的一段时间。此时维系客户忠诚度的方法已不再是加大双方的沟通，而是转变为加强利润分配的管理监控。实施"定点、定量返利"，给渠道商合理、公平的利益分配。在"成熟期"，随着产品市场价位的透明，中间商的利润逐步下降，他们的忠诚度也开始转移，这时企业为了品牌的继续生存，首先应该做到的是"同品牌新产品的推出"，并加大广告促销的投入，用行动宣传品牌的研发能力；同时加强渠道监管，可以适时地取消"定量返利"。

四、忠诚客户的培养八个步骤

1. 从思想上认识客户的重要性

当前，几乎每个企业的领导者和员工都会说自己"尊重客户，以客户为中心"。但是，要真正做到"尊重客户，以客户为中心"就必须首先从思想上认识到客户的重要性，要让企业的每一个人不仅仅知道、懂得，而且从思想上意识到客户是企业生存的根本，并把以"客户为中心"的思想贯彻到自己的行动中去。

为了达到思想上的统一，可采用如下做法：

（1）讲明宗旨：以获取高额利润为出发点和最终目的。

（2）确保企业的所有员工都意识到建立顾客忠诚的优先地位。

（3）召集所有员工，讲明顾客忠诚是每个员工的职责，而不是能够推给其他部门、其他员工的事情。

（4）牢记自己的一举一动都会影响顾客如何看待企业，无论是开发、销售、客户培训、售后服务等都要处处为客户着想。

（5）为企业的员工提供所需的信息，建立高品质的服务标准。

2. 赢得高级管理人员的支持

建立客户忠诚计划是一个从上而下的过程，如果没有企业高层领导的支持和引领，恐怕很难进行下去。企业的高级管理人员在建立客户忠诚计划的过程中所起到的作用不仅仅是发号施令和协调统一，他们应该成为这一过程中非常重要的一个组成部分和决定因素。

当然，企业的高层管理人员距离客户比较远，但是他们仍然可以采取以下的方式接近客户，为普通的员工做出表率：

（1）与具体接触客户的员工交流。

（2）出席为赢得客户忠诚而举行的会议，并明确表达自己的观点。

（3）参加有关与客户交流的活动。

（4）从更高的层次制定赢得客户忠诚的各种企业标准。

3. 赢得企业员工的忠诚

为了赢得客户，必须首先赢得员工。企业的高级管理人员要赢得员工的忠诚必须做好两方面的工作：首先是要赢得员工对工作中的忠诚，其次是要保证员工不"跳槽"。很多企业为了赢得客户，都制定了严格的标准，但是如果员工不遵守这些规章标准，那么企业的努力就归于零。为了解决这一问题，一方面企业要选用高素质的员工；另一方面还有制定严格的监督政策和对员工进行定期的培训，让每个员工都拥有良好的职业道德和"客户第一"的意识。

当前企业面临一个很普遍的现象就是员工跳槽。据统计，美国每家企业中平均有半数的员工在不到半年的时间就会离职，我国没有这么严重，但在一些企业中员工的跳槽也相当频繁。员工的这种高流动性对于建立客户忠诚是一个很大的障碍，尤其是那些与客户近距离接触的市场人员的流动带给企业的影响更加严重。频繁的员工流动不仅增加了企业的员工培训费用，还使客户不得不重新认识和熟悉新的接触对象。更重要的是，那些已经与客户长期接触并建立起深厚感情的市场人员的流失，同时也意味着对他保持"忠诚"的客户的流失。所以，企业应当从员工的需求（物质的、心理的）出发去关怀他们，赢得企业员工的忠诚是赢得客户忠诚的基础。

4. 赢得客户的满意和信赖

客户的满意、愉悦和信赖是形成客户忠诚的最主要因素，所以如何在这些方面取得成功也正是企业需要考虑的问题和努力的方向。在此，企业可采取以下行动：

（1）提高客户的兴趣。

（2）与客户有意接触并发现商机。

（3）建立反馈机制，倾听客户的意见。

（4）妥善处理客户的抱怨。

（5）分析客户需求，开发新的产品。

5. 提高客户的兴趣

提高客户兴趣的方法有很多，企业可以推出颖销售，也可以打出由明星代言的广告牌，甚至可以通过改变产品的颜色、形状来吸引顾客。但是，这些都是短暂和不牢固的，最为有效的措施还是通过优质的产品和服务来吸引顾客。要无微不至地考虑客户的需求，并竭尽全力满足他们，这样做的结果让客户感到的不仅仅是一种满足，还有对你的感激，而且他们很愿意将这种感受告诉自己所熟悉的人。

6. 与客户有意接触并发现他们的需求

通过接触客户可以让客户更好地了解企业，企业也能够更好地了解客户，通过相互的交流建立起一种朋友式的"双赢"关系。通过这种接触还可以了解客户当前的需求，以便制定更有针对性的措施，更好地为客户服务，也许仅仅是客户不经意说出的一些建议和需求，就会给企业带来新的商机。与客户的主动接触方式很多，一般的措施有：

（1）发函给客户，询问客户的需求和意见。

（2）定期派专人访问客户。

（3）经常召开客户见面会和联谊会。

（4）将企业新开发的产品和发展目标及时告诉客户。

（5）把握每一次与客户接触的机会，一点一滴地赢得客户的欢心。

7. 建立反馈机制，倾听客户的需求和意见

建立有效的反馈机制非常重要，企业面临的不是客户的一次性交易，而是长期的合作。一次交易的结束正是下一次新的合作的开始。事实上，客户非常希望能够把自己的感受告诉企业，友善而有耐心的倾听能够极大地拉近企业和客户之间的距离。反馈机制就是建立在企业和客户之间的一座桥梁，通过这座桥梁客户和企业双方能够更好地沟通感情，建立起友好关系。一些成功企业的秘诀就是善于倾听客户的意见，并善于发现这些意见中有用的市场信息和用户需求，将其转化为新的商机。

8. 妥善处理客户的抱怨

客户抱怨产品或服务中存在的不足，这正是企业进一步完善自己、增强产品竞争力的好机会。妥善地解决客户的抱怨，将客户的不满转变为满意，企业将赢得客户。因为，客户不仅得到了解决问题的帮助，而且得到了尊重，这些恰恰最能够打动客户的心。为妥善处理客户的抱怨，企业应注意一下问题：

（1）企业是否鼓励客户说出自己的不满？

（2）企业是否有特别的机构处理这些问题？

（3）客户是否能够得到机会说出自己的不满？

（4）企业的高层领导是否注意到客户的抱怨对企业的价值？

（5）企业是否制订了良好的计划解决那些引起客户不满的问题？

（6）客户是否知道企业对于这些不满的处理结果？

5.3　预防客户流失

现改名为美国第一银行的原 M 银行是一家信用卡公司，在 20 世纪 80 年代初期，该公司的客户流失相当严重。为此，M 银行开始针对流失的客户进行询问调查，这些问题包括他们为何离开、他们的问题何在、他们对信用卡公司有何要求等。通过调查了解了客户的需求，认识到客户离开他们的原因就是公司未能满足其需求。M 银行将收集到的信息整理后，制订行动方案并开始执行，他们经常检讨产品和服务，以期符合客户日益变化的需求。结果，银行的客户流失率迅速下降，并成为同行中客户流失率最低的公司。

你是否遭遇过这样的情况：有一天，你的某个客户忽然对你说，他决定终止和你企业的合作，转而经营某竞争企业的品牌产品；你企业的一个业务员辞职，接着由他负责的几个客户都相继结束了和你公司的合作；你已经合作三年的一个客户最近居然连续三个月没有进货了……

在营销手段日益成熟的今天，我们的客户仍然是一个很不稳定的群体，因为他们的市场利益驱动杠杆还是偏向于人、情、理的。如何提高客户的忠诚度是现代企业营销人一直在研讨的问题。客户的变动，往往意味着一个市场的变更和调整，一不小心甚至会对局部（区域）市场带来致命的打击。

一、客户流失的原因及分析

客户的流失，主要有以下几个原因：

1. 公司人员流动导致客户流失

这是客户流失的重要原因之一，特别是公司高级营销管理人员的离职变动，很容易带来相应客户群的流失。因为职业特点，如今营销人员是每个公司最大最不稳定的"流动大军"，如果控制不当，在他们流失的同时，往往伴随着客户的大量流失。其原因是因为这些营销人手上有自己的渠道，也是竞争对手企业所看重的优势和资源。

2. 竞争对手夺走客户

任何一个行业，客户毕竟是有限的，特别是优质客户，更是弥足珍稀的，20%的优质客户能够给一个企业带来80%的销售业绩，这是个恒定的法则。所以往往优质客户自然会成为各大厂家争夺的对象。小心，也许你的主要竞争对手现在正在对你的大客户动之以情、晓之以理、诱之以利，引诱他放弃你而另栖高枝。任何一个品牌或者产品肯定都有软肋，而商战中的竞争对手往往最容易抓到你的软肋，一有机会，就会乘虚而入，这给企业警示一个问题，那就是加强员工团队的建设问题。

3. 市场波动导致失去客户

任何企业在发展中都会遭受震荡，企业的波动期往往是客户流失的高频段位。拿伊利来讲，当年若不是高层的政变，也就没有今天的蒙牛了。再有一个问题就是企业资金出现暂时的紧张，比如出现意外的灾害等，都会让市场出现波动，这时候，嗅觉灵敏的客户们也许就会倒戈。沈阳的飞龙也就是在这样的情况下失去了市场。

4. 细节的疏忽使客户离去

客户与厂家是由利益关系纽带牵在一起的，但情感也是一条很重要的纽带，一些细节的疏忽，往往也会导致客户的流失。企业往往只记得消费者是"上帝"，但是忘记了一个原则，经销商是企业的衣食父母。

5. 诚信问题让客户失去

厂家的诚信出现问题，有些业务经理喜欢向客户随意承诺条件，结果又不能兑现，如返利、奖励等不能及时兑现给客户，而客户最担心和没有诚信的企业合作。一旦有诚信问题出现，客户往往会选择离开。

6. 店大欺客，客户不堪承受压力

店大欺客是营销中的普遍现象，一些著名厂家的苛刻的市场政策常常会使一些中小客户不堪重负而离去，或者是身在曹营心在汉，抱着一定抵触情绪来推广产品。一遇到合适时机，就会甩手而去。

7. 企业管理不平衡，令中小客户离去

营销人士都知道20/80法则，很多企业都设立了大客户管理中心，对小客户则采取不闻不

问的态度。广告促销政策也都向大客户倾斜，使得很多小客户产生心理不平衡而离去。其实不要小看小客户20%的销售量，比如一个年销售额为10个亿的公司，照推算其小客户产生的销售额也有2个亿，且从小客户身上所赚取的纯利润率往往比大客户高，算下来绝对是一笔不菲的数目。

8. 自然流失

有些客户的流失属于自然流失，如公司管理上的不规范长期与客户缺乏沟通，或者客户转行转业等。关键原因就是企业的市场营销和管理不到位，不能够与一线的市场做更多的沟通，现在的商业领域很广泛，生产企业也处在供大于求的状态，所以企业如果不能够很好地维护客户，那么流失客户的资源是非常正常的表现。

当代企业应该针对性地加强企业的管理、市场、营销的观念，在理性的战略思维角度多为客户想想，为自己的企业的员工想想，为自己的产品开发想想，这也是摆在一些企业工作中首要的问题所在。

二、有效防止客户流失

一般来讲，企业应从以下几个方面入手来堵住客户流失的缺口：

1. 做好质量营销

产品质量是企业为客户提供有力保障的关键武器。没有好的质量依托，企业长足发展就存在问题。通用电器公司董事长杰克·韦尔奇说过："质量是通用维护顾客忠诚度最好的保证，是通用对付竞争者的最有力的武器，是通用保持增长和赢利的唯一途径。"可见，企业只有在产品的质量上下大工夫保证产品的耐用性、可靠性、精确性等价值属性，才能在市场上取得优势，才能为产品的销售及品牌的推广创造一个良好的运作基础，也才能真正吸引客户、留住客户。

2. 树立"客户至上"的服务意识

2006年夏天，武汉地区持续高温，一时空调销量大增，由于当地售后服务队伍人数有限，海尔预料自己的售后服务将面临人员危机。于是，武汉海尔的负责人很快打电话到总部要求调配东北市场的售后服务人员，不久后东北海尔的售后服务人员就乘机直达武汉。客户得到了海尔全心的支持，"真诚到永远"真是名不虚传。

3. 强化与客户的沟通

首先企业应及时将企业经营战略与策略的变化信息传递给客户，便于客户工作的顺利开展。某饲料厂在了解到饲料价格短期内将上浮的消息时，总会将其及时告诉经销商。信息就是财富，客户对厂家自然是感激不尽。其次，企业应充分向老客户阐明企业的美好远景，以增强客户的经营信心。

4. 增加客户的经营价值

这就要求企业一方面通过改进产品、服务、人员和形象，提高产品的总价值；另一方面通过改善服务和促销网络系统，减少客户购买产品的时间、体力和精力的消耗，以降低货币和非货币成本，从而来影响客户的满意度和双方深入合作的可能性。

5. 建立良好的客情关系

员工跳槽带走客户，很大一个原因就在于企业与客户缺乏深入的沟通与联系。企业只有详细地收集客户资料，建立客户档案，进行归类管理并适时把握客户需求才能真正实现"控制"客户的目的。

6. 做好创新

企业的产品一旦不能根据市场变化作出调整与创新，就会落后于市场。10年前，很少会有人要求蜂窝电话、传真机、CD机、有导航系统的汽车或音乐电视。但是这些产品现在都被创造出来了，而正是那些经营者们走在市场前面引导客户、驱使市场的发展，才取得了成功。

7. 加强市场监控力度

很多情况下，窜货往往是导致客户流失的罪魁。所以企业应适时进行市场巡查，以便能及时发现问题并争取时间采取措施控制事态蔓延，有效降低经营风险，保住客户。对于那些以势相要挟的客户，企业一定要严肃对待，"杀一儆百"乃为上策。防范客户流失工作既是一门艺术，又是一门科学，它需要企业不断地去创造、传递和沟通，这样才能最终获得、保持和增加客户，增强企业的核心竞争力，使企业拥有立足市场的资本。

●补充知识

客户流失的成本

部分的企业员工会认为，客户流失就流失了，旧的不去，新的不来，他们根本就不知道流失一个客户企业要损失多少。一个企业如果每年降低5%的客户流失率，每年利润可增加25%～85%，因此对客户进行成本分析是必要的。据资料记载，美国一家大型的运输公司对其流失的客户进行了成本分析。该公司有64 000个客户，由于服务质量问题，一年中丧失了5%的客户，也就是有3 200（64 000×5%）个客户流失。平均每流失一个客户，营业收入就损失40 000美元，因此公司一共损失了128 000 000（3 200×40 000）美元的营业收入。假如公司的赢利率是10%，那这一年公司就损失了12 800 000（128 000 000×10%）美元的利润，而且，随着时间的推移，公司的损失会更大。

面对单个顾客的流失，或许很多企业会不以为然，而一旦看到这个惊人的数字，一定会重视起来。客户给企业带来的利润是不可估量的，为了有效防止客户流失，让员工真正从心底认识到这个问题的严重性，对流失的客户进行成本分析是很必要的。

●精选案例

将情感赋予钻石

MaBelle钻饰是香港利兴珠宝公司推出的大众钻饰品牌，公司自1993年成立以来，目前已经在香港开设了46间分店，其产品深受时尚人士青睐。

MaBelle的母公司利兴集团成立于1949年，刚开始时从事珠宝进口和批发生意，在世界各地收购优质宝石和玉石，销往亚洲市场。从1996年开始，利兴由经营宝石及玉石生意改为专营进口和批发钻石生意，旗下拥有Mabros、Falconer等高端钻饰品牌。1993年，利兴集团的高层经过市场调查发现，市场上几乎所有的钻饰品牌都在中高端竞争，大众市场基本上是空白。于是，他们推出了MaBelle钻饰，成为香港首间开放式的钻饰连锁店，专售价格相对便宜的钻石首饰。MaBelle 以款式多样、时尚为主要卖点，将流行元素融入传统的钻石，独特、自由、轻松的购物模式，使钻饰在香港大众化。当年推出的千元价格的"黄钻"，更是在香港创造了钻饰消费的潮流。但是公司高层管理人员清醒地认识到，价格绝对不能成为 MaBelle 的核心竞争力。顾客只因为价格便宜而购物，并不能令顾客的忠诚度上升。不断创新的设计是 MaBelle 区别于其他品牌的主要特征，而与顾客建立情感上的沟通，赋予顾客与众不同的优越感，才能为企业创造更多的价值。

MaBelle 和一般珠宝零售商相比，最与众不同的地方就是 MaBelle 设立的会员"VIP 俱乐部"。这个俱乐部通过加强 MaBelle 店员与顾客之间的个人交流，以及会员之间的情感联系，赋予钻饰以情感。

目前，MaBelle 在香港拥有 30 多万会员，这些会员大部分是 20~40 岁的白领女性和专业人士。一般来说，顾客购买了一定数额的 MaBelle 钻饰就可以注册为"VIP 俱乐部"会员。公司对销售员工的要求是，必须定期通过电子邮件、电话、手机短信等方式和顾客建立个人关系，这种私人关系无疑增进了顾客对公司的情感。MaBelle 还定期为会员举办关于"选购钻石的知识"以及"钻饰款式"方面的讲座，增加了顾客对企业产品的了解。MaBelle 还经常为"VIP 俱乐部"会员安排与钻饰无关的各种活动，根据公司掌握的不同会员的年龄、职业和兴趣等，邀请会员参与这些活动。例如，母亲节为妈妈们准备了"母亲节 Ichiban 妈咪鲍翅席"，情人节为年轻情侣筹备浪漫的"喜来登酒店情人节晚会"，为职业和兴趣相近的会员安排的"酒席茶点聚餐"，以及在节假日为年轻会员安排的"香港本地一日游"等。

香港的生活节奏非常快，人们的学习、工作很紧张，人际交往比较少，这些活动不但给会员提供了难忘的生活体验，而且还帮助他们开拓了交际圈，通过俱乐部结识了不少朋友。很多会员参加过一些活动后，都邀请自己的亲友也加入 MaBelle 俱乐部，真正起到了"口耳相传"的效果。

（资料来源：http://www.51cfp.net/banknetwork/netresearch/200811/28797.html#）

●复习思考题

1. 什么是客户忠诚？客户满意可分为哪些类型？
2. 怎样测量客户的满意度？
3. 影响客户忠诚的因素有哪些？
4. 培养忠诚客户的策略有哪些？
5. 怎样有效预防客户流失？

●工作任务训练

任务一：

以某一产品为例，分析影响客户忠诚的因素，提出提高客户忠诚度的策略与技巧。

任务二：

简要回答下表中的问题，并分析企业为何签这个协议。

情景设置	要是你，如何处理	理由	是否会导致客户流失
1. 有一个顾客购买了一部手机。大概过了7个月，顾客找来，说屏幕没有显示。拿到维修部门，维修部发现电池漏液导致电路板腐蚀，只能更换电路板。但是更换电路板需要返回厂家，可是恰恰这款产品厂家已经停产了。于是顾客要求索赔，退货。			
2. 这个企业的工作人员说："我们给你调换一个，你可以选另外一款同等价格的手机。"客户说："不行，一定要退钱。"			
3. 后来发现，电池漏液造成电路板腐蚀不完全是顾客的原因，和产品有一定的关系。			
4. 经理没有答应，没想到这个顾客特别难缠，天天闲着没事，就每天跑到企业闹，影响企业的正常工作。			
5. 企业没办法了，就跟客户签了一个保密协议。你可以退货，但你不能把处理结果告诉其他顾客。			

●补充阅读

一、忠诚计划的模式

忠诚计划主要有以下几种模式：

（1）独立积分计划模式和联盟积分计划。

独立积分是指某个企业仅为消费者对自己的产品或服务的消费行为和推介行为提供积分，在一定时间段内，根据消费者的积分额度，提供不同级别的奖励。这种模式比较适合于容易引起多次重复购买和延伸服务的企业。在独立积分计划中，是否能够建立一个丰厚的、适合目标消费群体的奖励平台，是计划成败的关键因素之一，很多超市和百货商店发放给顾客的各种优惠卡、折扣卡都属于这种独立积分计划。

联盟积分是指众多的合作伙伴使用同一个积分系统，这样客户凭一张卡就可以在不同商场积分，并尽快获得奖励。相比较于企业自己设立的积分计划的局限性，联盟积分则更有效、更经济、更具有吸引力。

（2）联名卡和认同卡。

联名卡是非金融界的营利性公司与银行合作发行的信用卡，其主要目的是增加公司传统的销售业绩量。例如，美国航空公司（American Airline）和花旗银行联名发行的AAdvantange卡就是一个创立较早而且相当成功的联名卡品牌，持卡人用此卡消费时，可以赚取飞行公里数，累计一定公里数之后就可以到美国航空公司换取飞机票。

认同卡是非赢利团体与银行合作发行的信用卡。持卡人主要为该团体成员或有共同利益的群体，这类关联团体包括各类专业人员。持卡人用此卡消费时，发卡行从收入中提成一个百分点给该团体作为经费。

（3）会员俱乐部。

有的企业顾客群非常集中，单个消费者创造的利润非常高，而且与消费者保持密切的联系非常有利于企业业务的扩展。他们往往会采取俱乐部计划与消费者进行更加深入的交流，这种忠诚计划比单纯的积分计划更加易于沟通，能赋予忠诚计划更多的情感因素。

作为忠诚计划一种相对高级的形式，会员俱乐部首先是一个"客户关怀和客户活动中心"，但现在已经朝着"客户价值创造中心"转化。而客户价值的创造，则反过来使客户对企业的忠诚度更高。

"会员俱乐部"可为企业带来综合性的效果：第一，链式销售。即客户向周围人群推荐所带来的销售。第二，互动交流，改进产品。通过互动式的沟通和交流，可以采纳客户的意见和建议，有效地帮助企业改进设计，完善产品。第三，抵制竞争者。用俱乐部这种相对固定的形式将消费者组织起来，在一定程度上讲，就是一道阻止竞争者入侵的藩篱。

二、客户忠诚度阶梯

著名的营销专家 Jill Griffin 提出了客户忠诚阶梯的概念，描述了企业与客户建立客户关系和客户忠诚的过程往往会经过以下七个阶段：

阶段 1：潜在客户

潜在客户是指那些有可能购买企业产品或服务的客户。企业往往假定这些客户有可能购买，但并没有足够的信息来确定或证明这一点。在大众市场营销中，企业往往将符合目标产品使用需求的人都认为是潜在的目标客户，一些产品公司也往往以此为依据来计算潜在市场容量。

阶段 2：目标客户

目标客户是指需要企业的产品或服务，并且有购买能力的客户。比如，那些正在光顾手机卖场准备更换新手机的顾客就是这类客户。尽管这类目标客户目前还没有购买企业的产品或服务，但他们可能已经听说过企业的一些情况，了解过企业的产品或服务，或者听到过别人的推荐。目标客户知道企业是谁，企业在哪里，以及企业卖什么，只是他们目前仍然没有购买企业的产品或服务。

阶段 3：不合格的目标客户

企业往往对这些客户已经进行过研究和调查，知道他们暂时并不需要或没有足够的购买力来购买你的产品或服务。比如，对宝马汽车非常喜爱，但又没有足够经济实力的车迷们。

阶段 4：第一次购买者

第一次购买者有可能成为企业今后的长期客户，但也很有可能变成企业竞争对手的顾客。

阶段 5：重复购买者

重复购买者已经向企业购买了多次。这类客户的购买行为主要有两类，一类是重复产品的多次购买；另一类是在不同的场合购买了企业两种以上的产品或服务。

阶段 6：长期客户

这些长期客户会购买他们所需要而企业又正在销售的所有产品。这类客户通常是周期性采购。企业必须生产和销售这些长期客户所需要的产品或服务，以满足这类客户的需求。企业与这些客户已经建立起稳定而持续的客户关系，这些客户不会轻易被竞争对手所吸引。这些长期客户往往是企业最主要的利润来源。

阶段 7：企业拥护者

与长期客户一样，企业拥护者会购买他需要或可能使用的企业正在销售的所有产品，并且也是周期性采购。同时，拥护者会积极推荐其他人购买。这些拥护者无时不在谈论企业及产品，为企业的产品或服务做市场宣传，同时帮企业带来新客户。

任务六　客户售后服务管理

●**能力目标**

　　1. 明确售后服务内容

　　　2. 运用售后服务技巧

　　　　3. 制订售后服务计划

　　　　4. 掌握售后服务原则

●**理论引导**

　　1. 客户售后服务管理

　2. 售后服务核心原则

●**引入案例**

海尔：用户永远是对的

　　海尔集团顾客服务部秉承"用户永远是对的"的服务宗旨，真诚为用户服务，用户的满意是他们的工作标准，买海尔家电，就是把舒心、放心买回了家。为了让海尔用户更好地享受自己的权益，敬请仔细阅读以下条款。

　　海尔家电售后服务承诺：

　　1. 用户永远是对的，只要用户一个电话，剩下的事由海尔来做。

　　2. 随叫随到，到了就好。

　　3. "五个一"升级服务模式。

　　一证件：上门服务时出示"星级服务资格证"。

　　二公开：①公开出示海尔"统一收费标准"；②公开一票到底的服务记录单，服务完毕后请用户签署意见。

三到位：①服务后清理现场到位；②服务后通电试机演示到位；③服务后向用户讲解使用知识到位。

四不准：①不喝用户的水；②不抽用户的烟；③不吃用户的饭；④不要用户的礼品。

五个一：①递上一张名片；②穿上一副鞋套；③配备一块垫布；④自带一块抹布；⑤提供一站式产品通检服务。

一站式产品通检服务：服务人员为用户提供一个产品的售后服务完毕后，不但要对此产品进行全面的通检、维护，同时主动对用户家中其他海尔家电"问寒问暖"，对用户提出的需求、建议一票到底地跟踪解决，直到用户满意。

4. 推行"全程管家365"服务。

"全程管家"定义是指在全年365天里，海尔"全程管家"星级服务人员全天候24小时等待海尔用户的来电，无论一年中的哪一天，只要消费者打电话到海尔当地的服务热线，"全程管家"服务人员会随时按用户的需求上门服务。

"全程管家"服务内容：售前上门设计，售中咨询导购，售后安装调试、定期维护保养。

"全程管家"服务原则：①海尔俱乐部会员凭会员卡可以享受免费上门维护、保养服务；②新海尔用户在购买海尔产品时获赠"全程管家服务金卡"，凭卡在有效期内可以享受免费上门维护保养服务；③既不是海尔俱乐部会员，也没有全程管家服务金卡的海尔超保用户，上门服务时可以适当收取费用。

（来源：《感动上帝——商品售后服务实用指南》）

6.1　客户售后服务管理

以前有一家印刷公司，门口有一个牌子："速度、质量、价格，请选择一个。"如果你选择价格，就只要价格便宜，就别跟我谈速度和质量。如果你选择质量，就别跟我谈价格，也不要跟我谈速度。如果你选择速度，别跟我提价格、提质量。你只能选择一个，这种观念过去人们是认可的。如上学的时候都要照一寸免冠照片，以前只能去照相馆，照完有两种洗印的方法，一种慢，一种快。慢的很便宜，一元钱八张，等十天或一个星期；快的第二天取，价格就变为四五元钱。要快就要多交钱；想便宜，那你就等着。这种观念在企业当中也是根深蒂固的，很多企业都觉得这很正常。但现在却不一样。现在的竞争逼迫企业要同时满足客户的这三个要求：速度、质量、价格。即使这样，依然面临着严峻挑战。如果说服务等于利润，就需要创造一种服务的个性。衡量企业发展的标准不仅是资产的回报，还有一个重要的标准是客户满意度的回报。所谓服务的个性，就是使客户感到企业服务能满足他们的特殊要求，这样企业就获得了竞争优势，这种竞争优势就是服务个性，也就是有别于其他企业的独特的客户服务手段。

一、售后服务与产品营销

企业客户服务水平越高，就会有更多的客户光顾，也会吸引更多的忠实客户，而企业也能相应获取更多的利润。所以，把客户服务和销售分开谈是不对的。什么叫服务营销？它是一种整合。销售就是服务，服务就是销售。只有通过服务才能拉动销售，因为竞争越来越残酷，你的好，就会有人比你的更好。而售后服务就是服务营销中的一部分。它在服务营销中的属于产品销售后的服务营销。

1. 售后服务与产品营销的关系

从很大的程度上来说，售后服务就是产品营销的一部分，在当今这个产品竞争激烈的时代，售后服务的完善与否已经是直接关系到产品是否能够销售出去的关键。现在的产品营销已经不单单是销售产品，更大的程度上还在于完善的售后服务。公司建立了完善的售后服务也是客户决定是否去购买你的产品的一个极其重要的因素：在产品多种多样的消费时代，也是消费者选择产品的时代，没有完善的售后服务的产品不能够挑起消费者的购买欲望。因为售后服务对于客户来说是公司对其产品的一个质量保证，是对使用产品后所产生出来的各种各样的问题的一个合法解决的承诺。售后服务还是客户信息的一种反馈渠道，也是产品在市场上运作情况的信息来源。公司可以从其中得到准确的信息然后去不断地调整产品营销战略，确保其产品达到预期的市场地位。

2. 优质的客户售后服务是最好的企业品牌

"售后服务很简单，甚至简单到荒谬的程度。虽然它简单，但是要不断地为客户提供高水平、热情周到的服务谈何容易。"这句话是霍利斯迪尔在其《顶尖服务》一书中所说的。霍利斯迪尔在美国很有名，他曾经是美国旧金山宾馆的一个门童。他做了几十年的门童，在门口给别人提行李，退休以后写了这本书。在书中他谈到：服务真的很简单，但是持之以恒做好服务非常非常难。这是一个客户服务人员对于客户服务的深刻认识。

然而，优质的客户服务对于一个企业的意义远远超过销售。有很多企业并没有把客户售后服务放在第一位，客户售后服务部门在公司不是特别受重视。这些企业最看重的是销售。他们认为企业的生存要靠赢利，只有销售才能赢利。因此，不把企业工作的侧重点放在服务上面。他们没有认识到客户售后服务对于一个企业的重大意义，这个意义远远超过了销售。美国斯坦林电讯中心董事长大卫·斯坦博格说："经营企业最便宜的方式是为客户提供最优质的服务，而客户的推荐会给企业带来更多的客户，在这一点上企业根本不用花一分钱。"做广告通常能够在短时间内获取大量的客户，产生大量购买行为。但是客户售后服务不是短期的，而是长远的。明智的企业知道如何为本企业树立起良好的口碑，良好的口碑会给企业带来更多的客户，而这种口碑不是广告做出来的，而是人与人之间、客户与客户之间通过信息的传递带来的。它可以使企业获利，这种获利是企业成本最低的一种方式。我们可以从以下两个公式里看到售后服务在企业销售中的作用。

公式一：老客户＝更少的费用

专家估计：开发新客户比服务老客户需要多花 5 倍的时间、金钱与精力。老客户等于企业发展壮大的基石。你可以花 10 元钱做广告、寄样品、打折扣来吸引新客户，使他第一次花 50 元来买你的东西；也可以花 0.5 元给你的老客户寄封信，表达企业对他的感激之情以及希望再次合作的愿望，而他会第二次、第三次花 50 元来买你的商品。你如何选择？企业究竟把钱花在营销手段上，还是花在巩固老客户上？与其花 10 元钱做广告，不如花 5 角钱给你的老客户写封信，把你的售后服务做好，让他去帮你推荐更好的客户过来。天天想着怎么降价促销，可没听到每天进门的客户在出门的时候说：我下次再也不来了。你吸引了很多人，但这些人只在你这儿消费了一次就离开了。所以说，从价值角度上看，老客户等于更少的费用。企业在全力争取新客户的同时，应该防止老客户的流失，把更多的工夫下在售后服务方面，让自己的客户群变得更加稳固。实际上就是不要总是亡羊补牢，而应该把你的篱笆事先扎紧一点。这样的话，客户就不会跑到其他竞争对手那边去。

公式二：老客户＝丰厚的利润

老客户等于丰厚的利润。什么叫"一元钱客户"概念？就是说这个人一个星期来 4 天，每天来两三次，每次消费 3 元钱，一年这个人就消费 1 500 元，如果这个客户能和这个店保持 10 到 15 年的关系，这个客户对于企业就意味着两万元的收入，这就是国际上很流行的说法，叫"一元钱客户"。这个概念告诉企业不要太势利。他每次可能花钱很少，但是来的次数很多，这种客户是不容忽视的。一个客户能够为企业带来的利润和什么有关？和他在你这个企业消费的时间有很大的关系。哪怕他一次花钱只是别人的十分之一，但这种客户的价值也远远高过一次花钱是他十倍的那种人。因为他会跟许多人说：这儿服务特别好，特别便宜。他能拉许多人过来，可以为你做无形的广告。

这两个公式之所以成立，是因为它建立在企业优质的客户服务基础之上。客户与企业完成了交易之后，他就已经没有任何义务为企业的产品去做宣传，也没有义务去继续为企业带来利润。他愿意那样做就是因为企业产品的销售服务和售后服务做得好，在客户心中树立了产品美好和可信赖的品牌形象。

3. 只有出色的客户售后服务才会使企业具有超强的竞争力

客户光顾企业是为了得到满意的服务，不会在意那些只具有一般竞争力的服务。什么是一般竞争力的服务？就是他有你有我也有，这种服务只有一般的竞争力。什么是具有很强竞争力的服务呢？就是你有别人没有，或者你的最好，别人的一般，这个时候你才有超强的竞争力。要让客户把企业的美名传播出去，就需要客户服务非常出色。别人"三包"，你也"三包"；别人有服务礼貌用语，你也有服务礼貌用语；别人通过了 9001 认证，你也通过了 9001 认证。当你发现你的竞争对手和你做得一样的时候，那你就没有了竞争优势。而在同类产品的功能和质量、价钱相差不大的时候，售后服务就是使客户购买你的产品的最好手段，也是你最好的竞争优势所在。

企业为客户提供专业、优质的售后服务，给企业带来的是牢固树立的服务品牌。服务品牌越来越成为各竞争对手取得竞争优势的重要手段。

> "海尔"是一个服务的品牌。海尔产品质量好吗？不能说是特别好。价格怎么样？
> 是很贵的。海尔空调的价格和进口空调的价格持平，海尔冰箱的价格和进口冰箱的价格也
> 是持平的。海尔冰箱比其他牌子的冰箱贵一千多元钱，它没有价格优势。可是，海尔的产
> 品比其他牌子的产品卖得好，这是事实。然而，很多营销人员把自己的产品卖得不好的原
> 因归结为产品的价格太高，认为为什么我们的东西卖不好，因为太贵了，人家那么便宜，
> 所以我们卖不好。这是一种认识误区。

这是一个营销中的错误观念。海尔产品价格没有任何竞争优势，质量在国内不算最好，甚至在做客户调查的时候，很多客户都说春兰空调质量比海尔空调质量好。可是春兰的价格比海尔低将近两千元钱。而且春兰是中国一家很大的空调企业，销售额很不错。那么海尔还剩什么？质量没有什么优势，功能也差不多。海尔品牌畅销是因为它的服务好。如有问题，打个电话就来维修，服务态度特别好，这就是售后服务品牌。海尔通过售后服务创造一种品牌，而这种品牌居然带动了高价产品的销售，弥补了海尔在市场当中的劣势，体现出售后服务竞争的优势。

售后服务对于一个企业来讲，就是能够创造另外一种品牌，就是它的售后服务品牌，而售后服务品牌创造的难度比靠广告投入创知名度高的品牌还要大。

二、售后服务概念及其功能

售后服务，广义上讲是消费者购买产品后的一切服务。狭义的售后服务是指企业在消费者购买产品后对其产品质量的保证而进行的一切服务活动，是企业信誉度的体现，是企业了解产品在市场上发展动态的一面镜子，也是企业建立信誉度和维系客户关系的一种方式。每个人都在消费产品和服务，售后服务就在我们身边。我们从平时的产品消费中可以看到，所有的售后服务都是关于如何保证产品的质量而进行全面维修的服务承诺。而这些承诺都是针对消费者使用产品的过程中所出现的各种问题而作出的，如果企业兑现了其所作出的承诺，那么企业就能在消费者心中建立高的信誉度。如果企业没有履行其对消费者售后服务的承诺就会引起一个相反的效果，即破坏其在消费者心中的信誉度。而在履行售后服务的过程中，客户对各种产品使用信息的反馈是对产品最直接、最真实的反应，企业可以从中看出产品的优劣，从而根据产品的优劣势调整产品的营销策略，并更好地进行产品的营销。

为了实施售后服务内容，向客户提供优良的客户服务，企业不但具备售后服务的具体内容，还要成立售后服务的管理机构，配备售后服务人员及管理设备，制定相应的售后服务管理制度，形成完备的售后服务管理体系。特别是要注重现代信息化技术的广泛采用，使售后服务系统的功能进一步增强。具体表现在：

1. 售后服务系统有助于管理效率和工作质量的提高

从比例上讲，系统所提供的最多的功能是基本数据处理（Basic Data Processing），这类功能主要用于支持日常业务处理。同时对于减少业务差错、提高工作质量也发挥了突出作用。售

后服务系统有助于在服务的全过程中形成良好的整体协同环境。

2. 售后服务系统为决策提供支持

售后服务系统收集和整理了产品销售的信息，为企业未来的销售决策提供了依据；故障信息的分析处理为提高产品质量提供了依据。

3. 售后服务系统为加强企业管理提供了控制手段

售后服务系统有效地管理了办事处的库存账，这为办事处的工作提供了方便，同时公司可以随时查询各办事处的库存情况，并进行有效的控制。

4. 售后服务系统的建设带动了企业管理基础工作的加强

售后服务系统的建设给企业带来的益处不仅表现为系统运行后的效果，系统建设过程本身就是整顿、加强企管基础工作的过程。在系统建设过程中，伴随着大量整顿、加强企管基础的工作，集中反映在业务流优化、业务处理规范化及数据的规范化和标准化等方面。在系统开发人员和管理人员的共同努力下，一些未理顺的管理业务被理顺；管理过程中存在的一些漏洞被发现并加以纠正；一些不适应企业发展的管理方法、核算方法被新的方法所取代。

5. 售后服务系统的建设对于整顿、规范企业数据也是功不可没的

"三分技术，七分管理，十二分数据"，恰如其分地道出了基础数据在系统中的重要性，但其工程量及难度之大也是许多人难以想象的，其重要意义也往往不被人们所认识。当企业中大量数据是以分散的、杂乱的、不规范的方式存在时，它们的使用价值是不够高的，而当它们被用科学的方法收集、整理、存储后，其使用价值将大大提高。此时它们将成为企业的宝贵财富，成为花钱都难以买到的无形资产。系统建设者们在此方面做了大量艰苦、细致的工作，取得了重大成绩。

6. 售后服务系统的建设促进了企业人员素质的提高

售后服务系统的建设，既是企业实现信息化的过程，也是全面提高企业人员素质的过程。

系统建设中开展的大量培训教育是对信息技术、现代管理思想方法一次大范围的普及；现代生产管理模式及手段的推行对企业中长期存在的一些落后的管理思想、管理方法及管理行为是一次有力的冲击；企业员工的管理观念、思维方式和行为方式在转变，整体配合意识在增强，应用现代化管理手段的自觉性和能力在同步增长；总之企业人员的素质在系统建设中有了明显提高。售后服务系统的建设为培养企业的信息技术人才也起到了重要的作用。相信通过几年艰苦的实践，能够锻炼出一支具有一定技术水平和良好工作作风的专业售后服务队伍，使其成为工作的骨干力量。随着时间的推移，售后服务系统对企业发展所带来的深远影响将更充分地显示出来。

售后服务在消费者心中的功能：有力地保证了其购买产品的质量，增强了客户购买产品的信心。

三、售后服务的形式与内容

售后服务的形式与内容主要有以下几种：

1. 产品维修服务

（1）免费服务。

在保修期内的维修服务不收取任何服务费。一般来说，大多数企业会采取全部免费的形式，但是有些公司可能会收取一定的换取残旧零件的成本费。

（2）有偿服务。

在保修期外的维修服务，适当收取服务费。同时，大多数公司会收取换取零件的成本费。

（3）合同服务。

依公司与客户签订的专门保养合同进行服务。这种合同形式的服务在目前来说是一种比较少用的服务方式，但对于大型的工业产品或较贵重、使用周期较长的的产品往往需要合同服务，以确保产品的正常使用。

2. 售后送货以及包装免费服务

这种服务大多数是根据客户的要求，把产品包装好并送到客户指定的地点。这种服务方式特别能够吸引缺乏运输能力和批量购买产品的客户，增强其购买企业产品的欲望。

3. 包退、包换服务

它是指对客户购买的产品根据客户的要求，在一定的期限内按一定的条件给予客户退换的一种售后服务方式。根据我国《产品质量法》和《消费者权益保护法》的规定，零售商业企业对销售出去的产品自售出之日起 7 日内，发生性能故障，消费者可以选择退货、换货或修理；产品自售出之日起 15 日内，发生性能故障，消费者可以选择换货或修理。企业对销售出去的产品实行有条件的包退、包换，不仅是一个销售服务问题，更是一个对客户负责的问题。坚持客户满意的经营宗旨，其本身也应包括对售出的产品予以退换。如果企业在产品销售过程中明确规定凡客户购买后发现产品存在问题可实行包退、包换，不仅可以解除客户的后顾之忧，增强客户对该企业及其产品的信任，而且还能促进客户放心地购买该企业的产品，推动本企业产品的市场销售。

4. 产品维护服务

这种服务方式是在新产品不断投入市场的情况下出现的。由于新产品的不断出现，消费者如果缺乏产品养护知识，不仅会影响产品的使用寿命，而且会影响到新产品的声誉。为了维护消费者的利益，目前企业普遍开展了这项活动。这种服务一般通过两种形式来实现，一是由生产企业向消费者提供产品维护单，介绍养护的方法；二是由企业派出专人指导消费者进行产品养护。通过这种服务，可以解除消费者使用新产品的顾虑，可以增大新产品的销售量。

5. 顾客跟踪

日本资生堂是一家生产化妆品的企业，它十分重视顾客跟踪工作。对于每一位顾客，资生堂都力求建立档案，记下顾客的姓名、住址、电话等内容，以便对顾客进行随访。每月两次，资生堂的销售点会打电话询问顾客化妆品的使用情况，必要时邀请顾客复诊，重新拟订美容计划。资生堂由建档而建立了一个遍布全球的顾客网络——花之友俱乐部，为成员提供私人保健医生的长期服务。

顾客跟踪服务的好处在于随时掌握顾客动态，为新一轮的生产、销售提供建议；同时可以为顾客解决实际问题，减少顾客购买后的抱怨，提高服务水平。

6. 技术咨询

顾客在使用产品的过程中，常常遇到一些技术上的难题，影响产品的使用效果。这个时候，企业如果能为顾客提供技术咨询，就可以为他们排忧解难，获得顾客对企业及其产品的好感。不少企业的顾客服务热线电话就具有此项功能。

产品销售后的服务，是取得消费者信誉的重要手段。通过各种销售后的服务，使消费者解除了各种顾虑，提高消费者对企业及其产品的信任度，可以吸引更多的消费者，为以后扩大产品的销售创造更多的有利条件。不同形式和内容的售后服务概括起来可归结为以下几类：

（1）服务支持：产品售出后一系列的运送、安装、调试使用的服务。

（2）技术支持：及时、热情、准确地回答用户对产品使用及维护方面的各类问题。

（3）故障维护：接到客户的反馈意见，约好时间以最快的速度去解决客户反馈的产品故障问题。

（4）采集客户反馈信息：通过各种渠道采集客户反馈信息，整理分类，改进产品，满足用户需求。

只有掌握了售后服务的内容与形式，才能更好地制订售后服务的计划与服务细则。

四、制订服务计划步骤

制订售后服务计划必须以客户为中心，以客户满意为宗旨。制订服务计划时应遵循以下几个步骤：

（1）找出服务顾客普遍存在的问题。可根据企业产品的特点，将顾客经常遇到的问题一一列举出来。

（2）寻找关键问题。把所有的问题进行汇总、归类分析，找出同类问题，如售后服务的流程，国家"三包"的法律规定、产品维修、客户投诉等，编制出售后服务架构。

（3）制定好售后服务大纲，确定产品的服务范畴。要明确提供服务的类型，是免费服务还是收费服务；是技术维修，还是售后解说，抑或对产品使用后质量承诺的期限等作出明确的规定。确定售后服务范围，需要从时间和空间等方面进行考虑。比如，服务的时间期限以及服务的产品范围与适用的市场区域等。

（4）制定好售后服务人员工作守则，以规范公司形象，与客户建立良好关系。售后服务人员的管理直接关系到售后服务的效果，因为服务人员对外代表了企业的形象，服务质量的好坏决定了消费者满意与否。因此，必须明确服务人员的岗位职责要求和服务流程要求，以确保服务人员的服务质量。

（5）重视对顾客的承诺。对顾客的承诺，一定要谨慎，确保可以兑现，否则只会是作茧自缚，搬起石头砸自己的脚，得不偿失。

（6）明确售后服务资料收集与资料存档的规定。数据的收集必须真实、可靠，收集好的服务资料必须整理、分类、归档，以方便公司在产品营销和产品性能上作出更好的策划。

服务计划关系着公司的服务战略能否顺利地实施，同时公司的服务战略为服务计划提供了原则和要求。因此，服务计划的制订不能偏离公司服务战略的指导，应有利于公司战略的实施。这一点，在制订公司服务计划的时候不能忽视，否则你的服务计划可能是无效的，或者是无法实施。

五、服务细则撰写

服务细则要强调服务质量的重要性，说明公司基本的承诺。细则可包括：公司的行业，服务的市场类型等；就顾客和职员而言，必须坚持的原则及信念。撰写服务细则应按以下程序来进行：

1. 针对客户的反映进行撰写

将公司有关管理人员组织起来召开讨论会。与会人员站在客户的角度来审视公司的服务现状以及需要什么样的服务，并各自把结果写在纸上。例如："他们确实很有帮助"；"他们的服务质量是无人能及的"等。一段时间之后，依次让每个与会人员朗读他（她）所记录下来的东西。挑选一个组员或者会议主持人，在活动挂图上记下每一项。这一阶段要大家广开言路，自由讨论，对观点合理与否不加评论，会议人员只聆听每个人朗读记录内容。

2. 寻找关键问题所在

要求与会人员对记录结果提出评论，并将评论写在活动挂图上，让每个人都能看见。接下来，与会人员一起检查写在挂图上的所有评论，提出有重要价值的词语和观点来寻找共同的思路。

3. 按照关键问题撰写细则

在列出了重要的主题后，下一步就是将其改为详细的细则，表明公司对服务质量的承诺。根据所列主题，让每个会员写出自己的服务细则样本。15 分钟后，让每个会员依次朗读自己写的服务细则。同时，选出会议主持人，在另一张挂图上写下这些服务细则。接下来与会人员根据服务细则发表意见和看法，从中挑出最好的，同时仔细讨论不同的意见，通过讨论形成大家都同意的服务细则。

4. 关注企业与员工的承诺

服务细则分两部分：一是公司对顾客的承诺；二是企业对员工的承诺。细则的后一部分重复前面三个步骤，但焦点变成了职员。例如，设想你听到几个职员在谈论你的公司，你想听到他们讲些什么？在挂图上列出评论表，重复前面相同的步骤。

一旦上述工作完成，这两部分连在一起就成了公司的服务细则。下面是一些细则范例：

服务细则样本（针对顾客）

我们的任务是以最高的标准获取稳定的利润，在反映本企业内固有风险的同时，向顾客提供服务和价值，来管理一个成功的企业。

我们将对所有的顾客提供卓越的服务，坚持履行我们的承诺，向顾客提供：称心如意的商品；具有竞争力的价格；友好、礼貌、高效的服务。

我们会主动协助每一位顾客，尽量满足他（她）的要求和愿望。我们将在本企业和公众范围内，通过一定的方式，维持和发展在质量及整体性上的声誉来完成我们的任务。

服务细则（针对员工）

目标：通过服务、承诺、业务扩展、素质高低和贡献大小这一评估体系，为自身和他人实现满意的、成功的服务提供依据。

承诺：

（1）提供优质的服务和价值。

（2）把重点放在对整个公司的服务质量及其整体性的满意度上。

（3）为每个人提供充分的机会，不断挖掘、开发其潜能。

（4）相信每个人有能力做好本职工作，支持公司。

（5）表扬每个职员对公司所作的贡献，这对公司在目标和价值上所取得的成绩都会产生影响。

撰写服务细则，通常需要构思时间，因为要使与会人员的观点在细则中都有所体现，每个字都需要斟酌和商讨。

6.2　售后服务核心原则

一、售后服务原则

售后服务既是在销售商品，也是在推销企业的信誉与情感，所以售后服务一般要遵循以下三大原则：

（1）对顾客心怀感激之情。

顾客是因为信赖你，觉得你可以为他解决问题才向你求助。所以售后服务人员不论遇到怎样的顾客，都应该心怀感激之情。只有这样，才能使自己工作得更愉快。

（2）站在顾客的立场上看问题。

如果你晚上睡不着，你是怨恨自己吗？你会说床不好，或者是环境太吵闹或其他。你的客户也一样，你只是他们的发泄对象，并不是你得罪了他们。身为售后服务人员，有必要给顾客"温和"、"诚实"、"可信赖"等好的最初印象，以温和、亲切的微笑来招呼顾客。

（3）让公司赚钱，不赚不赔，少赔为赚。

服务人员在为顾客提供满意、超值的售后服务的时候，别忘了你的最终目的是为公司带来销售收入和利润。如果抛开公司的利益要求，再好的售后服务也是毫无意义的。因此，售后人员应坚持公司的利益原则，在服务好顾客的同时，应追求公司利益的最大化。

二、售后服务要点

售后服务是企业运作过程中一个十分关键的环节。处理好这一环节的相关工作，关键在于切实把握售后服务的要点。以下是售后服务的五个要点：

1. 做好产品售前工作

处理抱怨的最佳方案就是事先做好工作。大多数抱怨的产生是因为产品提供的价值与顾客的期望不一致，这种情况的发生原因很多，产品质量较差、使用不合理或服务较差，有时也因为顾客的期望值太高。对于第一种原因，服务人员无能为力，因为这是产品生产中质量检测部门的问题。但对于后两种情况，服务人员应尽可能加以监控，防止发生。

确保顾客能正确使用产品是售后服务的一部分，保证产品完好无损及时运到也是售后服务的重要内容；在运输前后应仔细检查产品质量，提前发现问题，并在顾客提出抱怨前先向其说明；另外，顾客期望也常常因为服务人员夸大产品质量而变得很不现实，导致顾客对此意见很多。如果对产品保持诚实的态度，那么这种情况也可避免。

2. 倾听顾客意见

当顾客投诉或抱怨时，商家应态度诚恳地表示关心，尽可能站在顾客的立场来寻求解决问题的方法。如果顾客大发牢骚，千万要有耐心，别打断他，尽量让他去讲，如表示出厌烦情绪可能会引起更深的愤恨。你对待顾客的态度将最终决定这一事件是否能圆满解决。在认真倾听完顾客的意见之后，和善地向顾客作出解释，拿出可行的解决方案，顾客才会心平气和，你们的合作关系才会更加牢靠。

3. 弄清抱怨的缘由

当然，顾客的抱怨并非全部合理，可能会有一些顾客无理取闹并强求解决。虽然你希望顺利解决，但如果满足了这些顾客的要求则对你的公司造成不利。

无论如何，当顾客声称产品有缺陷时还是应该先检查产品，让顾客陈述他使用产品的细节。复印机可能因为使用了劣质纸张而卡纸，不合理的使用是造成许多机器损坏的重要原因。通过调查就能发现问题的症结在哪里，最后找出双方都能够接受的解决办法。

4. 迅速处理抱怨现象

商家听到抱怨后要立即加以解决，时间越短越好，不要找种种借口拖延。尽早实施，就能给顾客带来好印象，或至少能淡化不良印象。

你的处理宗旨是为了方便顾客，同时也要让客户认识到这一点，应该向客户充分说明公司决定用这种方法的理由。

5. 抓好后续服务

当顾客同意处理方案后要迅速实施，这时售后服务人员有责任监控实施过程。处理抱怨之后的后续服务对于留住顾客非常重要，如果顾客的不满心情消失，就可以开始下一项交易了。

有时你的公司不愿意为顾客做出改进措施，只要花费不是太大，销售员可以自己掏钱来满足顾客。虽然花了自己的钱，但要是留住了这位顾客，你将来总会获得更大的收效。

三、售后服务技巧及运用

售后服务技巧及运用六步骤平息客户的不满：

1. 让客户发泄

要知道，客户的愤怒就像充气的气球一样，当你让客户发泄完后，他就没有愤怒了。毕竟客户的本意是表达他的感情并把他的问题解决掉。

当客户发泄时，你最好的方式是：闭口不言、仔细聆听。当然，不要让客户觉得你在敷衍他，要保持情感上的交流。认真倾听客户的话，把客户遇到的问题判断清楚。

2. 充分的道歉

道歉并不意味着你做错了什么。客户的对错并不重要，重要的是我们该如何解决问题而不让它蔓延。我们不要像某些公司一样花费大量的时间去弄清楚究竟是谁对谁错，这样对双方都没有好处。当年的恒升电脑不就是为了一个小小的对错问题，丢掉了大陆的市场吗？向客户说，你已经了解了他的问题，并请他确认是否正确。你要善于把客户的抱怨归纳起来。

3. 收集事故信息

客户有时候会省略一些重要的信息，因为他们以为这并不重要，或者恰恰忘了告诉你。当然，也有的客户因知道自己也有错而刻意隐瞒的。你的任务是了解当时的实际情况。

你还要搞清楚客户到底要的是什么。如果客户对你说：你们的产品不好，我要换货。你能知道他内心的想法吗？不能。你要了解客户对品质的评判标准是什么，又是如何使用的，他想换成什么样的产品。你去看病的时候，医生是如何对待病人的？他们会问你许多问题。是他们不懂医术吗？不是，是因为他们知道，如果有什么信息被漏掉，他们可能无法开出药方来。

你希望给你看病的大夫是看病最快的呢，还是他的病人对其竖大拇指的呢？

你要做到：知道问什么样的问题；问足够的问题；倾听并回答。

4. 提出问题解决办法

对客户的问题提出解决办法才是我们的根本。试想，当你在饭店等候多时饭菜才送上来时饭店老板是如何做的？可能是给你一盘小菜或者是一杯免费的酒。作为公司可以有更多的选择，比如：打折；提供免费赠品，包括礼物、商品或其他；名誉；对客户的意见表示感谢；私交，以个人的名义给予客户关怀。

5. 询问客户的意见

客户的想法有时与公司想象的差许多。你最好在提供了解决方案后再询问客户的意见。如果客户的要求可以接受，那最好的办法是迅速、愉快地完成。

6. 跟踪服务

是否处理完成后就万事大吉了呢？不是，上面的五步都做了，表明你是一个优秀的公司，如果你继续跟踪客户，那你的公司就是一个出类拔萃的公司。不要心疼钱，给客户一个电话或者传真；当然，亲自去一趟更好。看客户对该解决方案有什么不满意的地方，是否需要更改方案。

四、售后服务用语

一般而言，售后服务用语是指销售人员在售后服务中对客户所表达的语言，如礼貌用语、行为、穿戴等，它直接反映了公司或企业的形象问题。好的服务用语不仅使售后服务变得丰富多彩，更重要的是它可以让整个产品销售渠道变得顺畅。然而，差的服务用语却会导致买卖关系僵化，缺乏进一步发展的动力。可以这么说，售后服务用语贯穿于整个售后服务过程的始终。下面是针对不同服务情况的用语：

1. 向顾客询问各种必要程序

签订契约、确定送货地点、顾客使用信用卡时，都要向顾客询问：

"对不起，麻烦您在这儿填上姓名、住址及电话号码。"

"麻烦您告诉我府上附近有什么明显的标志，这样可以方便货物送到。"

"谢谢您的捧场，麻烦您在这儿签名。"

2. 对待口出怨言的顾客

当顾客对服务员抱怨时，最重要的是聆听抱怨的内容，并且郑重地向顾客道歉。

"实在很抱歉，我马上请人拿另外一件给您，请您稍等一下。"

"谢谢您给我们的建议，我马上请示经理给您满意的答复，请您在这里坐一下。"

"非常抱歉带给您许多麻烦，我马上换一个新的给您，请您在这里等一下。"

如果是自己的错误而导致顾客抱怨时，应该郑重而诚恳地向顾客道歉。

总之，售后服务人员在商业活动中，要做到尊重顾客，以礼相待，坚持文明用语，讲究语言的表达技巧，这对促成商品的进一步销售至关重要。

3. 接听电话的服务

在现实生活中大多公司或企业都采用电话服务，电话服务大多用于咨询方面。一般而言，可分为：普通应答电话、咨询电话、查询电话、报单电话、维修电话和投诉电话。不同的电话应有不同的应答标准和技巧。如接到投诉电话时，应首先向客户致歉，同时记录事情经过，告诉客户处理的大概时间，并安慰客户。并注意在打电话时不得使用不礼貌言语与客户交谈，说话的语气就尽量轻松和蔼，让客户容易接受。例如，通常我们规定，不准给客户如下的答复：

（1）"不行"，"我不知道"，"这不是我的事"，"不清楚"，"没法干"，"您找/问别人吧"，"您自己去问吧"。

（2）接待用户头不抬，回答用户模棱两可。"可能……"，"这个问题不太要紧"，"那种现象很正常"。

（3）推卸责任。"这是某某的事，""您打电话找某某吧"，或"这是您的问题，不属于我们的事"，"这属于产品质量问题"，"这一批产品都是这样，质量有点问题"，"这是您自装的，我们不负这个责任"，"这是经销商的事，你找他们吧"，"我们现在太忙，过两天处理吧"。

（4）在不了解具体情况下说，"你使用不当，我们不负责任"，"你投诉好了"，或遇到问题不积极解决，"有什么问题，找我们领导好了"等。

4. 人工台服务用语

（1）当听到对方电话接通时首先报台名：

"您好！×××热线，××号为您服务。"

"您好！欢迎使用×××人工热线。"

报台名时声音要甜美，一定要给用户一种亲切的感觉。

（2）报完台名后如对方未作出任何反应：

"您的线路已经接通了，请您讲话。"

"这里是×××声讯，有什么可以帮助您的吗？"

讲话时速度要放慢，思路要清晰，要让用户感觉你非常有耐心。

（3）当对方开口讲话与你交流时：

"先生/女士您好！请问您需要哪方面的信息咨询？"

"上午/中午/下午/晚上好！我是某某，您是我们的新朋友还是老朋友呢？"

"您是第一次参与我们的节目吗？"

对用户提出的问题要细心解答，对自己不了解的问题不要盲目解答。

（4）当通话结束准备挂机时：

"欢迎您再次拨打×××声讯，再见！"

"感谢您使用×××声讯，再见！"

"祝您每天都有一个好的心情，再见！"

要让用户感觉你服务周到，值得回味。

5. 直接服务

为了建立部门良好的形象，规范售后服务人员行为，促进部门的健康发展，提升售后服务人员的工作信念、礼仪标准，确保在工作品质，以奖优惩劣为手段，应该制定"售后服务人员品质管理办法"，确保在服务过程中保持良好的企业形象。主要对着装、仪表、安装人员的行为、办公室人员的行为、上门服务等进行严格规定，并进行培训。如上门服务时，先与用户联系，约好上门时间；轻敲门，用户开门时欠身示意；在用户家不东张西望，不乱走动，如需到其他房间，须经用户同意；不乱动用户家东西，如水杯、毛巾等。

可以说，服务是一项非常具体而又需要耐心的工作，客户对服务的要求通常是较高的，需要100%的满意。在企业都在喊出各种动听的服务口号时，在企业都在挖空心思提高服务项目的标准时，谁能够做得到位、做得更好，才是制胜的关键。

●精选案例

丰田——如何改进滞后的售后服务

近年来，进口车凭借强大的实力和相对优良的品质，拥有为数众多的追随者。进口车巨大的市场空间和快速增长的销量让厂家和经销商笑逐颜开，然而进口车其乐融融的销售背后，一个非常关键的制约因素也愈发明显了，那就是相对滞后的售后服务。

为了让消费者对车市上销售的进口车售后服务有一个清晰的认识，最大限度地实现放心消费，同时也让进口车厂家深刻体会"兵马未动，粮草先行"的道理，某刊物策划推出了"进口车售后服务现状调查"系列报道，首先让我们关注一下最早登陆中国的进口车之一——丰田。

对于今天的中国人来说，提起丰田，可能反应很平常。但在20世纪六七十年代就不一样了。1964年4月，丰田首次向中国出口皇冠（CROWN）轿车，从那时起，中国人便开始认识了丰田。当一辆早期的丰田皇冠驶上北京长安街时，众人的目光被整齐地吸引过去，为之止步。丰田车成为当时很多人茶余饭后的谈资，更是很多人可望而不可即的梦想。在传媒非常不发达的当时，丰田的口碑却以惊人的速度在中国传播开来，其品牌知名度甚至达到了妇孺皆知的地步。皇冠轿车成为很多人心目中的高档轿车代言人。

为了保证维修服务质量，丰田非常重视提高维修员工的技术技能水平，在人才培养方面投入了很多力量。1985年，丰田在教学室的基础上，成立了中国技术培训部，1997年又扩建成为亚洲一流的丰田汽车中国培训中心（北京）。丰田是第一家在中国国内设立服务维修培训中心的外国厂商，现已在北京、广州等地建立了培训中心。丰田要求每一位特约维修站员工、业务员和维修工都要经过丰田维修培训中心的专业培训，并且通过等级考试方能上岗。丰田为各个特约维修站制订了阶段性的培训计划，使工作在丰田维修系统的员工不断地、有计划地提升业务水平，为保证和提高维修服务质量奠定了充分的人才基础。

丰田不仅为其相关企业培训人才，而且还以广泛培养汽车修理工为目标，在北京、上海、广州和沈阳援助建立了技工学校，为丰田汽车在中国的畅行无阻奠定了坚实基础。在今天看来，丰田在培训人才方面的确走到了其他进口汽车品牌的前面，为丰田在中国投资设厂奠定了基础。

为了缓解零配件供应不足和不及时的局面，2001年12月，丰田汽车（中国）投资有限公司成立了丰田在中国首家零部件供应基地——丰田汽车仓储贸易（上海）有限公司，并以该基地为中心，在全国各大地区建立了零配件配送中心，呈放射状分布，辐射全国，初步解决了零配件供应的问题。

丰田的售后服务究竟如何，还要看用户的评价，为此有记者在北京、上海和广州等地随机采访了部分丰田车主。

记者采访的丰田车主普遍具有较高的文化素质，全部是大专以上学历，多为事业有成人士，年龄多在35岁左右。从他们的脸上可以看出自信以及对美好事物的执著追求。

在他们看来，丰田的品牌和品质，是促使他们购买丰田车的原动力。这些车主多为听着那句"车到山前必有路，有路必有丰田车"成长的一代，丰田的品牌很早便在他们的脑海中打下了深深的烙印。我们在采访中发现，98%以上的车主在回答为什么选择丰田汽车时都首选了"品牌优势"，可见丰田汽车的品牌影响力之大。除了品牌因素外，丰田汽车多年来形成的优良产品质量和性能以及经济性口碑都深深吸引了中国的客户。对于丰田汽车的售后服务，绝大多数的用户给予了较高的评价。用户认为丰田的特约维修站大都设有宽敞明亮的业务大厅，环境舒适，从外观到内部都充满人性化设计，很正规，感觉上档次。丰田的售后服务很专业，维修工技术过硬，服务热情周到。

在维修的方便性这个问题上，用户出现了截然相反的两种意见。身处北京、上海和广州等大城市的车主认为丰田的售后服务网络建设很到位，布局很合理，维修保养很方便。然而我们在采访中发现，对外地用户而言，维修的方便性显然无从谈起。外地用户到大城市修车无外乎两个原因：一是当地没有丰田特约维修站；二是当地丰田特约维修站的技术不过硬，这也为丰田的售后服务网络建设提出了更高的要求。

我们在采访中发现，用户对丰田售后服务的不满意主要集中在零配件价格高且供应不及时和等候时间长等方面。其中等候时间长不单纯是业务量大的问题，这其中有些是在等待将要使用的零配件，此种"巧妇难为无米之炊"的尴尬，令维修站也很无奈。因为所有的零配件又需要进口，由于运输时间的制约和关税的影响，特约维修站又不可能有大量的库存，致使配件价格居高不下，供货期延长。

近几年，国产车迅速崛起。很多品牌在不断完善产品质量的同时，也相应地加快了售后服务网络建设，有些品牌的售后服务网络规模已经超过了进口车。在很多人眼中，国产车虽说可能在产品质量和装备质量方面不如进口车，但售后服务方便，养车费用低。

随着更多的车主售后服务意识的加强，进口车在售后服务方面发展若不加快速度，必将大大影响其在中国的销售。丰田在售后服务方面由于开展得比较早，与其他进口车品牌相比一直处于领先地位，应无近忧。但随着中国经济的飞速发展，购车的群体必将不断扩大，销售重点城市数量也会不断增加，因此售后服务网络的发展速度能否跟上不断拓展的市场空间，售后服务质量能否与网络的拓展同步提升，零配件的供应能否有较大改观，用户忠诚度的培养和人性化服务方面能否与国际接轨，这些都是摆在丰田面前亟待解决的问题。丰田的售后服务优势在于人的培养，经过了多年的努力，丰田已经培养了数千名拥有丰田车维修经验的修理技工，在这一点上，丰田可以说具有别的进口车品牌不可比拟的优势。

（资料来源：《感动上帝——商品售后服务实用指南》）

●复习思考题

1. 谈谈售后服务在市场经济中的重要性以及你对售后服务在企业中的位置有什么新的认识。

2. 你认为售后服务的未来发展趋势会是怎样的？

3. 根据自己的个人感受去谈论一下售后服务在生活中对人们的消费行为的影响。

4. 当顾客对你表示抱怨或不满时，你将如何处理？

5. 电话服务有哪些基本技巧？与客户通话要注意哪些语言禁忌？

●工作任务训练

任务一：实训组织

将学生分为 3~5 人一组，分组讨论，对情境中的每一步分析恰当的处理方式，说明理由。然后由各组推选一人在全班讲解，最后由教师评析。

任务二：售后服务营销——只有让客户满意，客户才让企业满意

1995 年 3 月，青岛一位姓王的老太太买了一台海尔空调后，打了一辆出租车回家，在上楼找人帮忙搬运的时候，黑心的出租车司机将空调拉跑了。这则消息在《青岛晚报》刊登后，在社会上产生了极大的反响，人们纷纷指责不义的出租车司机。但张瑞敏首席执行官从这则消息中看到用户买的是海尔空调，头脑中首先浮出的想法是要对海尔的用户负责。于是他马上让空调事业部负责人免费赠送给王老太一台空调，并上门安装。

对着墙上新安装的海尔空调，王老太说："是海尔救了我一条命！当初那司机拐走我的空调后，我怎么也想不开，一天没吃饭，在海边寻思着，偏让我遇上了这件事，真没法活了！后来女儿说，海尔又送来了空调，我当时不信，以为是女儿哄我宽心，没想到是真的，我做梦也没想到——不该拿的偏要拿，不该送的还偏送——这世界，人的品质相差太远了！"

事情似乎获得了圆满的解决，但张瑞敏首席执行官想得更远、更多。他由此看到了服务的盲区，立即批示企业内部自查服务上的问题，并制定解除用户烦恼的措施。因为海尔人心中的服务宗旨是：用户永远是对的。空调事业部从王老太事件中发现，用户在购买空调的时候，存在着要自己拉货、找人搬抬等不便因素。为此，空调事业部完善了服务内容，提出了"无搬动服务"，也就是说，用户购买海尔空调只要交款，以后的所有事情都由公司来办，消费者只等着享用就可以了。很快，空调公司又推出"24 小时安装到位"的服务项目，使消费者购买空调后 24 小时之内便可安装享用。其他公司也从此事中寻找服务的薄弱环节，推出了一系列服务措施。"零距离"、"无搬动"的"海尔星级服务"使海尔在用户心中的美誉度更高。

海尔坚信，服务的好处不仅仅在于眼前的收益，而在于赢得用户长期的信任感。而要赢得长期的信任感，就必须先树立"用户永远是对的"的观念，做到"零距离"服务。什么是"零距离"，张瑞敏首席执行官说："所谓'零距离'，其本质是心与心的零距离。只有企业同员工的心之间是零距离，员工才能同用户的心之间产生零距离，那就真正做到了卖一台产品赢得一颗用户的心。这不仅针对国内的用户，也包括国外的用户。"

根据上面的故事，请思考下列问题：

1. 海尔为什么要赠送王老太空调并免费安装？
2. 你从该案例中得到什么样的启迪？

●补充阅读

做售后服务要注意哪些？

所谓售后服务，就是在商品出售以后所提供的各种服务活动。从推销工作来看，售后服务本身也是一种促销手段。在追踪跟进阶段，推销人员要采取各种形式的配合步骤，通过售后服务来提高企业的信誉，扩大产品的市场占有率，提高推销工作的效率及效益。

售后服务的原则

（1）礼尚往来的原则。

在人们的潜意识中，最有威力、影响力的就是一种礼尚往来原则。当别人给我们帮忙的时候，我们就希望也能够为别人做点什么来予以回报。同样，我们在和顾客形成交易的关系时，也别忘了在适当的时机，带一些有纪念性的用品，或者一些小东西送给顾客，顾客会觉得，你重视他。当你需要一些信息时，我相信这个顾客也会告诉你，买了你的产品以后，用得怎么样，他也会把一些信息全都告诉给你，同时他也会把你的竞争对手的一些信息告诉给你。所以每次当你帮顾客的忙，那位顾客就会感觉到自己也应该替你做些什么似的，每当你对顾客的要求做个什么让步，顾客内心就会感到对你好像有种亏欠，增进你俩的关系，就有了做成下一次生意的可能。

（2）承诺与惯性原则。

在心理学上，影响人们动机与说服力的一个最重要的因素叫做承诺惯性原则。它是指人们对过去做过的事情有一种强烈连贯性的需求，希望维持一切旧有的形式，使用承诺来扩充观念。顾客有一种什么样的习惯，或者说他有什么样的旧的做法，做事的方法或处理事物的一些态度，你要掌握这种惯性的原则。这个承诺惯性的原则就是我们怎么样更进一步地与我们的顾客相处，以及找到顾客内心需要层次的一种提升。

（3）社会认同原则。

我们将威力无穷的潜意识影响称之为社会认同原则。购买某个产品和服务的人数深深地影响着客户的购买决策。如果你与顾客关系处理得很好，这时公司又开发了一个新的产品，当你到顾客那里时，也可以用这种方法告诉顾客，"你看我们的产品还没有上市就已经有很多顾客向我们订了单子，你看这是某某报纸对我们这个商品的报道，社会对我们的评价都不错……"当他看到这样的一个东西或者信息时，他会觉得，"嗯，不错，人家都买了，我也应该买"，这叫做社会认同原则。

（4）同类认同。

假如你的顾客是医生，都在使用这个产品或接受这样的服务，那你给护士推销，护士也可以接受。假如律师都用这种产品，那你向其他的律师再推销这种产品时，其他律师也会接受，这就叫社会认同。

（5）使用者的证言。

这也是促使顾客购买产品的一种因素，利用曾经买过我们的产品的人，或使用我们产品的人，用他们的一些见证，告诉我们的顾客，这也是影响顾客购买决定的一种方法。当然你必须要取得一份现有顾客的名单，询问他们用了我们的产品以后有什么样的感觉。

（6）喜爱原则。

比如一种化妆品，某某明星在用，所以我也想去用它；那个明星穿什么样的衣服，我也想买什么样的衣服，因为我喜欢那个明星。目前很多促销广告，都找一些名人，也就是在运用这种喜爱原则，去激发顾客采取购买行动。

（7）友谊原则。

客户介绍的潜在客户比全新的顾客更为有利，因为它的成功几率是全新顾客的 15 倍。一个拔尖的销售人员，他永远在培养他的老顾客，同时他也不断地开发他的新顾客，而新顾客的开发来源，最好的方法就是由老顾客介绍。而这种老顾客的介绍，就是人们在运用的友谊原则。

今天的售后服务并不是顾客已经买了你的东西，你去给他做服务，而是在建立一种和谐的人际关系。顾客买你的东西之前，你可以用这些原则，是在促进顾客更相信你的产品，更相信你。而买过产品的人，你也要让他更进一步地跟你维持一种信赖的关系。

恰当时机的感谢函

（1）初次访问的顾客反映不错时。

我们要在适当的时机致以感谢函，一个顾客无论有没有做购买的决定，有没有买你的东西都不重要，重要的是要在访问的时候顾客反映不错，这就需要你在拜访过后马上要发感谢函给他，现在发感谢函的方法都很简便，电子邮件几分钟就过去了，可以省下你很多的时间。

（2）签订契约的时候。

当你与顾客见面或顾客买了东西以后，你一定要心存感恩，感谢顾客。客户的第一印象来自于销售人员。你的服装仪容是不是很好，甚至于当你和顾客寒暄的时候，你是否谦恭有礼，是否让人感觉到你很专业，都会影响印象分。所以要记住，你今天在做销售：①首先在推销你自己；②在销售商品的同时，也在替顾客解决问题。

销售商品的效用或价值的下一个阶段是销售商品、销售你的服务，所以你在写感谢函的时候，一定要把这种感恩的心情告诉你的顾客，因为每个人都有一种感觉，当你写了一封信给他，或者说是寄一张贺卡给他时，他通常是不太容易把它忘掉的，这样可以加深顾客对你的信任。

（3）承蒙顾客帮忙时。

还有一种需要写感谢函的情形是需要顾客帮忙时，去拜访顾客，不管他是否买过你的产品。在礼尚往来的触动之下，虽然他没有买你的东西，但因为你送了一点小小的礼物送给他，他会觉得心里有点内疚，所以他一定会帮你的忙，虽然说他买过了，或者并没有买你的公司的产品，但是他也会帮你忙，你还是不要忘记，永远心存感恩，致以感谢函。

（4）从旅游地向平日惠顾的顾客致谢。

你可以告诉你的顾客，什么地方休闲不错，可以提供给顾客；什么地方有一场足球赛，你有票，会在什么时候叫快递给他送过去……这样顾客就觉得，有这么一个人，时时在关心着他，他一定很感动。同时，你也会收到很多回馈、很多关心。你去外地的时候，别忘了带回一些小纪念品送给你的顾客，这样可以增强你和顾客之间的信赖关系。

视察销售后的状况

对于购买你的商品的客户，你要经常做回访，直到顾客使用产品熟练为止。在还没有熟练之前，顾客总会遇到许多问题，特别是那些机械类的东西，使用一段时间之后需要更换零部件，所以你要做经常性的售后访问。对于消费型产品，有必要调查顾客的使用情况，这些都是比较重要的问题。

提供最新的情报

为顾客提供经营情报，介绍公司的新产品、新服务项目，都需要在售后服务时去做，这等于不断地与客户建立良好的关系。要善于运用礼尚往来、承诺和友谊多等种原则，在为顾客提供公司新产品、新服务的经营情报的同时，还可以从顾客那里得到很多有关其他公司的情报。

将顾客组织化

人际关系的好坏会直接影响到我们的销售，如果今天我们没有把顾客的关系处理得很好的话，我们将会失掉很多生意。通过顾客介绍的客户的成交率是普通顾客的15倍，所以如何将顾客组织化将成为一个重要的问题。

（1）建立影响力中心。

每个顾客都有很多朋友，我们都希望顾客介绍更多他周边的人给我们，有时候相处很好的顾客会把他的一些亲戚和朋友也介绍过来购买产品，这样就建立了影响力中心。

（2）举办研讨会。

选择一个适当的时机，将使用过你的产品的顾客请来参加研讨会，请他们为公司提合理化建议，同时也可以让这些顾客认识更多的人，这是一项利人利己的工作。举办研讨会最主要的目的，就是让这些顾客相互认识，同时也是你对顾客真诚的一种表现。

诚恳地将其视为商讨对象

（1）从头到尾。

对顾客所说的话要从头到尾耐心地听。一般人如果听到对方重复话题，都忍不住想阻止对方，于是就说"我知道了"，不想让对方再说下去。但是请你一定把这些反复的话当作重要的环节耐心地听完。

（2）听出真意。

在与顾客谈话的过程中或者是了解、商讨对策的过程中，你要注意听，听出顾客真正的用意在哪里，看他们有什么不满或者抱怨。你遇到的顾客表达可能不是特别好，甚至可能有一些结巴，但是你一定要有耐心，让顾客把他的问题说出来，听出真意。让他们说出不便说或不敢说的话才是最重要的。

（3）让顾客想出对策。

如果商品问题实在没有办法解决，也可以让顾客帮你出对策。当你用心去为顾客服务，用心地关心顾客，顾客会感谢你，还会作出更大、更好的回馈，为你想出最好的解决烦恼的对策来。

处理不满的要诀

（1）要耐心倾听。

顾客购买你的东西，总是有不满意的时候，所以常常会打电话到公司告诉我们他对这个事情不满。无论是打电话还是当面跟你说，永远记住：不要争辩，要耐心地倾听，尽量地学会多听别人的，然后在适当时机才表达你的观点。

（2）不要辩解，只需认错。

千万不要和你的顾客发脾气，要学会控制情绪，做一个高EQ的销售人员。顾客可能很生气，但是你一定要耐心地接受，不要做过分的辩解，只需要认错。"我非常了解您的情形，同时我可以感受到您对我们的服务的关心，因为您希望我们好，所以才会告诉我们。"尊重顾客是一个称职的销售人员必须具备的素质，即使你知道这个顾客误会你了，或者是平白无故地被这个顾客给骂了，你仍然要静静倾听顾客吐苦水，有时在你的耐心倾听之中，顾客的怒气就消了，对产品的不满也就不知不觉地淡化了。许多人在顾客尚未表露不满时，就很焦急地想找借口应付他，如果你一再地辩解，顾客会情绪性地产生反感。

（3）了解不满的原因。

由于商品本身的问题而引来的不满，只要直接替顾客解决了就没事了。

表现不满型就是发牢骚的那种类型，如果在不满的情绪中产生情感对立，就会有这种情形发生。所以你要静下心来，倾听顾客吐苦水是最好的方法。

提高自己的口才

提高你的口才，提高感性原则很重要，要学会观察人，要学习别人的长处。你的顾客也是你的老师。要学会善于思考，简单方式就是自问自答，"我这样做对吗？可以满足别人吗？有没有要改进的地方？"平时要多观察、多探听、多阅读、多交谈，锻炼自己的口才，然后把这些零碎的片断组合起来，经分析后提炼一些更有品质的内容。提高应对的能力就需要模仿那些有经验的人，看看他们是怎么做的，你同时要通过反复的练习，才能提高自己的口才。

"有志者，事竟成。"在销售的过程中，接近了客户，认识了客户，给顾客介绍产品，让顾客购买产品，与顾客建立良好的关系。在每一次与顾客的接触中有意识地磨炼自己，不断学习别人的长处，努力克服自己的缺点。今天的每一次经验积累，都是为了明天拥有更好的起点。

售后服务本身同时也是一种促销手段，通过售后服务可以提高企业的信誉，扩大产品的市场占有率，提高推销工作的效率与效益。掌握售后服务原则，在适当的时机向顾客致以感谢函，可以增进你与顾客之间的信赖，有利于销售工作的进一步开展。掌握售后服务的要点，提高自身素质，努力做好售后服务，使售后服务成为再次销售的开端。

任务七　认知 CRM

●引入案例

麦德龙借 Teradata 解决方案赢 CRM 奖项

　　全球最大的零售企业之一麦德龙集团凭借其透明、灵活的营销活动管理解决方案一举摘得欧洲零售技术奖（Retail Technology Award Europe）的桂冠。麦德龙集团以基于 Teradata 平台的集中化解决方案取代了其原来针对不同国家部署的营销系统，并根据具体的需求对 Teradata 客户关系管理（CRM）软件进行了强化。在最近举办的 2009 杜塞尔多夫国际零售业展览会（EuroCIS 2009）上，欧洲著名零售研究机构 EHI 将零售技术奖颁给了麦德龙集团。

　　借助基于数据仓库的 CRM 解决方案，麦德龙集团可以对营销活动进行监控、分析和管理。引入新系统之后，营销团队的效率和效力均显著提升；没有专业技术背景的营销人员也可以自行设计单一营销活动，且活动后还可以轻松地重复实施。例如，凭借 Teradata 解决方案，现在每年可执行 400 个营销活动，而使用同样的资源在往年只能实现 80 个营销活动。此外，一个营销部门可以管理在两个国家进行的活动。该系统还能跟踪汇报成功的消费者推广活动，并对活动是否可能获得成功进行预测分析。

麦德龙集团解决方案部总经理 Stephan Biallas 表示："我们营销活动管理效率的提高充分证明麦德龙集团的系统协调是富有成效的。而获得这一奖项也再次说明了持续优化业务流程的重要性。"

凭借强劲的分析能力，麦德龙集团可以更迅速地确定效率不高的营销活动和没有吸引力的产品类别，更准确地了解不同市场的状况。这也是为什么麦德龙集团能够更快地对市场条件的变化作出反应，并更好地满足消费者需求的原因。随着分析工具的使用寿命不断延长，系统可以对在各个国家市场上进行的营销活动能否获得成功进行预测。

在过去的十多年里，Teradata 数据仓库平台一直为麦德龙集团持续的数据管理和业务流程协调提供支持。现在，麦德龙集团可通过其全球数据仓库持续捕捉和整合欧洲、亚洲及非洲地区不断增长的子公司和商业项目的数据。

Teradata 零售及金融业解决方案团队负责人 Andreas Geissler 表示："在 Teradata 数据仓库的支持下，麦德龙集团得以巩固其强大的全球市场地位，从而在营销上实现了规模经济效益。"

引入新的 CRM 解决方案之后，麦德龙还实现了 IT 领域的协同优势。此前，集团需要在不同国家通过相关的基础设施对专门的系统进行维护。而现在，新的解决方案已经被部署到包括德国、荷兰、捷克、斯洛伐克、俄罗斯、匈牙利、意大利和希腊在内的各个国家。麦德龙现购自运公司（Metro/Makro Cash & Carry）还计划在更多的国家扩展使用这一方案。

（资料来源：http://www.enet.com.cn）

7.1　CRM 的产生与发展

CRM 是客户关系管理 Customer Relationship Management 的英文缩写。实际上自人类有商务活动以来，客户关系管理就是商务活动中的一个核心问题，也是商务活动成功与否的关键之一。最简单的例子是个体经商户根据一些老客户的特点提供适合老客户特点的产品。随着市场经济的深入发展，企业对市场和客户的依赖已经逐步提高到关系企业生存高度，谁能把握住市场的脉搏，满足客户对产品的需求，谁就能赢得市场，赢得客户，谁就能生存、发展、壮大。企业以客户为本，一个企业如果丧失了客户，那它也就丧失了一切。更重要的是，企业必须拥有长期的客户，因为唯有与客户保持长期良好的关系，一个企业才能够在市场竞争中不断提高市场份额并增强竞争力。因此，企业以客户为本，实乃以客户关系为本。

全世界范围内的各个企业都在经历一场深刻的变革，它关系到企业在未来怎样与客户以及潜在客户进行交流和互动。自从 Gartner Group 提出 CRM 一词以来，CRM 作为网络技术和商业运作的成功结合而显示出了良好的发展前景和市场潜力。根据 Gartmer Group 的抽样统计，通过 CRM 采用主动式客户服务的企业，其销售收入增加了 15% ~20% 不等，这说明企业在采用 CRM 后，将会获得明显的回报。而到 2003 年，全世界 CRM 服务所创造的利润增长了 48.4%，由此可见，CRM 正日益成为 IT 制造商和服务商新的投资机会。

一、CRM 的产生

美国是最早发展客户关系管理的国家，早在 1980 年初便提出"接触管理"（Contact Management），专门收集相关客户与公司的所有信息；到 1990 年则演变成包括由电话服务中心支持资料分析的客户关怀（Customer Care）。现代企业面临新的市场需求和日益激烈的市场竞争，要求企业以顾客为导向，提供顾客所需要的产品和服务，维持传统客户市场，开拓新的客户市场。在这种背景下，新的技术与现代管理思想相结合，使得传统的以客户为中心的管理思想不再停留在设想阶段，客户关系管理的理念应运而生。现代 CRM 概念是由 Gartner Group 首先提出的。Gartner Group 是一家研究分析现代商业发展趋势和技术的专业咨询顾问公司，是国际 IT 领域最为重要的思想库。Gartner Group 认为"CRM 首先是一个建筑在市场经济相对发达基础之上的管理理念，IT 技术只是 CRM 理念的表现方式；CRM 既是一种管理思想，又是一套解决方案，同时也是一套应用软件系统"。

从 20 世纪 80 年代中期开始，为了降低成本、提高效率、增强企业竞争力，许多企业进行了业务流程的重新设计。为了对业务流程的重组提供技术支持，很多企业采用了企业资源计划（ERP），这一方面提高了企业内部业务流程的自动化程度，使员工从日常事务中解放出来；另一方面也对原有的流程进行了优化。由此，企业完成了提高内部运作效率的任务，从而有更多的精力关注企业与外部相关利益者的互动。在企业的诸多相关利益者中，客户的重要性日益突出，他们在服务的及时性和质量等方面都提出了更高的要求。企业在处理与外部客户的关系时，越来越感觉没有信息技术支持的客户关系管理力不从心。于是，CRM 系统应运而生。

最初的 CRM 于 20 世纪 90 年代初投入使用，主要是基于部门的解决方案。当时许多美国企业为了满足日益竞争的市场需要，开始开发销售力量自动化系统（Sales Force Automation，SFA），随后又着力发展客户服务系统（Customer Service System，CSS）。这虽然增强了特定的商务功能，但却未能为企业提供加强与个体客户间关系的手段。于是，1996 年后一些公司开始把 SFA 和 CSS 两个系统合并起来，再加上营销策划（marking）、现场服务（field service），在此基础上再集成 CTI（Computer Telephone Integration，技术电话集成技术）形成集销售和服务于一体的呼叫中心（call center）。这样就逐步形成了我们今天熟知的 CRM。这套整合交叉功能的 CRM 解决方案，把内部数据处理、销售跟踪、国外市场和客户服务请求融合为一体，不仅包括软件，还包括硬件、专业服务和培训，为企业雇员提供全面、及时的数据，让他们清楚地了解每位客户的需求和购买历史，从而提供相应的服务。

CRM 概念的正式提出，加速了 CRM 的产生和发展。狭义来讲，CRM 客户关系管理的技术载体就是呼叫中心，1998 年以后随着互联网技术的迅猛发展和电子商务的兴起，进一步加速了 CRM 的应用和发展。互联网为客户交互提供了一种新的渠道，CRM 真正进入了推广时期，这为 CRM 向 eBRM/eCRM 的方向发展提供了良好的平台。

作为企业 Internet 策略的一部分，CRM 和 ERP 及 SCM（供应链管理系统）等一起构成了网络时代企业核心竞争力的引擎。在大多数的 ERP 产品中，都包括了销售、营销等方面的管理内容。CRM 产品则更专注于销售、营销、客户服务和支持等方面的管理，在这些方面比 ERP 更进一步。CRM 所起的作用是实现前端互动营销与客户服务、客户支持、客户追踪、客户挖掘和客户自助，在吸引并留住客户的同时，与商业伙伴和供应商保持良好的关系，以期在电子商务生态系统中最大限度地挖掘和协调企业资源，包括信息资源、客户资源、生产资源和人力资源等，拓展企业的生存空间，提升企业的核心竞争力。CRM 的出现与营销方法的演化历程是分不开的，只不过这种方法融合了信息技术、决策支持等技术，强调企业与客户接触面内外互动。每一步革命性的演化都是时代信息技术新发展和新营销策略共同影响的结果。CRM 是营销方法演化的结果。如表 7-1 所示。

表 7-1 营销方法的演化

营销时代	方法	技术
文艺复兴时代	技能	销售人员、电话、面对面
工业革命时代	大规模市场营销	计算机储存通讯名单
信息时代	数据库营销	客户数据库
最佳化时代	CRM	数据仓库、数据市场和 OLAP

传统经营模式是以产品竞争为基础。企业更多地关心企业内部的运作效率和质量的提高，以此提高企业的竞争力。如在 20 世纪 80 年代末期兴起的业务流程重新设计以及 ERP。随着全球经济一体化和竞争的加剧，产品的价格和质量的差别已不明显。以客户为中心，倾听客户呼声和需求，对不断变化的客户期望迅速作出反应的能力成为企业成功的关键。这种新经营模式的出现使市场营销模式由传统的 4P（Product、Price、Place、Promotion）向 4C（Customer、Cost、Convenience、Communication）转变。市场营销模式的转变带来了关系营销的出现，推动了 CRM 的发展。关系营销是指以建立、维护、经营、改善、调整各种关系为核心，对传统的交易营销概念进行改革的新理论，它的核心是关系管理（而不是传统的交易管理），基础是客户关系管理（CRM），其前提是有效的内部营销或内部控制。如表 7-2 所示。

表 7-2 传统营销与关系营销

	传统营销	关系营销
营销工作的重点	吸引新客户	专注保留顾客
营销执行部门	营销部门	跨部门、全员营销
营销工具组合	4P	4C
时间标段	短	长
顾客服务	不重视顾客服务	非常强调顾客服务
顾客承诺	有限	很多
顾客接触	接触顾客适中	高度接触

CRM 市场自 1998 年以来每年以 50% 的速度增长，据 AMR 分析师预测，在未来四年中 CRM 市场将从 2007 年的 140 亿美元增长到 2012 年的 220 亿美元。CRM 有取代 ERP 的强劲势头，任何一个企业都可以是 CRM 技术应用的对象。尽管功能的深浅、实施的范围差别很大，但 CRM 技术应用的广泛性是 ERP 和其他管理软件无法比拟的。

国际著名的软件公司也相继推出自己的 CRM 产品。国内用友、金蝶等也推出了符合中国国情的 CRM 产品。总体来讲，CRM 产品形式各异。国外在 CRM 的学术研讨目前集中在 CRM 与企业内部应用的集成上。国内则由于刚起步，大多停留在对概念和功能的理解上。

呼叫中心为旅游企业添上了翅膀——携程旅游实施 CRM 速描

携程公司是一家以高科技为手段的旅游服务公司，1999 年初公司成立，在北京、上海、广州、香港等地设有分公司。携程主要通过 "800" 电话呼叫中心和互联网为客户提供快捷、优惠的订房、订票等旅行综合服务。自 1999 年 10 月开通以来，以其独到的经营模式迅速在旅游行业中占据领先地位，预订业务中的酒店订房业务量已经相当于中国的最大的订房中心，月交易额已逾 2 000 万元。

携程的呼叫中心有一个渐进的发展过程。刚开始主要是通过互联网为客户提供服务，后来根据客户的要求开通了 800 国内免费热线电话，通过板卡式的语音处理设备和坐席人员为客户提供各种服务。由于电话的普及、方便等特点非常适合各种层面的客户使用，因而 800 电话的呼叫中心一经推出就很快得到社会的普遍认可。在 2008 年 5 月 1 日，通过 800 电话接入的预订房和预订票的信息出现了高峰。7 月份又进行了较大规模的人员直销活动，进一步刺激了市场人气，呼叫中心预定业务又上了新的台阶。板卡式的设备成为瓶颈之后，又更换成交换机。随着业务的突飞猛进，呼叫中心不仅无法适应客户规模的要求，而且在性能方面也制约了业务的拓展。

经过充分的市场调研之后，携程对原有的呼叫中心进行了升级。通过互联网、传真、800 电话介入的信息都进入一个数据库，实现了信息的统一化。现在的呼叫中心有 50 个坐席。服务人员是每天三班工作制，为客户提供 24×365 小时的服务。为了提高工作效率，订房服务与订票服务是通过不同的坐席人员来完成。坐席人员也可以借助系统实现交叉销售，大约有 15% 的客户有这样的需求。

（资料来源：中国营销传播网）

二、CRM 的未来发展趋势

（一）CRM 技术发展趋势

随着市场环境的日益成熟，竞争日趋激烈，客户资源日显重要。现代企业管理的重心随之从传统的生产、物流、财务等内部管理转向全面的客户关系管理，CRM 系统也成为企业的核心管理系统之一。企业的应用需求和信息技术的发展是推动 CRM 系统发展的重要因素，目前 CRM 系统的技术架构发展呈现以下几种趋势：

1. CRM 系统将全面集成各种信息技术

一个独立的 CRM 系统已经越来越难以满足企业的需要，同时系统的多点登录以及数据的重复录入，导致了业务人员的工作量以及数据错误的加大，所以 CRM 与其他系统的集成要求已经越来越高。集成是一项关键而复杂的任务，也是企业在实施 CRM 的过程中所遇到的最困难的任务之一。未来 CRM 产品，应当从自身角度来提高与其他系统"集成"的能力，"集成能力"在未来必将成为软件厂商竞争的焦点之一。未来 CRM 向后集成 ERP、MES 等系统，将签订合同的客户信息等数据自动传入 ERP 等系统中，同时 ERP 系统将客户产品完工、发运等信息传入 CRM 系统；向前集成 outlook、企业门户等系统，将与客户的联系信息传入 CRM 系统中；向上集成 BI 等系统，为企业的决策提供有力的数据支持。

集成的趋势使得传统的 ERP 厂商占据了一定的优势，很多 ERP 厂商很早就通过自主开发、收购等方式拥有了自己的 CRM 解决方案，使得他们可以为企业提供集成化的解决方案。

2. CRM 系统将全面采用 B/S 技术

为了满足移动办公和分布式管理的需求，CRM 系统将更多采用基于 Browser-Server 架构的多层结构。如图 7－1 所示。B/S 结构的特点是在客户端使用标准的 Web 页面浏览器（如 Internet Explorer 等），不需安装特殊的应用程序，减少了升级和维护的难度；所有的业务数据都保存在 Server 端，确保了数据的安全；在通信方面，由于使用标准的 HTTP 协议，使得系统可以轻松地实现移动办公和分布式管理。另外为了增强系统功能的可扩展性，应该采用将数据库、应用层及表现层分离的多层结构。独立的数据库层便于支持多种数据库系统，将实现企业逻辑的应用层独立使业务逻辑的更新和扩展更为方便，而当需要支持手机、PDA 等新的客户端设备时只要对表现层进行扩充就可以实现。同时，这种多层结构也可以采用负载均衡与集群等技术实现系统的高可用性和性能的平滑扩展。

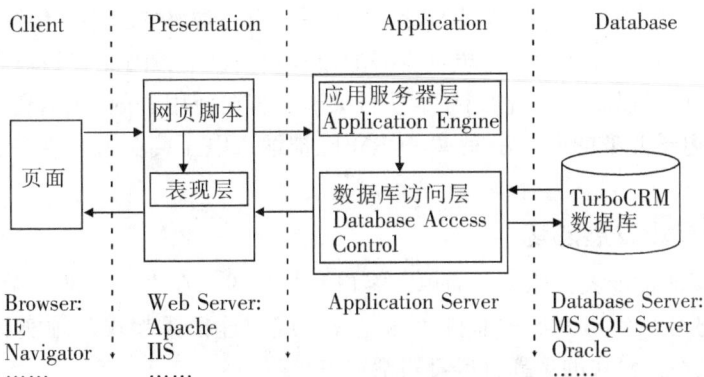

图 7－1 基于 Browser-Server 架构的 CRM 系统结

3. CRM 系统将更多地采用数据仓库和数据挖掘技术

随着全球经济一体化的进程的加快和高技术的发展，企业比以往任何时候都面临着更为复杂的生存环境。市场竞争的压力对企业决策的质量和速度都提出了更高的要求。作为管理客户资源这一企业核心资源的信息系统，CRM 系统必须具备强大的数据分析和挖掘功能，为管理者作出正确的决策提供及时而准确的依据。数据仓库（Data Warehousing）、数据挖掘（Data

Mining) 和 OLAP 技术已成为 CRM 系统提供决策支持的关键技术。CRM 系统可以利用这些技术为企业建立完善的、量化的客户价值评估体系，以销售额、利润等原始数据为指标建立评估模型，找出对企业最有价值的客户群体并分析其特征，帮助企业制定更合理的经营策略。通过应用数据仓库和挖掘技术，一个 CRM 系统还能够透视企业的销售、市场和服务等各个业务环节，按照组织机构、时间、产品线和客户群特征等各种维度进行多维数据分析和数据挖掘，从而帮助企业及时发现市场环境的细微变化和自身业务流程中的潜在问题，迅速采取相应的应对措施。

4. CRM 系统功能的进一步融合

CRM 功能的进一步融合主要体现在以下两个方面：

（1）CRM 与 ERP 的融合。

多数 CRM 厂商强调黄金客户分析和客户数据挖掘，可以多角度查询、统计客户的发货记录、交易记录、应收账款、客户毛利等。其实，ERP 就能做到这样的分析，企业为什么需要两套系统呢？客户深度分析和数据挖掘不是独立的 CRM 软件的功能范畴，ERP 可以扩展并融合这些功能。但是 ERP 对于未交易的客户信息管理、销售团队的管理、售前的营销活动管理，还没有一个很好的思路。因此，这才是 CRM 管理的重点。所以，CRM 与 ERP 融合的重点是客户基本资料的共享集成，潜在的客户一旦成交，就可以将潜在客户信息自动转入 ERP 系统中，而不用重复输入。

（2）CRM 与 E-Commerce 电子商务的融合。

电子商务不仅仅是指网页的设计或网上商城的模式，所有可以促进"批量生产"转变为"批量复制"的手段都可以归纳到"电子商务"的范围中，CRM 就是其中之一。此外，基于 Internet 技术的电子商务，正在改变着各个行业的经营模式。在传统的行销服务模式中，客户如果想得到进一步的咨询和服务，通常要经过曲折复杂的自行联络过程，使客户无法在第一时间促成交易，显得十分被动，这就是为什么 CRM 是一个非常好的战略。传统企业的 CRM 普遍推行的是建立电话中心，而建设一个电话中心的成本相当昂贵，因此有些企业不一定得遵循旧的模式演化程序，而可以脱离传统 CRM 的执行渠道，直接使用 Internet 达到 eCRM 的境界。随着基于 Internet 的电子商务的进一步完善，CRM 已被纳入电子商务并作为它的一个重要子集，日益受到重视。

（二）CRM 市场发展趋势

CRM 软件市场非常庞大，原因很简单，客户是企业的生存之本，谁也无法忽视这个问题，在技术的应用上它也不像 ERP 那样非得"休克式"或"连根拔起式"地实施，相较而言，它的技术应用的阶段性，模块的选择性等都灵活得多。

1. 中端 CRM 市场将成为"主战场"

在全球电子商务市场中，中端市场占据的比例在不断地增长，而 CRM 的高速发展与中端企业对电子商务的强烈需求密不可分。因此，CRM 业界一致看好中端 CRM 市场。对于 CRM 应用系统而言，著名的高端 CRM 厂商，包括 Siebel 和 PeopleSoft，都正在向"下游"进军，积极争夺中端市场这块"大蛋糕"。同时原有的中端 CRM 厂商，如 Onyx、Pivotal、Front Range、Salesforce. com 等，都抢占这一片领地。另外，微软也将于 2009 年年底进军中端 CRM 市场。所有这些信息，都在"传达"着这样一种信号：中端市场将成为"兵家必争之地"。

2. CRM 行业解决方案将主导 CRM 市场

尽管从理论上来看，任何市场定位的 CRM 解决方案的软件供应商都有一定的生存空间。但不同类型的企业用户，由于行业、经营性质、经营规模、发展阶段等属性的不同，会导致 CRM 需求特征差异较大，对 CRM 要求千差万别。如机械行业和快速消费品行业，机械行业要求 CRM 能够对销售过程以及售后进行详细的管理，包括与客户联系、售前技术人员的支持等，快速消费品则要求 CRM 能够对数万的客户进行管理，需要实现对客户的经常走访、时时关怀等。在未来，肯定不会出现"包罗万象"的 CRM 解决方案。CRM 行业解决方案将成为未来 CRM 市场发展一大重点。可以预见，未来很可能会出现不同 CRM 软件厂商占领不同行业的局面。

3. "分析型 CRM" 前景广阔

"分析型 CRM" 是企业 CRM 发挥功效的基础，主要用来对"运营性"前台 CRM 中的客户信息进行分析，以科学地对客户进行分类管理。可以这样说，如果将来没有分析型 CRM 的发展，就很难出现 CRM 市场蓬勃发展的局面。"分析型 CRM" 的建设有三种模式：自建（内部开发）——难度高，费时又费钱；购买（授权软件）——需要购买软件和硬件，费用比较高；外包——未来的一大趋势。外包具有很多独特的优势，如降低前期成本和总体风险、加速实施、总成本低以及容易获得持续改进等。分析型 CRM 有助于企业回答这样的问题："谁是最有价值的客户"、"哪些促销活动可以为我们赢得最好的客户"、"我们如何获得更多的交叉销售和追加销售的机会"、"谁是处于流失边缘的客户，如何提高他们的满意度和忠诚度"。

4. 软件厂商之间的竞争日趋激烈

全球 CRM 软件厂商迅速发展，规模不断扩大。随着客户市场的成熟，没有特色和竞争力的 CRM 厂商将逐渐被淘汰。因此，CRM 行业竞争的焦点将在产品和技术创新、销售和服务能力方面，倘若 CRM 软件厂商有机会和资本结合，进一步网罗到高级人才资源，随着经验的积累，通过并购，CRM 软件厂商的集中度会进一步提高。

任我行推出中小企业协同 CRM 的五大法则

国家工商总局权威统计显示：中国企业的平均寿命为 2～5 年。生存和发展永远是企业的主题。企业要做大可能相对容易，但企业要做强、做久就比较困难。任何企业在发展过程中都会遇到瓶颈，尤其是希望快速发展或者变革的企业。突破瓶颈的根本方法是坚持长期投入和加强基础管理。

中小企业的竞争优势来自企业的快速反应，随着企业规模的日趋扩大，企业决策者们完全凭借主观判断和经验决策无疑会为企业带来越来越高的风险。很多中小企业的快速发展，得益于营销的成功。在营销人员和营销机构增加后，企业的业务管理比较复杂，企业管理者迫切需要专门针对中小企业营销管理需求的协同 CRM 软件，迅速提高营销管理水平和市场反应能力，保障企业可持续性快速成长。

贴切、实用是中小企业的管理信息化的重点需求。任我行软件发展有限公司 12 年来一直专注于中小企业的管理软件的产品开发和服务。任我行深刻了解，中小企业信息化水平不高，导致人员层次结构不会太高，不会有专门的 IT 人员，所以对产品使用要求非常简单。但是简单并不意味着功能简单，功能也要全面，因为其业务管理同样有非常高的要求，所以其专业业务管理特质同样要具备。

一个优秀的协同 CRM 产品不是简单的计算机技术的累积，而是客户管理经验的累积。任我行公司基于"运营管理，有效实用"的原则，在业界最早推出针对中小企业市场的客户关系管理软件——任我行协同 CRM 产品。最新发布的任我行协同 CRM 产品不是一个凭空想象的新产品，而是秉承了多年来任我行中小企业客户管理的成功经验，秉承任我行协同 CRM "让管理更简单"的设计理念，从实现中小企业全面的营销管理需求出发，旨在通过先进的科学技术和营销管理思想帮助中小企业全面提高业务管理的综合能力。依据贴切、实用的原则，此次任我行推出的协同 CRM 具备了五大法则：

第一，标准完整的营销基础管理，满足中小企业的客户管理需求。虽然是定位于中小企业级的产品，但是任我行 CRM 却是"五脏俱全"。它提供了一个完整的营销业务运作过程，包括客户管理、销售团队管理、销售跟单过程、费用管理、知识管理等。任我行协同 CRM 已经实现了一个销售签单前的售前运营管理平台，实现了客户、员工、业务流程的一体化整合。

第二，专业的管理监控体系，辅助管理者轻松决策。中小企业面临非常激烈的竞争，作为小企业主需要对销售团队和客户信息进行实时的掌控，任我行协同 CRM 提供专业的营销人员的工作过程管理监控体系，有效集成多年成功实施 CRM 的经验，通过丰富的任务管理、日程管理，以及客户的基本信息、客户的关联信息、客户的客户信息，可以帮助企业实现营销的运营管理，监控企业管理的重点和难点。

第三，灵活的费用管理体系，控制成本稳健经营。面对瞬息万变的市场，营销企业是最为关注的是如何有效地控制营销成本，制定有效的政策。任我行协同 CRM 帮助企业有效地进行费用的跟踪和控制管理，首先通过设置工作流程，来定义业务招待费、差旅费、市场广告费、促销费用等申请、审批、核销等流程。通过历史费用的跟踪，可以有效控制将要发生的成本；此外再通过销售费用的管理，按照实际业务需要设置销售策略，实现企业的灵活经营。

第四，精细化的销售过程管理。任我行协同 CRM 在客户管理的基础上，特别提供了精细化的销售进程管理，企业可以对销售进展的状态进行分级管理，特别适用于项目型、销售周期比较长的企业。销售漏斗的业务模型，可以帮助企业过滤没有机会的客户，集中资源锁定目标客户，提高客户的命中率。

第五，渠道合作，快速实施。任我行开国内"傻瓜型"管理软件先河，为中小企业客户和伙伴提供标准化、专业化和快速交付的服务产品。客户可以直接获得各地区经过认证的代理商的高效和专业的服务，也可以获得包括任我行公司总部、分支机构专业人员的支持和其他客户在使用 CRM 软件过程中的一些经验的分享。

简单易用，在乎客户的投入产出回报。任我行协同 CRM 经过多年经验的积累，在提供专业品质的同时仍然保持易用的传统，随时体现出产品的易用性设计。

（资料来源：http://www.enet.com.cn）

三、我国 CRM 发展状况与趋势

（一）我国 CRM 发展状况

我国国内 CRM 市场启动时间不长，无论是从产品结构、区域结构、行业结构，还是从销售渠道来看，整个市场体态都还不健全。市场区域主要集中在北京、上海等经济发达地区。Oracle、Sieble、IBM 和 SAP 是中国 CRM 市场上最主要的解决方案供应商，PeopleSoft、Onyx 和 Sybase 等新兴企业也在加大中国市场的投入。咨询公司方面，德勤、普华永道都积极进入了中国市场并提供 CRM 咨询。

中国 CRM 应用的领域当前主要集中在金融、电信、IT 和制造等经济实力较强、信息化程度较高的行业，实际的应用实施已取得初步成果。在银行业，商业银行对以数据仓库为代表的分析型 CRM 模块和以呼叫中心（电话银行）为代表的操作型 CRM 模块都有强烈需求。在证券业，为应对佣金制度改革后提升券商经纪业务竞争力的需要，利用 CRM 挖掘优质客户、贯彻成本战略，成为券商的首选。在保险业，几乎所有保险公司都对 CRM 系统有强烈的渴求，但只有少数公司开始了自建或引入 CRM 系统。在电信业，各电信运营商的首要任务，是如何保留住原有的客户。目前中国电信、移动、联通都启动了自己的 CRM 项目，使得中国电信业几乎成为一个全体动员应用 CRM 的行业。在 IT 业，CRM 应用的功能模块化、定制化特征极为明显，IT 企业对支持 Web 应用的 CRM 也更为得心应手。此外在一批推广电子商务的 IT 企业中，通过 CRM 打造核心竞争力的尝试也一直在进行中。这些企业的业务流程，从营销、销售到服务，都非常适合整体部署 CRM 系统，其电子商务网站和 CRM 应用系统也可进行平滑整合。在制造业，总体看来，大多数企业还没有进入真正了解和培育 CRM 能力的阶段。

未来 CRM 在银行、证券、保险、电信、IT 等重点行业的应用还将持续朝纵深发展。这些行业的 CRM 需求将不再是单独从企业的前端业务出发，而是会结合更多的行业特殊需求，结合业务与管理实际，对产品和方案的要求更为务实。当然，将来也会有更多的行业和企业在竞争的驱动下，对 CRM 产品产生大量需求。行业应用的普及化和广泛化特征将有所体现，在更多的传统行业以及当前 CRM 没有涉足的领域，都会出现 CRM 应用的需求。

（二）我国 CRM 发展趋势

CRM 尽管在中国市场已经获得了一些阶段性的发展，但是其发展到成熟阶段仍然还需要一定的过程。CRM 还要经过一个市场培育期。严酷的市场环境和技术力量的不足，也使得本土厂商的发展不太顺利。但也应该看到，CRM 本身还处于一个动态的发展过程中，这为肯下力气搞创新的厂商提供了大量的机会。同时，北美厂商近期内不会投入太大力量关注中国市场，也为中国本土厂商提供了巨大的市场空间。而 CRM 何时走出低谷，还要取决于 CRM 供应商和广大传统企业的用户的共同努力。决定未来 CRM 市场发展的关键因素很多，从软件厂商来看：

（1）CRM 软件厂商进一步提升产品的功能水平和应用能力，尤其是产品的分析能力，以及与其他主流应用系统的集成能力。

（2）CRM 厂商深入开发服务行业的 CRM 应用，并且进一步关注中低端企业的 CRM 应用。

从用户角度来看，用户应该进一步提升对 CRM 的理解；用户应该加大对分析型的 CRM 投资；用户应该详细确定需求，制定投资目标；用户应该加强对数据的管理。从项目实施来看，CRM 项目实施的方法和流程需要进一步规范；CRM 项目推进需要更多专业化的 CRM 实施咨询公司出现。

根据大中华区客户关系管理组织的研究报告，可以推断未来我国 CRM 市场将呈现出以下四大主要发展趋势：

（1）中国市场还会保持几年的市场培育阶段。在近期内，中国大量的中小企业需要集 ERP 和 CRM 功能于一体的电子商务解决方案。

（2）北美厂商近两年内仍然不会投入太大力量关注中国市场。

（3）在中小企业市场，将以价格竞争为主，不幸的是这会使得 CRM 市场像其他产品市场一样出现重价格、不重服务的现象，这会使 CRM 理念无法在 CRM 产品本身实践。

（4）各提供商将对已有功能进一步强化，功能扩展行动将得以继续，但本土型厂商开发灵活丰富的客户化工具及业务流程设计工具将有很大的难度。

7.2　CRM 的概念与作用

一、CRM 的基本概念

什么是客户关系管理（CRM）？简而言之，CRM 是一个获取、保持和增加可获利的过程。CRM 是一套先进的管理思想及技术手段，它通过将人力资源、业务流程与专业技术进行有效整合，最终为企业涉及客户或消费者的各个领域提供完美的集成，使得企业可以以更低的成本、更高的效率满足客户的需求，并与客户建立起以学习型关系为基础的一对一营销模式，从而让企业可以最大程度地提高客户满意度及忠诚度，挽回失去的客户，保留现有的客户，不断发展新的客户，发掘并牢牢把握住能给企业带来最大价值的客户群。CRM 的核心内容主要是通过不断地改善管理企业销售、营销、客户服务和支持等与客户关系有关的业务流程并提高各个环节的自动化程度，从而缩短销售周期、降低销售成本、扩大销售量、增加收入与赢利、抢占更多的市场份额、寻求新的市场机会和销售渠道，最终从根本上提升企业的核心竞争力，使得企业在当前激烈的竞争环境中立于不败之地。CRM 将先进的思想与最佳的实践具体化，通过使用当前多种先进的技术手段最终帮助企业实现以上目标。

CRM 在整个客户生命周期中都是以客户为中心，这意味着 CRM 将客户当作企业运行的核心。CRM 简化了各类与客户相关联的业务流程（如销售、营销、服务和支持等），并将其注意力集中于满足客户的需求上。CRM 还将多种与客户交流的渠道，如面对面、电话接洽以及 Web 访问等方式融为一体，这样，企业就可以按照客户的喜好使用适当的渠道及沟通方式与之进行交流，并能从根本上提高员工与客户或潜在客户进行交流的有效性。CRM 可改善员工对客户的反应能力，并对客户的整个生命周期有一个更为全面的了解。与企业 ERP 系统直接集成在一起的 CRM 解决方案使得企业可通过一个闭环式的定义，明确的步骤和流程来满足客户的需求，因此可以更好地抓住潜在客户和现有客户。

综上所述，客户关系管理（CRM）是以客户为中心的新型商业模式，是一种旨在改善企业与客户之间关系的新型管理机制；企业通过销售、市场和服务等渠道全面收集客户资料，综合分析客户信息，目的在于建立新型的企业与用户的关系，使企业快速提供客户所需要的产品和服务，从而提供客户满意度，吸引和保持更多的客户，增加企业的效益。

二、CRM 的系统功能

CRM 是一种以客户为中心的经营策略，它以信息技术为手段，对业务功能进行重新设计，并对工作流程进行重组，以达到留住老客户、吸引新客户的目的。与 ERP（企业资源计划）相比，客户关系管理（CRM）的重点是关心"客户"的体验，而不是产品的制造和销售过程，可以说，"以人为本"是 CRM 思想的精髓。因此，企业在实施 CRM 的过程中，首先应该设计并模拟客户的体验，在产品营销和售后服务的整个过程考虑如何为客户提供个性化的服务，最后才是选择合适的软件。

当前，对 CRM 的内涵和外延尚未达成共识，很多时候人们看到和谈论的只是 CRM 的表面或者诱人的前景，甚至存在不少对 CRM 的误解（见补充材料）。根据当前人们对 CRM 的主流认识，我们得出 CRM 的系统逻辑结构，如图 7-2 所示。

在图 7-2 中，CRM 的功能可以归纳为三个方面：对销售、营销和客户服务三部分业务流程的信息化；与客户进行沟通所需手段（如电话、传真、网络、E-mail 等）的集成和自动化处理；对上面两部分功能产生的信息进行的加工处理，产生客户智能，为企业战略决策提供支持。

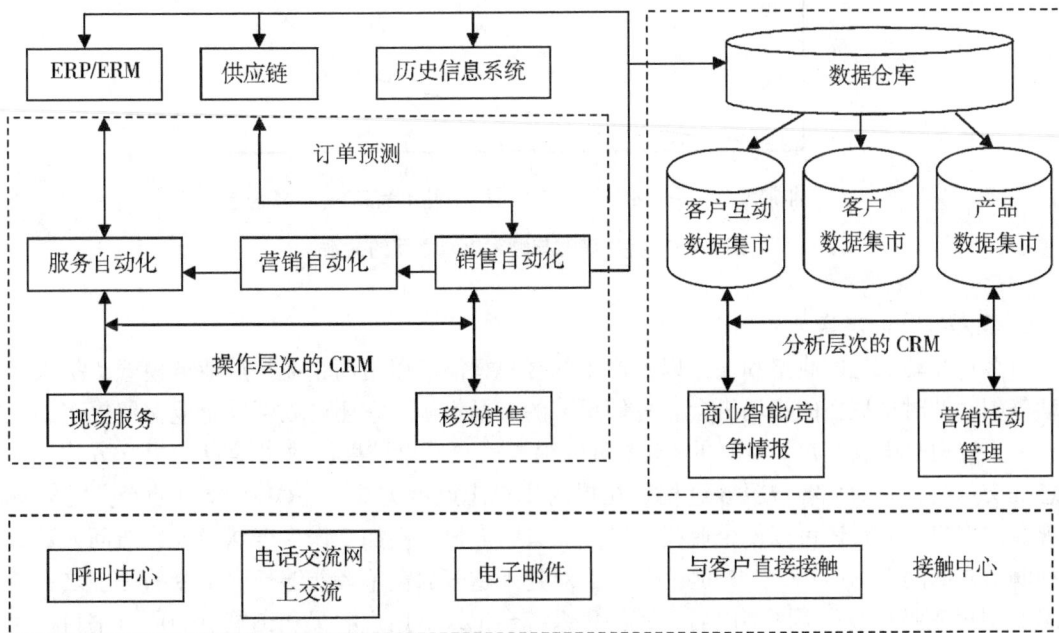

图 7-2 CRM 系统逻辑结构

三、CRM 的作用

CRM 与 ERP、SCM 并称为提高企业竞争力的三大法宝。而 CRM 又是 ERP、SCM、电子商务等系统与外部客户打交道的平台，它在企业系统与客户之间树立一道智能的过滤网，同时又提供一个统一高效的平台，因此可以说 CRM 是众多企业系统中提高核心竞争力的法宝。

1. 加强与客户的有效沟通

CRM 通过对电话、Web、电子邮件、传真等手段的整合，客户可以自己选择喜欢的方式与企业进行交流，企业员工和客户的沟通更加便捷，获取信息更加方便。因此企业能够及时有效地解决来自外部客户抱怨的问题，为客户提供超出其期望值的产品和服务，从而可以提升客户的满意度和利润贡献度。CRM 向客户提供主动的客户关怀，根据销售历史提供个性化的服务，在知识库的支持下向客户提供更专业化的服务，严密的客户纠纷跟踪，这些都成为企业改善服务的有力保证。客户满意度提高，有助于留着忠诚的客户（见图 7-3），同时销售的扩大也就成为必然。

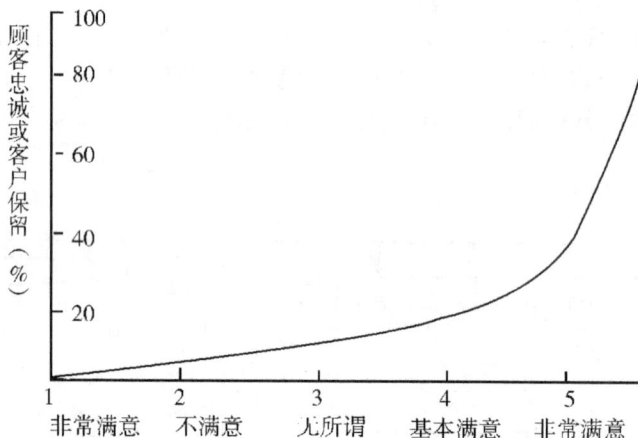

图 7-3　客户满意与顾客忠诚之间的关系

2. 提高客户的忠诚度

对客户互动信息的收集和加工以及产生的客户智能可以帮助企业拓展业务模式，扩大经营活动范围，及时把握新的市场机会，占领更多的市场份额。它还可以帮助企业保留更多的老客户，并更好地吸引新客户。良好的 CRM 可以提高用户的忠诚度，改进信息的提交方式，加快信息提交速度，并简化客户服务过程。在提高用户忠诚度方面，CRM 不仅可使企业更好地挽留现存的客户，而且还可以使企业找回已经失去的客户。例如，作为全球最大、访问人数最多和利润最高的网上书店——亚马逊公司，面对越来越多的竞争者能够长盛不衰的法宝之一就是 CRM。用户在亚马逊购买图书以后，其销售系统会记录下用户购买和浏览过的所有书目。用户再次进入该书店时，系统会识别出用户的身份，然后就会根据用户的喜好推荐有关书目。用户去该书店的次数越多，系统对他的了解也就越多，也就能更好地提供个性化的服务。显然，这种有针对性的服务对维持客户的忠诚度有极大的帮助。CRM 在亚马逊书店的成功实施为它赢得了 65% 的回头客。

3. 有效地挖掘 ERP 的潜力

就 ERP 的层面而言，CRM 的应用能够有效地挖掘 ERP 的潜力。ERP 与 CRM 的结合点很多，在一些主流软件厂商的产品当中，结合点有 200～300 个，对 ERP 的实施有体会的企业都会看到这一点。CRM 把以前 ERP 不管的事情都管起来了，且 CRM 为 ERP 系统与外部客户打交道提供了平台。当然这并不是说有了 CRM 就万事大吉了，CRM 的应用本身就是一个不断完善的过程。

4. 改善员工工作环境

CRM 改善企业内部工作人员的工作环境，主要体现在效率的提高。信息技术使得业务处理流程的自动化程度大大提高，并能实现企业范围内的信息共享，提高企业员工的工作能力，有效减少培训需求，使企业内部能更高效地运转。减少了重复性工作，增加了很多具有增值性和创造性的工作，提高了知识工作者的劳动生产率。

在 21 世纪，提高体力劳动者的生产率已经难以增强企业的竞争力，提高知识工作者的劳动生产率才是战胜竞争对手的力量源泉。由于 CRM 建立了客户与企业打交道的统一平台，客户与企业一经接触就可以完成多项业务，因此办事效率得以大幅度提高。另一方面，前台自动化程度的提高，使得很多重复性的工作都由计算机系统完成，工作的效率和质量都是人工无法比拟的。CRM 的运用使得团队销售的准确率大大提高，服务质量的提高也使得服务时间和工作量大大降低，这些都在无形中降低了企业的运作成本。对成功采用 CRM 的企业调查显示，实施 CRM 以后，每个销售人员的销售额增加 51%，客户满意度增加 20%，销售和服务的成本下降 21%，销售周期减少 1/3，利润上升 20%。

这些作用均由 CRM 系统的各个功能模块来发挥。CRM 软件的基本功能包括客户管理、联系人管理、时间管理、潜在客户管理、销售管理、电话销售、营销管理、电话营销、客户服务等，有的软件还包括呼叫中心、合作伙伴关系管理、商业智能、知识管理、电子商务等。CRM 的这些功能来源于管理思想的集成及 IT 技术的应用。因此，CRM 的实现被认为是一个社会系统工程。它既需要资料仓库和资料挖掘工具，还需要专门的 CRM 厂商提供软件，同时也需要呼叫中心与 ERP 厂商提供产品以及系统集成商来进行整个系统的集成和调试。在 CRM 的实施历程中，还需要由经验丰富的咨询公司来提供全面的协作。由此，CRM 不仅是一个 IT 项目，更是一个包括业务在内的管理项目。

7.3　CRM 的管理目标与系统组成

CRM 是一种以客户为中心的经营策略和商业模式，包括企业 CRM 经营战略理念和高度信息化、网络化的现代计算机企业管理技术两个方面。CRM 软件系统是在专业的 CRM 软件开发商提供的 CRM 软件平台的基础上，结合企业的 CRM 经营理念和资源特征进行设计和开发的。

一、CRM 的管理目标

CRM 是一种新型的企业运行机制，其目的在于：加强企业与客户的联系，完善企业与市场、销售、服务以及技术之间的关系；提高业务处理流程的自动化程度，实现企业内部的高效运转；及时把握新的市场机会，占领更多的市场份额；客户可以选择自己喜欢的方式与企业进行交流，以获取最新服务信息，得到更好的服务；帮助企业充分利用客户资源。

CRM 有以下三个管理目标：第一，建立、促进和拓展企业"一对一"的客户服务网络。"一对一"客户服务是指企业通过传统方式或通过现代 Internet 网络通信技术等手段，吸引更多的目标客户，提供符合消费者需要的产品和服务，而且使得产品在顾客所需要的时间、所指定的地点到达。第二，与客户建立快速、精确和可靠的沟通关系。企业根据所获得的客户信息和服务信息，动态制定出与目标市场相符合的产品、销售和服务战略。第三，通过电子商务智能分析系统，最大限度地实现客户价值。

二、CRM 的系统组成

CRM 的系统架构与企业的需求密不可分，因此，在选择和实施 CRM 系统之前，首先要弄清企业的需求，这就是我们要考虑三层次的 CRM 系统架构。这三个层次确定了企业 CRM 与企业中其他信息系统之间的关系及企业 CRM 项目的大小，从而使 CRM 充分满足不同规模企业的需求。

（一）企业需求的层次结构

在一个企业中，有三个主要部门与客户有密切的联系，这就是市场部、销售部和服务部，CRM 系统首先需要满足这三个部门的部门级要求，提供市场决策能力、加强统一的销售管理、提高客户服务质量。其次，客户关系管理将企业的市场、销售和服务协同起来，建立市场、销售和服务之间的沟通渠道，从而使企业能够在电子商务时代充分把握市场机会，满足企业部门协同级的需求。最后，客户关系管理和企业的业务系统紧密结合，通过收集企业的经营信息，并以客户为中心优化生产过程，满足企业级的管理需求。

1. 部门级需求

在企业中，对 CRM 有着强烈需求的部门是市场、销售和服务三个部门。不同的部门对 CRM 的需求也不同。市场部门主要关心以下问题：对企业的所有市场活动进行管理；跟踪市场活动的情况；及时得到市场活动的反馈信息；对市场活动的效果进行度量；对客户的构成、客户的地理信息和客户行为进行分析；对客户进行分类，从而管理客户风险、客户利润等，同时确定针对不同类别客户的市场活动等。销售部门关心以下方面的问题：及时地掌握销售人员的销售情况；将不同的销售任务，按销售经理制定的流程分配下去；对各个地区、各个时期以及各个销售人员的业绩进行度量。服务部门关心的主要问题有：根据系统提供的准确信息为客户服务；企业的服务中心以整体形象对待客户，使客户感觉是同一个人在为他服务；能够跟踪客户所有的问题并给出答案。

要满足部门级的需求，CRM 系统至少应该包括数据仓库、OLAP、销售管理、活动管理、反馈管理和数据挖掘系统。

2. 协同级需求

市场、销售和服务是三个独立的部门，对 CRM 有着不同的需求。但是有一点是共同的：以客户为中心的运作机制。协同级将市场、销售和服务三个部门紧密地结合在一起，从而使 CRM 为企业发挥更大的作用。协同级主要解决企业运作过程中遇到的以下问题：

（1）及时传递信息。将市场分析的结果及时地传递给销售和服务部门，以便使它们能够更好地理解客户的行为，达到留住老客户的目的。同时销售和服务部门收集的信息也可以及时传递给市场部门，以便市场部门对销售、服务和投诉等信息进行及时分析，从而制定出更加有效的竞争策略。

（2）渠道优化。市场部门将销售信息传递给谁、由谁进行销售等对企业的运营非常重要。渠道优化就是在众多的销售渠道中选取效果最佳、成本最低的销售渠道。

总之，通过市场、销售和服务部门的协同工作，可以实现在恰当的时机拥有恰当的客户的目标。

3. 企业级需求

在大、中型企业中，IT 系统比较复杂，如果这些 IT 系统之间相互孤立，就很难充分发挥各系统的功能，因此，不同系统之间的相互协调可以充分提高企业的运作效率，同时也能充分利用原有的系统，从而降低企业 IT 系统的成本。CRM 作为企业重要的 IT 系统，也需要与企业的其他 IT 系统紧密结合，这种结合主要表现在：信息来源的需求，利用原有系统以及生产系统对 CRM 的需求。

（1）信息来源。市场分析需要有关客户的各种数据，销售和服务部门也需要在适当的时机掌握正确的数据。这些有关客户行为、客户基本资料的数据通常来源于其他 IT 系统，因此 CRM 系统经常需要从企业已有的 IT 系统中获得这些数据。

（2）利用原有系统。企业已有的信息系统中有很多模块可以直接集成到 CRM 系统中，通过对已有系统的利用，可以增强信息系统中数据的一致性，同时也降低了 CRM 系统的成本。

（3）生产系统对 CRM 的需求。CRM 的分析结果可以被企业其他信息系统所利用，例如，在移动通信企业中，对于客户群体的分析是信用度管理的基础。

（二）CRM 的系统架构

要满足企业三个不同层次的需求，CRM 系统就必须有良好的可拓展性，从而使企业在不同的时期根据企业的经营规模调整信息系统状况，能够灵活地拓展 CRM 系统的功能。图 7-4 给出了一种可拓展的 CRM 体系架构。图中电子商务、ERP、OA 和财务等系统通过企业应用系统集成，为数据仓库和 CRM 系统提供数据。CRM 系统将系统的分析结果用于销售和呼叫中心管理；与此同时，销售管理、E-mail 等渠道将客户的反馈信息传递给数据仓库，为 CRM 系统所用。呼叫中心只是 CRM 系统中的一个客户接触点。这样的体系结构能够满足企业的部门级、协同级和企业级的需求。企业可以根据自己的状况，选择相应的系统来构造 CRM 系统。但有一点必须做到，那就是一定要能够满足 CRM 在协同级和企业级的可扩展性，否则随着企业信息系统增加，可能导致 CRM 系统需要重新建设。

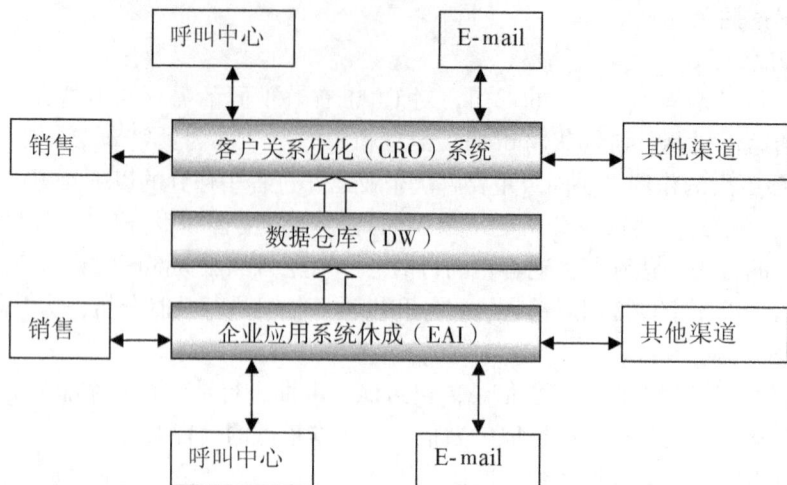

图 7 - 4　企业集成 CRM 系统解决方案

（三）CRM 的系统组成

不同的 CRM 软件生产厂家开发的 CRM 系统平台有较大的差异。通常，CRM 软件系统由统一联络模块、销售/服务模块、后台保障模块、客户数据库和电子商务智能模块组成。有的厂商开发的 CRM 软件还包括了合作伙伴关系管理、商业智能、知识管理等模块。不同模块分别实现收集、整理、加工客户信息和智能辅助决策等功能（如图 7 - 5 所示）。

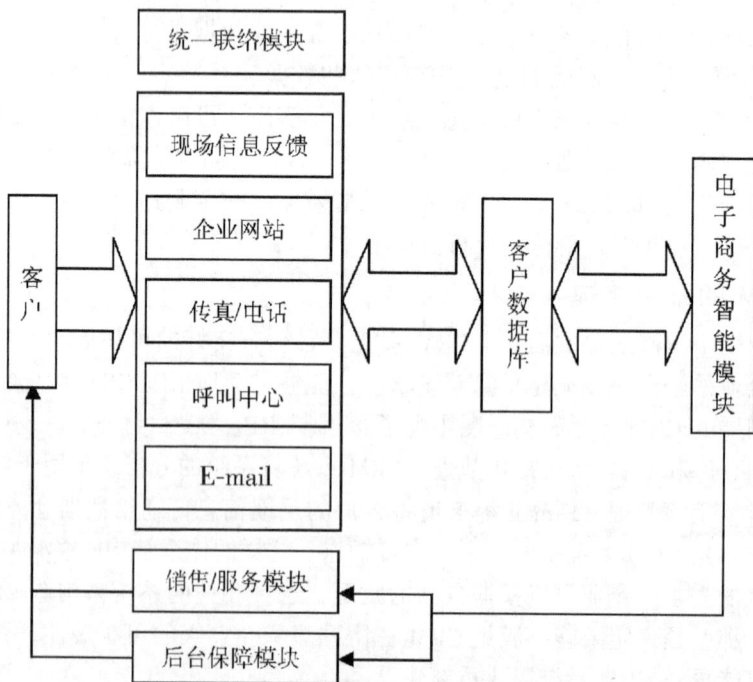

图 7 - 5　主要的 CRM 软件构成

1. 统一联络模块

统一联络模块包含了企业与客户进行交流的所有信息渠道，一般包括电话、企业信息网站、传真、E-mail、WAP技术和现场信息反馈等。有的企业为了适应多客户实时信息服务的要求，呼叫中心模块也可以作为统一联络模块的辅助模块，其功能是实现7天24小时无间断语音服务。呼叫中心提供当今最全面的计算机电话集成技术（CTI）。通过对已拨号码识别服务（DNIS）、自动号码识别（ANI）、交互式语音应答系统（IVR）的全面支持，通过采用系统预制的CTI技术，基于对业务代表的技能级别和可用性、客户特征及选择最有效的通道等因素的权衡，将主叫与合适的业务代表接通。

2. 客户数据库

由统一联络模块获得的客户信息，经过自动智能分类，贮存于客户数据库，满足CRM所需要的各种历史数据。

3. 电子商务智能模块

电子商务智能模块是CRM软件系统的核心，每一个CRM软件供应商都不会忽视电子商务，此模块可帮助企业把业务扩展到互联网上。其功能是对客户数据库中的数据进行分析，提出针对不同客户要求的解决方案和企业经营决策计划，预测客户市场的水平和发展趋势，监督企业CRM实施的效果，及时提出调整计划等。所以说，电子商务智能模块的技术水平决定了这个CRM系统对市场的适应性和准确性。

4. 销售/服务模块

电子商务智能模块提出的解决方案通过销售/服务模块得以实施，同时反馈客户对产品/服务的意见和要求，也就是完成统一联络模块中的现场信息反馈功能之一。销售管理模块管理商业机会、账户信息及销售渠道等方面，它支持多种销售方式，确保销售队伍总能够把握最新的销售信息。服务管理可以使客户服务代表有效提高服务质量，增强服务能力，从而更加容易捕捉和跟踪服务中出现的问题，迅速准确地根据客户需求分解调研、销售扩展、销售提升各个步骤中的问题，延长客户的生命周期。

5. 后台保障模块

包括供应链（SCM）、产品配送、企业资源计划（ERP）和一般性后勤系统。如图7-6所示。目的在于维持企业的正常运行。

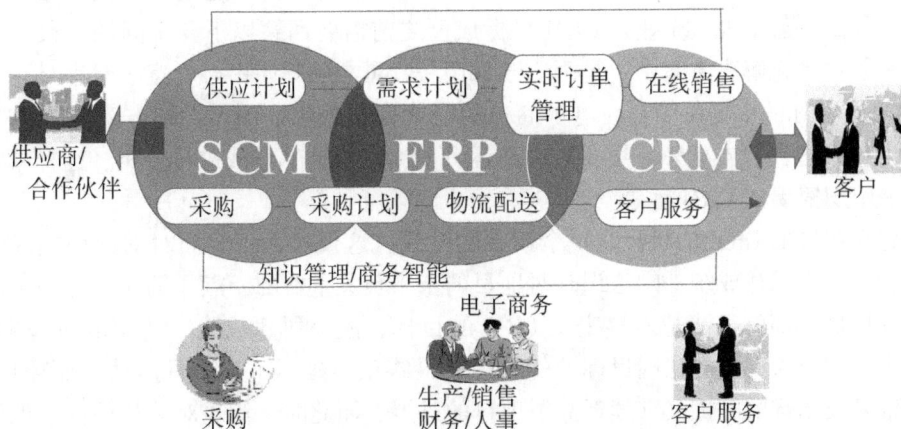

图7-6 SCM、ERP、CRM之间的关系

6. 商业智能模块

主要功能包括：预定义查询和报告；用户电子查询和报告；可看到查询和报告的 SQL 代码；以报告或图表形式查看潜在客户和业务可能带来的收入；通过预定义的图表工具进行潜在客户和业务的传递途径分析；将数据转移到第三方的预测和计划工具；柱状图和饼图工具；系统运行状态显示器；能力预警。

7. 知识管理模块

主要功能包括：在站点上显示个性化信息；把一些文件作为附件粘贴到联系人、客户、事件概况上；文档管理；对竞争对手的 Web 站点进行监测，如果发现变化，则向用户报告；根据用户定义的关键词对 Web 站点的变化进行监视。

7.4 CRM 实施的关键因素及步骤

一、CRM 实施的关键因素

在多个行业中，许多企业已经将客户关系管理设立为商业变革和技术革新的优先目标。据 AMR 分析师预测，在未来四年中 CRM 市场将从 2007 年的 140 亿美元增长到 2012 年的 220 亿美元。当前，企业正处于向以客户为中心的方向演变的不同阶段。有一些先行者已经成功实施 CRM 解决方案，而且创造了全新的、有效的收入增长机会，而同时，另外一些企业正在努力追赶，陷入了盲目的技术方案实施，期望技术可以完成优化客户价值的承诺。因为没有充分的计划，至少会有 70% 的 CRM 实施项目会失败。

通过对国内外成功的 CRM 实施案例的分析研究，发现他们有一些共同的特点，在 CRM 项目开始之前认真考虑一些关键因素，可以提高成功的可能性。

（一）明确 CRM 的目标

企业在建设 CRM 时应该具有非常明确的商业目标，这只能在详细考虑之后获得并以文档形式具体表现。然而，明确 CRM 的目标并不是一件容易的事情，这是一个找到难点并从中寻求答案的过程。一般来说，企业在 CRM 目标成型之前需要回答以下几个问题：最大的价值是否在实施销售自动化解决方案中？是否应该采用一套可靠的呼叫中心？竞争对手是否正以有效 CRM 的策略蚕食你的市场份额？在电子商务的时代你是否想以预见性的方式向"以客户为中心"的商业模式过渡等？此外，还要对内部运营能力以及外部挑战进行分析，这样才能得到一个明确的、组织需要的 CRM 远景。

虽然建立明确的 CRM 的目标是一个较大的挑战，这仅仅是将要面对的系列挑战中的第一个而已。让整个组织达成统一的认识是对项目的未来至关重要的一点。例如，有一家高科技制造公司，在项目早期就很清楚地界定了 CRM 的目标，但公司达成统一认识的过程就很困难，因为项目主要参与人都不能认同目标的优先级，最终项目延迟了三个月启动。而项目一启动，市场部与信息技术部的摩擦又继续迟滞了项目的进展，而此时，竞争对手却蚕食了他们的市场份额。最终利用了不少行政手段才克服了众多障碍，使项目取得了成功。

（二）确保高层支持

总的来说，成功的 CRM 项目都有一个行政上的项目支持者，他们的职位一般是销售副总、总经理、董事长或合伙人，他们的主要任务是确保本企业和本部门在日益复杂的市场中能有效地参与竞争。在当今的环境中，产品或价格的优势总是很短暂，产品质量又是既定的。这时，需要在位高层领导接受挑战，通过对企业营销、销售和服务的方式方法的改造来获取竞争优势。

行政上的项目支持者需从总体上把握这个项目，扫除通往前进道路上的障碍，保证这个项目的顺利展开。他拥有足够的权威来改变企业，且非常清楚如果继续按照 20 世纪 70、80 年代或 90 年代初的方式方法来进行销售和服务的话，企业将难以为继。CRM 更多的是关于营销、销售和服务的优化，而不仅仅是关于营销、销售和服务的自动化。当 CRM 涉及跨业务部门的业务时，为了保证企业范围的改进，赢得行政领导的支持是必须的。

（三）专注于商业流程

有一些企业一开始就把注意力放在技术上，这是一个错误。实际上，企业应该专注于流程。CRM 是一项为了建立"以客户为中心"的组织而采取的商业流程改进，技术只是一种实现手段，它本身不是解决方案。因此，一定要确保在优化商业流程与采用软件中寻求最佳的平衡点。同样，要利用 CRM 实施的机会来减少那些不能提升客户体验的不佳流程。众所周知，近几年来虽然在 CRM 方面的投资大幅增长，但客户满意度还在下降，这其中有一部分原因就是组织只是将现有系统替换成新系统（整个流程保持不变），或者只是将现有的流程实现了自动化。实施新的功能改进后的 CRM 软件并不能保证客户体验的改善，因此，利用 CRM 实施的机会来重新评估市场、销售和服务的流程、明确所有的客户接触点，无论这些接触是从哪些渠道进行，并且将精力集中在提升关系和优化每一个接触点上，以获得最大的客户价值。

为了最大限度地得到 CRM 投资回报，需要自始至终地保持对商业目标的关注。这些目标应当是非常明晰的，而且衡量成功的指标应当在实施之前就确定。例如，如果你要实施一个销售自动化的解决方案，仅仅说"增加每个销售代表的创收"是不够的，应当有一些量化的指标。

此外，在选择系统供应商时要考虑所在行业的特点，来自不同行业的企业其商业流程是不同的。例如，旅游企业与化工企业其商业流程就不一样。商业流程不一样就不能一味追求最具知名度的系统供应商，而应该考虑行业特点，选择适合本行业的 CRM 系统供应商。

（四）正确选择技术合作伙伴

市场上至少有 500 家以上的 CRM 提供商在市场上提供"最适合"的产品，这对企业来说，寻找到一家"最适合"自己的产品，的确是一种挑战，但也是一个机会。在成功的 CRM 项目中，技术的选择总是与要改善的特定问题紧密相关。如果销售管理部门想减少新销售员熟悉业务所需的时间，这个企业就应该选择营销百科全书功能。如果企业处理订单的错误率很高，就很可能选择配置器功能。如果在一个企业中，它的工作人员在现场工作时很难与总部建立联系，这个企业就很可能选择机会管理功能。所以选择的标准应该是，根据业务流程中存在的问题选择合适的技术，而不是调整流程来适应技术的要求。

虽然很多企业的 CRM 的实施是从单个部门（如营销、现场销售和客户服务）开始的，但在选择技术时要重视其灵活性和可扩展性，以满足未来的扩展需要。因为企业要把企业内的所有客户集中到一个系统中，使得每个员工都能得到完成工作所需要的客户信息，所以项目初期选择的技术要比初期所需要的技术复杂，这样才能满足未来成长的需要。

（五）选择专业的咨询公司

CRM 项目作为一项大型的企业管理软件项目，实施难度大，由于国内企业在 IT 建设上缺乏经验及业务人才，导致项目实施具备相当的风险性。成功的 CRM 项目实施离不开专业的咨询公司的参与。专业自选公司的价值体现在：

（1）拥有一支具备多方面综合能力素质及经验丰富的咨询顾问队伍。

（2）对 CRM 理念有着深刻的理解和实践中提取的应用经验。

（3）拥有一套较为完善的项目实施方法论。

（4）拥有经过常年建设的项目实施案例与知识库等。

这些都是一般的企业所不具备的，是 CRM 项目成功实施的有力保证。咨询公司作为 CRM 厂商与应用企业之间的桥梁，不仅对厂商在推出软件产品之后的进一步发展起推动作用，而且对于 CRM 产品能够在企业成功的应用，从而实现企业管理规范化和现代化也是非常必要的。另外，咨询顾问一般会站在第三方的立场，保持自身的公正性，在协助企业进行产品选型时本着公正与客观的原则，不会偏好与某一个厂商的产品，而是从企业实际需求的立场上完成。

（六）组建精英的项目实施小组

一个典型的 CRM 实施团队需要有项目经理、主要业务专家、应用和技术小组负责人、应用和技术分析员、开发人员、技术架构负责人、数据库管理员、培训和支持人员。不同的人员在实施的不同阶段介入，每个角色所需要的人手则因实施规模而异。但一般来说，CRM 的实施队伍应该在以下四个方面有较强的能力。

1. 企业业务流程的重组

因为 CRM 并不是使得企业在每个业务环节上都提高 5%，而是使得企业在某几个环节上获得巨大的提高。这需要企业自愿对其流程的关键部分进行改造，这需要小组中有对企业现状不满意的人，他们会研究企业的流程为什么会这样，并在合适的时间和合适的地方对流程进行改变。

2. 系统的客户化

无论企业选择了何种解决方案，一定程度的客户化工作是经常需要的。作为一个新兴的市场，大部分 CRM 产品都应用了最新的技术。应该根据企业的工作流程对 CRM 工具进行修改，这对获得最终用户的接受很关键，并且需要对系统设计环境很熟悉的人加入 CRM 的实施团队。系统的集成化因素也很重要，特别对那些打算支持移动用户的企业更是如此。

3. 对 IT 部门的要求

如网络大小的合理设计、对客户桌面工具的提供和支持、数据同步化策略等。

4. 实施 CRM 系统需要用户改变工作方式

这需要实施小组具有改变管理方式的技能，并为企业提供桌面帮助。这两点对于帮助用户适应和接受新的业务流程是很重要的。

二、CRM 的实施步骤

CRM 的实现应该从两个层面进行考虑：其一是进行管理的改进；其二是向这种新的管理

模式提供信息技术的支持。管理的改进是 CRM 成功的基础，而信息技术则有利于提高客户关系管理工作的效率。在认真考虑一些关键因素之后，企业需要采取必须的步骤，走向 CRM 的成功实施。一般来讲 CRM 系统的实施可以遵循如下的步骤：

1. 确立业务计划

在部署 CRM 之前，应确立其达到的目标，如提高客户满意度、缩短产品销售周期以及提高合同的成交率等。根据目标制订相应的业务计划。

2. 建立 CRM 实施队伍

为了成功地实施 CRM，须对内部业务进行统筹考虑，并建立一支有效的实施队伍。该团队范围要广、层次要多，应包括各个角色的人员。

3. 评估业务过程

在实施 CRM 之前，应详细规划和分析自身具体业务流程，以确立最佳方案并全面考察，以消除那些不必要的步骤。

4. 明确实际需求

在业务流程确定以后，细化所需功能，并对 IT 环境和设施加以细化。

5. 选择供应商

对能够提供 CRM 所需功能的供应商进行评估并选择。

6. 开发与部署

与选定的供应商密切配合，确定实施计划和相应的培训计划。

企业信息化也可从 CRM 起步

传统上，人们将 ERP 归为企业内部信息化，而将 CRM、SCM 划分为企业外部的信息化，如果企业没有实施 ERP 就要实施 CRM 系统，就如同未学走路先学跑一样。但是，凡事都有一个例外，日前，记者采访了北京首都国际机场股份有限公司运营管理部经理孔越、运营管理部经营分部朱天柱，他们传递了这样一个信息：信息化也可以从 CRM 起步。

据了解，首都机场的直接服务对象是各家航空公司，围绕着服务对象，机场方面就约有 140 多家的合作伙伴，其中有直接为航空公司提供服务的，如加油、机务维修、配餐等服务性公司，也有场道维护、保洁等提供间接服务的公司。如何协调、管理好这些公司，共同为航空公司和广大旅客服务，现实的问题就摆在了面前。但市场上还没有成熟的系统可供使用。

针对这些问题，孔越的选择是低调起步，从最简单的地方入手，追求实用性。按照孔越的思考，传统的作业模式已经运行了很多年，要改变业务人员的习惯，可不是一件轻而易举的事情。新的信息化的方法，只有得到业务部门发自心底的接受，才能够被真正使用起来。构建信息化系统的目的，是为了更好地为航空公司服务，在这样的情况下，孔越就想到了 CRM。

CRM 系统如何开始，孔越他们最先做的就是把与客户服务相关的信息收集进来，从

2003 年底开始，孔越和同事就不断地与业务部门接触，一起讨论需求，开始的时候，一天就要接收 200 多条的信息，现在减少到每天 30 条左右。据孔越回忆，刚开始的时候是一段痛苦的时期，因为白天没有时间，几乎都是晚上 10 点之后上网，哪怕只是一句简单的"收到了"，孔越始终坚持每天回复信息，也带动了同事们坚持这样做。其结果，充分调动了业务部门的积极性，从开始的客户信息，到后来的合同，越来越多的信息被放进 CRM 系统中，当各种工作日志也被收录进来之后，越来越多的工作中出现的问题就被摆到了桌面上。相应的，为解决这些问题的 CRM 功能就被开发了出来。

总结 CRM 系统的好处，孔越表示一是统计和查询很方便，使得信息不至于被遗忘和疏漏；再就是可以提高工作的效率，由于信息被充分共享，问题的监控和落实就得到了解决。以工作日志为例，最初这些信息都是记录在纸张上，后来好一些，采用 Word 文档进行保存，但是原有信息都是保留在各个部门的手里，不易调阅和查询。现在，利用局域网透过 CRM 管理，相关信息一清二楚，问题很快就得到了反馈和解决。例如，有一家航空公司反映办公室总是有饭菜的味道，搁在以往，这样的问题最快也要 1 周的时间反馈，结果往往是不了了之。但现在第二天就有反馈。航空公司对于机场的满意度大大提高。

据朱天柱介绍，目前首都国际机场 CRM 系统管理的信息和功能已经有十大项，包括客户信息、供应商信息、合作伙伴信息、合同管理、日志管理、日常工作管理、经营计划管理、安全与其他全年运营任务管理、员工管理、日程管理。系统的很多功能都是应用的过程中被提炼出来的。孔越用摸着石头过河来形容整个信息化的过程。

（资料来源：http://www.enet.com.cn）

7.5　电子商务时代的 CRM

一、eCRM 的起源

随着 CRM 的应用，人工服务渠道中出现了新的瓶颈，该瓶颈源于传统交流方式的局限。与此同时，基于 Internet 的交流渠道已经形成，这一新的交流渠道和基于其上的应用程序有可能缓解个人服务的瓶颈，并为客户及合作伙伴提供扩展 CRM 优势的方法。这种对 CRM 系统的电子扩展就是电子客户关系管理（eCRM）。

eCRM 的催生和发展完全归功于网络技术的发展。企业对 CRM 概念的关注集中在与客户的及时交互上，而 Internet 及在它之上运营的电子商务提供了最好的途径，企业可以充分利用基于 Internet 的销售和售后服务渠道，进行实时的、个性化的营销。

二、CRM 与电子商务

为了适应这样的转变，企业进行内部范围的电子商务建设成为不可缺少的工作之一。企业范围的电子商务平台应该是跨越企业产品生产线、业务块（如生产、销售和服务）、管理层次（总部和各分支机构，业务运作和商业智能）、各种媒介（如专用网、Internet、电话、传真、电子邮件、直接接触）的立体化的管理系统，是企业的数字神经系统，应该职责明确、流程清晰、高效运作、反应灵敏、控制得力。CRM 的价值在于突出客户服务与支持、销售管理、营运管理等方面的重要性，它完全可以被视为电子商务系统的一部分，两者完全可以形成无隙的闭环系统。由于 IT 技术与现代管理思想的不断发展，为企业在电子商务时代的发展提供了新的机遇。也就是说，CRM 系统是电子商务平台的子集。

作为软件商，为了使最多的企业购买自己的 CRM 产品和服务，应该极大地重视企业网站（狭义的电子商务）这个工具。也就是说，应该提供网上商店、网上服务、网上营销和网上支付等方面的功能。这主要是由国内大部分企业电子商务建设所处的阶段决定的，CRM 的应用与业务流程的处理密切相关。如果 CRM 应用与网站没有很好的集成、良好的互动，CRM 的应用就没有最大限度地利用 Internet 这个有力的工具与客户进行交流、建立关系，应用 CRM 的效果就会大打折扣。

总体来说，CRM 与电子商务的关系在于，电子商务是充分利用信息技术特别是 Internet 提高企业所有业务运作和管理活动的效率和效益，而 CRM 则是专注于同客户密切相关的业务领域，主要是呼叫中心、服务自动化、销售自动化、市场自动化、企业网站等，通过在这些领域内提高内部运作效率，以方便客户提高企业竞争力。

三、eCRM 的效益

eCRM 能够以两种方式为企业带来效益。

1. 由内到外的效益

为企业提供自助系统，可以自助地处理服务要求，从而降低企业的运营成本。这里面包含了"任务替代"的概念，由人工渠道提供的服务可以通过自助渠道来处理，为管理节省了大量的人力，可以将人力资源集中于更具有挑战性和更高价值的服务。

2. 由外到内的效益

除了由互联网带来的低成本优势，eCRM 还具有满足客户的实质性需求的优势。互联网上的客户自助服务提高了服务的响应速度和服务的有效性。

eCRM 的这些优势提高了客户满意程度，进而帮助企业扩大市场份额，提高获利的能力。

四、实施 eCRM 的关键因素

在实施 eCRM 系统的过程中，除了要充分考虑一般 CRM 实施过程中的关键性因素（见内容 7.4），还应该特别注意 eCRM 和 CRM 系统集成以及应用程序结构等关键因素。

（一）eCRM 和 CRM 系统的集成

客户关系管理是一种合作运动，正如其他关系一样，客户关系也存在两面性。传统的CRM 在技术上将权力授予企业方的管理人员，eCRM 却将权力授予客户和其合作伙伴。eCRM 和 CRM 系统的集成可采用两种方案：

1. 独立运行的 eCRM 系统

形成软件销售商将技术和应用程序相结合，放入 eCRM 套装，它强调任何 eCRM 功能在设计时应该谨记客户或伙伴用户的角色，eCRM 套装提供的内容可能更适用于用户的风格，其功能也优于功能分离的产品。

2. 统一的 eCRM-CRM

评估 eCRM-CRM 的集成方式时，一个重要的因素就是每个备选方案在不同 CRM 使用群体之间的实时程度。例如，客户通过网站索要产品资料时，该需求是否实时地传给相关人员和合作伙伴。只有通过 eCRM 和 CRM 系统的"即时"集成，才能确保可靠和及时的应答。

（二）应用程序结构

eCRM 系统的特点之一就是充分利用了网络技术。互联网将客户和合作伙伴的关系管理流程提高到一个新的水平，但同时基于网络的应用会在一定程度上增加成本，这主要体现在基于网络的应用程序通常缺少交互性。为了达到网络平衡，eCRM 系统提供了三种应用程序结构：网上型、浏览器增强型和网络增强型。

1. 网上型

对于网络的出现，C/S 应用程序销售商的第一反应是如何打开他们现有产品通往互联网的通道。实现此目标最直接的方法就是将应用程序链接到主页上。这种结构被称为网上应用程序结构，它适用于在已有 C/S 结构的应用程序基础上实现 eCRM 系统。

2. 浏览器增强型

浏览器增强型应用程序利用内置于浏览器的技术来实现更多的功能，使界面更丰富。该结构使用了动态 HTML 等技术。

3. 网络增强型

在某些使用情况里，动态 HTML 技术不能满足应用程序的要求，需要借助操作系统和虚拟机功能。这些应用程序采用 ActiveX、Java 等技术。

虽然这些网络应用程序的结构都不能最佳地满足 eCRM 所有用户。但在不久的将来，随着网络技术的发展，新一代的网络应用程序结构完全可以实现。

●精选案例

希尔顿酒店集团的 CRM 策略

希尔顿酒店集团的两项新举措吸引了许多行业分析人士的眼球，一个是无线局域网技术应用的拓展，另一个就是以客户关系管理策略为龙头的 OnQ 全面科技解决方案在集团内各个连锁品牌中的大规模推广实施。为此，希尔顿大幅度增加了在酒店 IT 方面的预算，达 13%，并期望借助 IT 技术为集团带来可观的投资回报和赢利能力。下面我们看看希尔顿国际是怎样以 IT 为核心推动集团化的 CRM 策略的。

1999 年，希尔顿国际收购了美国本土的大型特许经营连锁酒店集团 Promus，从而把双树（Double Tree）、枫屋（Homewood）、大使（Embassy）和汉普顿（Hampton）等几个品牌纳入到希尔顿的大家庭。通过合并，希尔顿国际获得了 Promus 的研发团队和技术专利，从而巩固了希尔顿国际在酒店 IT 应用的领先地位。Promus 作为一个拥有多个品牌特许经营体系的酒店管理公司，对于庞大的成员酒店网络的支持和控制，很大程度上依靠的是 IT 技术。从 1997 年起，Promus 自行组织技术力量进行新一代酒店管理系统以及互联网酒店电子商务的研发，成效显著。希尔顿国际伴随着品牌并购，得到了一支 450 人的 IT 技术队伍，一套成熟的酒店管理软件以及一个现代化的数据中心。

从 2000 年开始，希尔顿国际设立了一个由品牌整合总裁、Hhonor 会员计划总裁和各个品牌经理组成的品牌整合委员会（BIC），建立一个名为希尔顿大家庭的全新品牌标识（Hilton Family）。同时，希尔顿国际进行技术整合和改造，其中最重要的行动就是用 Promus 的酒店管理软件 System 21 全面取代希尔顿国际原有的 H1 系统。与其他酒店集团不同，希尔顿国际采取的科技策略是自行开发酒店管理软件，并要求旗下所有酒店使用相同的酒店管理软件。

希尔顿认为，酒店管理数据及软件的标准化和集中化是首要的，只有这样，才能保证各个销售渠道实时和准确地把握酒店的可供应房间数量和价格，跟踪至尊会员和常客的消费历史和积分，这是收益最大化和加强顾客忠诚度所必需的。单单做到各个电话预订中心和订房网站所见到的房间数量和价格一致，如果与酒店管理系统中的实际情况不同的话，一方面，服务代表无法即时对宾客的预定或更改请求进行确认；另一方面，又会造成客人直接打电话到酒店拿到更好价格的情况，这些都会降低客户的满意度，同时减少酒店的收入。

从最初就在 Windows 平台下开发和使用的 System 21 系统，有别于其他厂商的产品，它从一开始就是针对连锁酒店数据共享的需求而设计的，是一个高度集成的系统，包括客房管理、预定、收益管理、客历和销售管理的数据，都集中到数据中心，可以进行统一的查询和统计分析处理。例如，通过 System 21，一个订房文员，可以预订集团内部任何一家酒店的客房，可以根据客人提供的确认号码，调出订房单进行修改或取消预定，可以根据客人的姓名、电话号码或信用卡号码实时查询客人的档案，在 Hhonor 系统中的积分和特殊喜好。

System 21 超前的理念、先进的设计概念，注定了它可以最终取代希尔顿原有的酒店管理系统，并在日后的 CRM 总体规划中占据重要地位。

希尔顿的 CRM 发展策略是在 2002 年 5 月份提出来的，这是基于对品牌整合两年来的成效评估而作出的商业决定，希尔顿看到，随着旗下品牌的增多，需要有一个更科学的宾客价值评估机制，需要有更高效的迎送、服务补救和投诉跟踪流程，需要更充分地利用收集到的信息获得顾客忠诚度和利润的同步增长。希尔顿认为客户关系管理就是创造价值，包括为顾客创造价值，以及为业主、加盟者和管理者创造价值。CRM 在希尔顿的语汇中，代表 "Customer Really Matters"（客人确实重要），它包括追求业务策略的清晰制定、聚焦最有价值的顾客、追求短期成功、向客人提供实际利益、充分运用现有的科技和资源，以及在各个接触点建立共同的宾客视图。希尔顿把自己的 CRM 计划划分为四个阶段，并形象地比喻为爬行、走路、奔跑、飞行。

2002 年 5 月第一阶段

采取的措施包括：设立宾客档案经理的职位，负责对原有科技下收集到的顾客信息进行汇总，从而保障在每个品牌每个宾客接触环节都可以识别某个顾客及其个人偏好；改良抵店客人报表，反映客人的个人偏好、特殊要求以及在各个接触点的过往的服务失误及跟踪补救；重整 Hhonor 体系和钻石服务承诺，确保任何时候在任何酒店，"最佳客人" 都能获得最佳服务；建立 "服务补救工具箱"，保证补偿的成效，消除客人因为服务失误造成的不快；增强了宾客档案的功能，包括了加急预定以及对过去或将来预定的浏览；酒店 CRM 入门培训。

第一阶段取得的成绩是被识别的至尊宾客人数增加了 4%，每人的平均消费房晚增加了 1.1 到 1.7 个百分点，交叉销售的增长率为 21.3%，各个品牌的服务评分和顾客满意度都有 2 到 5 个百分点的增幅。

2002 年 12 月第二阶段

采取的措施包括：CRM 数据到 System 21 酒店管理系统的整合，让一线人员可以得到弹出账单消息等自动提示；客人自助式的在线客户档案更新系统；把客户投诉、服务失误整合到宾客档案管理系统中，从而让经营者可以界定存在流失风险的客人；把希尔顿全球预订和客户服务中心与宾客档案管理系统进行整合，使预订人员可以得到自动的系统提示；改善宾客隐私保护政策和程序；酒店进行强化培训等。

2003 年第三阶段

采取的措施包括：让客户档案在任何地方、任何渠道都可以访问和修改；改善在品牌和 Hhonor 互联网站的宾客欢迎和识别，扩充及加强客人喜好和特殊需求的可选项；抵店前 48 小时的确认和欢迎，包括天气信息、交通指引以及特殊服务等；在所有接触点提供个性化信息传递的能力；离店后电子信息和电子账单的传递，包括在线账单查询、感谢信、满意度调查、Hhonors 积分公告、特殊的市场优惠等；酒店级科技的加强；报表的汇集。

2003 年年底至 2004 年年初第三阶段

采取的措施包括：针对性的个性化行销——客户化的促销活动、按照客人旅程安排的特别服务项目；无线技术的深入使用；远程入住登记和无钥匙进入；个性化的客房内娱乐和服务项目；客户生命周期管理，从尝试、绑定、跨品牌体验，直到持续的关系巩固，乃至驱动其频繁使用；宾客收益管理，根据客人的终生价值和风险因子确定价格策略。

IT 技术的研发和实施在整个计划中扮演了一个相当重要的角色。希尔顿国际通过继续 System 21 系统的新版本研制以及在各个成员酒店中的升级和推广，在 2004 年底把所有酒店的管理系统更换为最新版本的 System 21；对第三方收益管理和 CRM 数据分析系统进行了整合，提供一个历史数据、竞争者分析和业务预测的工具平台；酒店无线局域网的应用研发和试验推广，从而为希尔顿集团下属的所有酒店品牌提供一个全面的技术解决方案。

这一解决方案被称为 OnQ，其核心是 System 21 酒店管理系统，被命名为 OnQ V2 系统，它作为一个统一的前端系统，除了完成日常的酒店业务外，还可以透明地访问由其他后台系统提供的数据，这些系统包括 Focus 收益管理系统、Group 1 客户联络管理系统、E. piphany 客户关系数据分析系统等，同时具有与各种电话计费系统、程控交换机系统、语音信箱系统、高速互联网系统、迷你吧系统、门锁系统、POS 系统、收费电影系统、能源管理系统、客房内传真系统的接口。

OnQ 的收费模式是按照酒店客房收入 0.75% 收费，并提供一系列的 IT 服务：基于现有配备情况以及对酒店业务需求分析选定的硬件平台；24 小时 7 日的硬件和专利软件支持；业界领先的完全整合的收益管理模块；客户关系管理模块；改良的 HILSMART 系统；7 个 E-mail 账号；通过 System 21 桌面完全的互联网访问；硬件升级保证，大概三年更新一次设备；软件核心模块升级无须另外收费。

OnQ 中的 Q 是质量的缩写，代表了希尔顿国际对服务质量的一贯追求，同时，也是英文 On-demand Cue 的简称，代表这个科技平台可以在服务团队需要的时候，提供充分的提示，让他们成为顾客的个人助理，提供个性化服务，从而取悦顾客获得对于集团忠诚度的提升。同时对于管理层，系统也能在需要的时候，通过分析数据，提供对修正经营策略的提示，从而更能适应高度竞争的市场环境。

针对新酒店和现有酒店加入特许经营体系的不同情况，OnQ 解决方案提供了详细的部署计划和培训指导。OnQ 的培训绝大部分是通过电脑进行，电脑提供了整个系统功能的向导、在线的教学笔记和习题、情境模拟、考试都在培训系统中完成。同时，在实际使用的系统中也设置了 Coach 的图标，可以随时为工作人员给出交互式的帮助信息。从而大大降低了培训成本，缩短了培训时间，也保证了培训内容的一致性。

OnQ 由于是基于一个集中式的系统，具有互联互通的网络架构，所以其业务系统和培训系统都实现了自动分发和远程更新。为了保证工作效率，每天都会自动下载数据库的备份到本地，提高检索的速度，仅对修改做出同步处理。

作为希尔顿的专有系统，更多时候强调的是核心流程和数据格式的一致性，从硬件配置到功能特性，都是自上而下根据管理目标和策略进行规划和定义的，而不向个别酒店的特殊要求进行妥协，而且所有关键的业务数据都完整地传送到集团的信息中心，酒店的业绩对于管理公司一览无遗，酒店的常住客自然成为管理公司的重点客户，在连锁范围内共享。所有加入希尔顿大家庭的酒店，无论是全面管理还是特许经营，都必须接受使用集团指定的电脑系统，并签订信息授权使用的条款。而这也就是希尔顿集团之所以可以大刀阔斧地推行 CRM 策略，并成为行业翘楚的根本因素。

案例思考题：

1. 希尔顿酒店采取什么样的 CRM 策略？
2. 希尔顿酒店为什么能在集团范围顺利实施 CRM？
3. 希尔顿酒店 CRM 的实施过程对你有什么样的启发？

●复习思考题

1. 客户关系管理的发展趋势如何？
2. 如何在企业中实施 CRM 客户关系管理？试述自己的观点。
3. 查找 CRM 相关资料，深入了解 CRM。
4. 电子商务时代的 eCRM 与一般的 CRM 有什么区别与联系？
5. 简述 CRM 的内涵及其管理目标。
6. 比较两个不同类型企业的 CRM 系统及实施过程。

●工作任务训练

案例：CRM 的全面实施从何处开始

希科办公设备公司是一个办公设备批发、零售、服务及维修的企业。在国内 4 个主要城市都有分公司，员工总人数为 321 人。该公司最早接触 CRM 概念的是 IT 部门。本来，这个主管对要做什么是非常确信的，既然要做 CRM，那当然是上一个 SFA（销售自动化系统）或者呼叫中心应用了，这不是很自然的吗？可是，随着事情的进展，最后的结局却出乎意料。

首先从销售业务方面谈起。要考察 SFA 的应用前景，自然得先看看销售人员目前的状况。调查发现公司一位具有最佳销售业绩的员工主要是得益于他所使用的联系人管理软件 ACT，他有一个"庞大"的数据库，记录了他个人几年来积累的客户资料，成为他销售第一的保证。这位 IT 主管了解到这个情况后，心里进一步确信 CRM 将为公司带来很大的收益。不过，有几位销售业绩也很好的员工根本就不用任何软件，手提电脑只是用来打一些报价单之类，而且还发现他们主要从公司往来的很多旧信封中寻找销售机会，而他们管理客户的手段却是用老旧的记录卡。经过进一步调查，这个主管在销售领域里得出一个结论，即如何寻找商机比对 SFA 之类的软件应用更为重要。

被调查的销售人员对 SFA 这类针对销售、联系人进行管理的操作型软件虽感兴趣，但同时也指出用什么方法找到销售机会更是核心所在。换句话就是说，即使有一个很好的 SAF 系统对销售机会进行跟踪、管理和汇总，那么销售机会从哪里来呢？这些机会的来源多种多样，很多要靠销售人员的"智慧"，不是某个软件可以替代的。这样问题变为要上 SFA，如果没有一个有效的机会搜寻机制，其投资回报肯定有限。

那么，如何获得销售机会？这位 IT 主管又会同营销经理、销售人员进行讨论，总结了多条措施，并建议对它们进行"人工测试"，即看看这些机会寻找逻辑是否有比较大的成功率。这时营销经理则提出必须有一个商业智能软件，对数据库进行挖掘，声称这才是关键，至于 SFA，由于销售人员目前使用"手工"方式没有多少困难，可以推后。这样，CRM 便转移到商业智能应用上来了。

很明显，要上商业应用软件，得有一个可供挖掘的数据库。公司的 ERP 系统里的客户数据库应该是比较大了，可是有关联系人、客户地址、客户级别方面的信息可以说是残缺不全，很多客户由于历史原因都有多个系统账号，于是，问题变成了要上商业智能类软件，首先必须先"清洗"公司的数据库。也就是说，在投资 CRM 软件之前，必须先将系统的数据库给整理清楚。显然，这是一件很繁重的工作，光地址核对就要花大力气。

到这个时候，IT 主管对 CRM 就越来越没底了。后面所发生的事则更进一步粉碎了他原有的 CRM 理想。在一次管理会议上，公司老总根据一份月电话数量报告指出，这么多的来电，我们到底有没有充分利用？各位有谁可以给我一个大致的百分比？在座人员一片哑然。电话中心目前仍然用手工方式记录各个地区的电话数量以及产品询问类别，其准确率都值得怀疑，更不用说来话的利用率了。不过 IT 主管心里一亮，或许我们可以先来一个呼叫中心应用？这或许是一个突破口，服务人员不是一直抱怨 ERP 系统的用户界面非常难于使用吗？来一个智能化的带有"Pop Up"弹出窗口的呼叫中心不但可以记录来话的数量、来话内容，还可以进行后续跟踪，甚至可以部分兼顾到 SFA 应用。CRM 不是讲究服务的吗？呼叫中心总比 SFA 和商业智能应用更有服务的感觉吧。

这样，IT 主管又进入了客户服务领域。首先得看看客户如何接触公司。这个公司由于有很多产品线，为了评估各种广告营销效果，对每种广告源都设立了单独的电话，以便记录。这样客户可以联系公司的电话就多达 13 个。自然，按照"方便客户"的原则，这些电话是必须整合的，最好是只用一个统一的服务电话。然后采用某种 ACD 功能的电话交换机进行分配。这样对公司的交换机也提出了相应的要求。况且典型的 CRM 呼叫中心应用本来就要利用 CTI 之类的功能，而目前的交换机很老旧，功能有限，操作困难。

看来，当务之急是先升级电话交换机，并利用交换机的相应管理功能先对客户电话进行简单路由，对坐席的接话数量进行统计和分析，在此基础上再考虑上某个呼叫中心应用。

可是，说时容易做时难，要改变公司运行多年的电信基础设施非常不容易。光这一项就可以抵得上好几个原有的 SFA 项目了。而且，如果电话要统一，也涉及修改所有的名片、网址、产品包装、广告宣传等所有其他营销媒介上的联系电话。CRM 旅途再次搁浅。在无奈之下，由 IT 主管出面聘请了一家可以做 CRM 领域的咨询公司。

在第一次会议上，这家咨询公司的首席咨询员简单地问了一个问题，即：你们认为你们公司目前发展上存在的最大的问题是什么？老总毫不犹豫地回答，是库存问题。库存问题一直困扰这家公司好多年，像减肥一样，一直未见起色。咨询员的建议也很简单，那么考察一下能否利用 IT 技术先解决它。

这一下老总的兴趣来了，一向沉闷的采购经理也显得兴致勃勃。多年来该公司都在用 ERP 里基本的计划工具对客户需求进行预测，准确率和时间性都非常差，公司的资金都压在库存。库存少了，又怕影响供货，多了又影响财务数字，采购经理成了"夹心饼"，两头受气。由于一直以为库存管理是 ERP 的事情，由于 ERP 实施的复杂性，都没有想过要动这一块。

众所周知，库存问题产生的根源在于需求预测和采购周期两个方面。需求预测的基本数据都可以从 ERP 系统里获得，采购周期的确定比较困难，因为这涉及一个或多个供应商以及运输公司等各个环节的实际状况。经过同采购部门详细的交谈，最后认为库存问题的主因在于采购决策过程中所需要的各种信息不丰富、不及时以及不准确。

那么，如何才能把供应商库存情况，运输公司情况，客户现有订单，客户采购历史，现有库存等各方面信息整合起来呢？通过咨询公司和 IT 部门的仔细研究，认为采用门户技术可以很好地解决这个问题。而且如果将门户向中间供应商、运输商开放，更进一步地，能够同他们的系统实现对接，那么在互联网这个公共平台上，信息反馈、发单、查询各种工作将变得非常简便。

这样，从初期对 CRM 的认识开始，到一个"希科供应链门户项目"的设立，经过了大约一年时间。该公司 IT 主管当初也没想到会有这样一个结局。大家都在问，这是 CRM 吗？从初期的应用系统来看，显然不符合 CRM 应用的定义，即使门户技术应用今后扩展到呼叫中心或者销售人员，仍然不符合一个典型的 CRM 应用定义，但这个已经不重要了。至少大家对这项 IT 投资都没有什么疑问，能够将库存量降低 5%，对公司的效益是巨大的，再将所获得的效益去对付一个又一个"能力瓶颈"也不迟。

在这个案例中，那个 IT 主管一开始就从 CRM 出发，忽视了公司面临的核心问题库存，是典型地从技术到业务的思维方式，是不可取的。这也说明了一个基本的道理，即企业的资源是有限的，企业在任何时候都要找准投资点，不必盲目追求 ERP、CRM、SCM 等等的名词，IT 技术是为业务服务的，只能是一个实现某种目标的手段。

（资料来源：http://www.enet.com.cn 2007 年 06 月 11 日）

案例思考题：

1. 该公司在实施 CRM 过程中遇到了怎么的困难？
2. 应该怎么解决这些困难？
3. 一个企业要全面实施 CRM 必须要考虑哪些关键因素？

●补充阅读

对 CRM 常见的误解

对 CRM 经常存在下列误解：

误解 1：CRM 是能够处理所有客户问题的解决方案；它是一种软件工具，可以使客户更方便地和企业进行交易。

事实绝非如此。实施 CRM 需要有远景、规划、投资和耐心。软件确实是必要的条件，但并不是全部的解决方案。这种关于有魔力软件的神奇说法使企业经理认为 CRM 仅仅是一个信息技术问题。应用软件提供商宣扬这一观点并不令人惊讶，但是如果 CRM 真的如此简单，那么所有企业都应该已经开始实行它了。

误解 2：CRM 就是互联网。

互联网大幅度提高了机遇以及对更好的信息、工具和能够利用这些信息和工具的流程的需求。但是，关系建立在理解和信任的基础上。理解客户想法的企业一定已经开始规划在线服务了。

误解 3：CRM 是直接销售的最新叫法。

直接销售多年来一直使用信息和自动控制去理解和改善客户关系。而 CRM 是将注意力从营销（即"给"客户）转为关系管理（即"和"客户）。

误解 4：CRM 意味着认识所有和企业发生交互作用的客户，是对客户的全面了解。

这是重要的第一步，但是仅仅认识是不够的。我们必须学习利用以前收集到的信息，以便在未来进行更高效的交互活动。客户的信息对于增进理解和提高服务至关重要。企业也需要工具和培训使员工了解应该如何去做。

误解 5：CRM 就是评价和衡量客户价值。

CRM 信息的一个重要应用就是识别谁是最好的客户。我们必须利用这些知识去提高忠诚客户的数量和每一个忠诚客户的价值。

误解 6：CRM 就是销售代表的自动化工具。

一些企业仍然相信建立关系的唯一方式是通过销售人员，因此 CRM 必须包括销售自动化。但是销售职能只是那些直接和客户发生接触的职能之一，它只是 CRM 的一个要素。

附录：客户管理表格

一、客户调查表

客户名称		电话		地址		
负责人	年龄		程度		性格	
厂长	年龄		程度		性格	
接洽人	职称		负责事项			
经营状况	经营方式	□积极 □保守 □踏实 □不定 □投机				
	业务	□兴隆 □成长 □稳定 □衰退 □不定				
	业务范围					
	销货对象					
	价格	□合理 □偏高 □偏低 □削价				
	业务金额	每年，旺季，月销量，淡季，月销量				
	组织	□股份有限公司 □有限公司 □合伙店铺 □独资				
	员工人数					
	同业地位	□领导者 有影响 □一级 □二级 □三级				
付款方式	态度					
	付款期					
	方式					
	手续					
与本公司往来	年度	主要采购产品	金额	旺季每月	淡季每月	
客户负责人			审核		调查表	

二、抱怨处理报告表

年　　月　　日

<table>
<tr><td colspan="2" align="center">抱怨处理报告书
报告人　　　　　签章</td></tr>
<tr><td>抱怨受理日</td><td>年　月　日上午、下午　时　分</td></tr>
<tr><td>抱怨受理者</td><td>1. 信　2. Fax　3. 电话　4. 来访　5. 店内</td></tr>
<tr><td>抱怨内容</td><td>内容分类　1. 品质（有杂物）　2. 品质（故障）　3. 品质（损坏）
4. 品质（其他）　5. 数量　6. 货期　7. 态度　8. 服务</td></tr>
<tr><td></td><td></td></tr>
<tr><td></td><td></td></tr>
<tr><td>抱怨见证人</td><td></td></tr>
<tr><td>地　　址</td><td></td></tr>
<tr><td>处置紧急度</td><td>1. 特急　2. 急　3. 普通</td></tr>
<tr><td>承办人</td><td></td></tr>
<tr><td>处理日</td><td></td></tr>
<tr><td>处理内容</td><td></td></tr>
<tr><td></td><td></td></tr>
<tr><td></td><td></td></tr>
<tr><td>费　　用</td><td></td></tr>
<tr><td>保　　障</td><td></td></tr>
<tr><td>原因调查会议</td><td></td></tr>
<tr><td>原因调查人员</td><td></td></tr>
<tr><td>原因</td><td>1. 严重原因　2. 偶发原因　3. 疏忽大意　4. 不可抗拒原因</td></tr>
<tr><td></td><td></td></tr>
<tr><td>记载事项</td><td></td></tr>
<tr><td></td><td></td></tr>
<tr><td>检讨</td><td></td></tr>
<tr><td></td><td></td></tr>
</table>

三、访问客户约定及结果报告书

经办人：

年份：

日期	访问客户						约定	访问结果报告书 （简单说明进度状况及问题点）	分类
	编号	公司名及工厂名	访问时间	面谈者	所属部门	电话			
	1								
	2								
	3								
	4								
	5								
	6							（终了时分）	
	1								
	2								
	3								
	4								
	5								
	6							（终了时分）	
	1								
	2								
	3								
	4								
	5								
	6							（终了时分）	

四、消费者意识变化分析表

○总括

消费者意识变化关键点	公司应对关键点

○消费者社会构造的变化

（高龄化社会、女权时代、年轻人社会、国际社会、小家庭化、个人社会）

○消费者生活意识的变化

（重视个人生活、重视个性、自我主义）

○消费者生活价值的变化

（女性重视工作、文化提升、健康导向、休闲导向、美食主义）

○公司的应对、分析

参考文献

1. 郭欣等. 客户服务与管理. 广州：广东经济出版社，2004

2. ［美］职业设计培训集团. 客户服务. 刘安国译. 北京：人民邮电出版社，2002

3. 陈巍. 卓越的客户服务与管理. 北京：北京大学出版社，2002

4. 张烜搏. 电话销售技巧. 北京：北京大学出版社，2003

5. 董方雷. 有效的分销管理. 北京：北京大学出版社，2003

6. 付遥. 成功销售的八种武器——大客户销售策略. 北京：北京大学出版社，2003

7. 陈巍. 客户至尊——金牌客户服务技巧. 北京：北京大学出版社，2003

8. 张耀升. 企业员工全面激励训练整体解决方案. 北京：北京大学出版社，2002

9. 康敏. 如何进行以客户为中心的销售. 北京：北京大学出版社，2004

10. 刘永中. 如何建立客户调查和反馈系统. 广州：广东经济出版社，2002

11. ［美］佩吉·卡劳，瓦苏达·凯瑟琳·戴明. 管理游戏——销售游戏宝典. 石新泓，武力译. 上海：上海科学技术出版社，2003

12. 顾文钧. 客户消费心理学. 上海：同济大学出版社，2002

13. ［美］哈利·奥尔德. 心对心的营销——与21世纪的客户沟通. 时旭辉等译. 北京：经济管理出版社，2002

14. 罗伯特·L. 乔利斯. 以客户为中心的销售. 石晓军等译. 北京：企业管理出版社，1999

15. ［美］努尔曼. 超级客户服务. 季剑青译. 北京：中国商业出版社，2001

16. 汤兵勇等. 客户关系管理. 北京：高等教育出版社，2003

17. ［美］麦可姆·麦可唐纳等. 大客户管理. 徐嘉勇等译. 北京：企业管理出版社，2002

18. 李爱先. 店铺客户管理. 北京：经济管理出版社，2004

19. ［美］帕科·昂德希尔. 客户为什么购买. 刘尚焱译. 北京：中信出版社，2004

20. 马刚，李洪兴，杨兴凯. 客户关系管理. 大连：东北财经大学出版社，2008

21. 帕翠珊·B. 希伯尔德等. 客户关系管理理念与实例. 叶凯等译. 北京：机械工业出版社，2002

22. 黄晓涛．电子商务导论．北京：清华大学出版社，2005

23. 吴应良．电子商务原理与应用．广州：华南理工大学出版社，2002

24. 杨莉惠．客户关系管理实训．北京：中国劳动社会保障出版社，2006

25. 范云峰．客户管理营销．北京：中国经济出版社，2003

26. 李桂荣．客户管理操作事务．广州：中山大学出版社，1998

27. ［英］Rosemary Phipps，Craig Simmons．营销客户管理．张毓敏等译．北京：经济管理出版社，2005

28. 汤兵勇．客户关系管理．北京：高等教育出版社，2008

29. 滕宝红．客户管理实操细节．广州：广东经济出版社，2006

30. 林涛等．客户服务管理．北京：中国纺织出版社，2002

31. 贝思德教育机构．售后服务培训教程．西安：西北大学出版社，2003

32. 谭新政．感动上帝——商品售后服务实用指南．北京：中国广播电视出版社，2006